职业技术教育"十四五"重点教材建设项目

快递业务操作与管理

（智媒体版）

主　编　俸　毅　夏丽丽　赖　菲
副主编　谢　坚　李　霞　黎　聪
　　　　尹华灵　刘敏瑜　莫　柳
　　　　周　婵　王紫君　黄　珏

西南交通大学出版社
·成都·

图书在版编目（CIP）数据

快递业务操作与管理：智媒体版 / 俸毅，夏丽丽，赖菲主编. —成都：西南交通大学出版社，2022.1
ISBN 978-7-5643-8431-9

Ⅰ. ①快… Ⅱ. ①俸… ②夏… ③赖… Ⅲ. ①快递–邮政业务–中国–高等职业教育–教材 Ⅳ. ①F632

中国版本图书馆 CIP 数据核字（2021）第 257866 号

Kuaidi Yewu Caozuo yu Guanli

快递业务操作与管理
（智媒体版）

主编	俸 毅　夏丽丽　赖 菲
责任编辑	宋浩田
封面设计	吴 兵
出版发行	西南交通大学出版社 （四川省成都市金牛区二环路北一段 111 号 西南交通大学创新大厦 21 楼）
邮政编码	610031
发行部电话	028-87600564　028-87600533
网址	http://www.xnjdcbs.com
印刷	四川煤田地质制图印刷厂
成品尺寸	185 mm×260 mm
印张	15
字数	336 千
版次	2022 年 1 月第 1 版
印次	2022 年 1 月第 1 次
定价	48.00 元
书号	ISBN 978-7-5643-8431-9

课件咨询电话：028-81435775
图书如有印装质量问题　本社负责退换
版权所有　盗版必究　举报电话：028-87600562

前言
PREFACE

  本书的编写建立在调研快递企业需求、融合快递职业技能鉴定标准、结合学生需求以及行业专业指导的基础上，编写过程中聘请了企业专家以及院校教学经验丰富的教师，根据快递行业的发展情况以及工作岗位要求的变化，校企合作、院校联合开发，共同参与教材编写计划的制订、教材内容的确定和模式以及教材内容的编写，新教材采用大量表格、流程图以及图片进行知识的归纳、提炼，并形象化地展示给读者，使得内容更加立体，便于读者学习，一改传统教材文字繁多，形式单一的编写模式。

  本书编写突出职业教育特色，遵循快递行业技能人才成长的规律，以"收派员→网点主管""分拣员→分拣主管"为发展路径，重新梳理教材内容，在"快件收寄、快件处理、快件派送"基本业务操作能力培养章节基础上，增加"安全管理、网点运营、分拨中心现场管理、客户开发与管理"等注重学生可持续发展能力培养的章节，内容构建遵循"螺旋提升人才"的培养模式，培养既懂快递基层岗位业务操作技能、又具备快递相关管理能力的实用型技能人才，同时融入思政元素，引导学生爱国、敬业，培养良好的职业素养以及岗位责任意识。

  本书共五个学习情境，内容包括快递基本知识、快件收寄业务操作、快件处理业务操作、快件派送业务操作、快递企业运营管理，本书由柳州铁道职业技术学院俸毅、夏丽丽和广西机电职业技术学院赖菲担任主编，谢坚、李霞、黎聪、尹华灵、刘敏瑜、莫柳、周婵、王紫君、黄珏担任副主编。

  由于编者水平有限，书中不妥之处，恳请同行专家与广大读者批评指正。

编 者
2021 年夏

目录
CONTENT

学习情境一 快递基本知识 ·········· 001
    任务一 认知快递 ·········· 001
    任务二 快递业务申请 ·········· 011
    任务三 快递作业的基本流程与快递网络 ·········· 020

学习情境二 快件收寄业务操作 ·········· 027
    任务四 快件收寄业务流程 ·········· 027
    任务五 快件收寄验视 ·········· 037
    任务六 包装快件 ·········· 052
    任务七 快递资费计算 ·········· 072
    任务八 收件后续处理 ·········· 083
    任务九 快件收寄异常处理 ·········· 089

学习情境三 快件处理作业操作 ·········· 098
    任务十 快件接受 ·········· 098
    任务十一 快件分拣 ·········· 115
    任务十二 快件封发 ·········· 124
    任务十三 问题件处理 ·········· 136

学习情境四 快件派送业务操作 ·········· 146
    任务十四 快件派送准备与交接 ·········· 146
    任务十五 派件规划 ·········· 157
    任务十六 快件派送 ·········· 164
    任务十七 派件异常情况处理 ·········· 175

学习情境五 快递企业运营管理 ·········· 185
    任务十八 快递企业安全管理 ·········· 185
    任务十九 快递网点标准化管理 ·········· 200
    任务二十 快递分拨中心管理 ·········· 209
    任务二十一 快递客户开发与管理 ·········· 219

参考文献 ·········· 234

学习情境一　快递基本知识

任务一　认知快递

任务目标

❖ 知识目标	1. 能够理解快递的内涵； 2. 能够理解快递与物流、邮政、普通运输之间的关系
❖ 能力目标	1. 能够依据不同的标准划分快递的种类； 2. 能够依据客户的需求，选择合适的快递业务类型
❖ 思政目标	1. 认识快递行业的重要性，初步认识快递从业者的责任与担当； 2. 认知我国快递业的发展，增强对国家的文化自信、理论自信、道路自信以及制度自信

情景导航

中国快递行业高质量发展特征明显，转型升级持续加速，产业发展的内涵和外延不断变化，特别是客户主体和需求不断扩展，科技创新与应用日益广泛，正深刻改变着行业运营方式。快递业如火如荼地发展，吸引了众多创业者和就业者，如何正确认知这个行业呢？请结合本任务所学，收集快递行业相关资料，做一个快递行业的简单介绍。

工作认知页

一、快递是什么？

（一）WTO贸易分类表中的定义

"快递的前世今生"
视频请扫码观看

WTO（世界贸易组织）在《服务贸易总协定》中对快递服务的定义为："除国家邮政当局提供的服务外，由非邮政公司利用一种或多种运输方式提供的服务，包括提取运输和递送信函和大小包裹的服务，无论目的地在国内或国外。这些服务可以利用自己或公共运输工具来提供"。

(二)我国国家标准《邮政业术语》(GBT 10757—2011)中的定义

快递服务(Express Service)是在承诺的时限内快速完成的寄递服务。快递企业接受用户委托,将信件、包裹、印刷品等物品,通过收寄、分拣、运输、投递等环节按照封装上的名称递送给特定个人或单位的活动。

(三)国内专家的定义

快递也被称为速递,是指物流企业通过自身的独立网络,或以联营合作的方式,相互利用各自的网络,将用户委托的文件或包裹等物品,快捷而安全地从发件人送达收件人的、门到门的新型运输方式。

二、快递的性质和特点

(一)时效性

所谓时效性是指快递的投递必须在双方约定的时间范围内完成。时限是指快递公司把需要运输的货物寄送到约定地点的时间范围。快递服务则需要遵循以下两个原则:

(1)同一个城市的快递服务的时限一般在 24 小时之内。

(2)全国不同城市之间的快递服务的时限一般不超出 72 小时。

"快"是快递服务最重要的一个特征。快递业的诞生就是因为有人对时间有着较为迫切的需要。时效性正是由于快递公司在提供服务过程中,客户对所需运输的货品有快速传递的要求。在保证安全性以及准确性的前提下,快递业最重要的一点就是"快速传递",现如今国内许多优秀的企业已经拓展了很多的"快捷"服务项目,比如说"第二天到达""隔天到达""翌日早晨到达""当天到达"等形式各异的服务项目。随着快递业的迅速发展,我国也相继制订了一些法律条文用来保护消费者的正当权益以及及时有效地规范市场的运作,比如在《快递服务》中对快递的时限有了一个较为确切的基本标准。如果在双方约定的时间内客户并没有接收到快递寄送的货物,这种情况下消费者可以按照丢失货物或者丢失物件的情况对快递公司进行相应的索赔或者申诉。

(二)安全性

快递具有安全性。快件在快递企业自身的网络中封闭式运转,并利用精密的信息系统对快递物品的运送全程进行监管控制,不间断地运送和监控以确保门对门、手递手,最大限度地保障了快件的万无一失。而传统的运输常因超出自身系统,倒手环节多而无力操控过程,导致服务失败(丢失或损失)的概率较高。

快递服务的安全性主要体现在以下三个方面:

(1)所运输的货物对国家及人民不能有伤害性。

(2)快递公司有责任和义务对所运货物及与其相关的服务对象进行相应的保护。另外,在快递服务中严禁对客户构成损害。

(3)快递公司除国家安全部门的某些特别需要外不可以将客户信息泄漏给他

人。同时快递公司还需要配备相应的消防设备以及安全服务设备。货物的运输路线只能在快递公司制定的网络路线中规划出来，并且公司需要对运输的货物进行密切的管理以及监控。始终保持"手对手，门对门"的快递服务。最终确保快件安全地递送到客户手中。快递公司需要在其公司场地内部建立正规的集配、中转和控制中心，尤其是那些规模庞大的公司。

（三）服务性

快递服务包含服务广度、服务深度及服务舒适度3个方面的意义。快递业在运输过程中与一般物流业的区别并不明显，根本的区别就在于服务末端的"最后一公里"。与客户直接打交道的这个阶段，最能体现出快递业的服务水平。

（四）专业化

快递服务实现了标准化和信息化，达到了收件、派送、分拨、转运、录入、预报、查询、报关、统计、结算等各个环节的紧密结合。由于受时代和经济发展规模的局限，传统运输的专业化程度远远低于现代快递服务。

（五）网络化

健全的揽收和配送网是经营快递业务的基础，也是快递企业经营实力的重要体现。真正合格的快递企业，都拥有自身的国际和国内网络。

（六）信息化

快递服务具有强烈的时效性和快捷性。目前，快递企业应用得比较多的信息化技术主要集中于 PDA、GPRSS、Bar、Code、SOA、RFID、蓝牙技术。

三、快递与物流的区别和关系

（一）快递与物流的区别

"EMS与邮政的区别"视频扫码观看

1. 服务对象有所不同

快递的服务对象主要为需要快递各种单据和单证的公司、单位等组织以及需要快递私人物品的个人（包括网上购物）。比如有人从"京东"上网购东西，基本都是通过快递（顺丰、申通、中通、圆通、韵达等）送到其手中的，而不是通过一般的物流公司。

物流的服务对象主要为工厂、商贸企业等单位，比如某工厂有10 t货物需要从西安运到天津港海运出口，这时就需要找专业的物流公司（德邦物流、速尔物流、天地华宇、新邦物流、中铁快运等），而不是一般的快递公司。当然也有一些个人物品在寄送时会发物流，尤其是当数量较大但相对快递来说不是很多时。

2. 速度和时效有所不同

从速度和时效上看，物流总体上不如快递，但也不会比快递慢太多，尤其是物流专线运输的整车货物。快递一般是同城的上午发下午到，不同城的隔夜到或2~4

天到。而物流快的话,能做到跟快递差不多;但慢的话,需要 4、5 天甚至一周才能到,尤其是零担物流。快递都是门到门,上门取件,直接派送到收件人手中;物流有的也可以上门提货,送货到收件人手中,但是也有的物流需要发货人送到指定的物流网点办理或收货人自己到物流网点提货。

3. 运输对象的大小不同

快递公司主要运送文件类、个人物品类以及 50 kg 以下的小批量货物。比如各种单据、发票、账单、生活用品以及小批量的书籍、特产、水果、小吃等小物件。

物流公司主要运送大型物品、大批量货物。比如大批量的家具、家电、电子产品、原材料、数量大的零配件、大中型机械、大件设备等。

4. 价格和费用有所不同

快递的单位价格较高,因此只适合运送文件类和小件、少量货物。

如果货量大,则必须找物流公司,且货量越大;找物流公司越划算,刚好够整车则更好。一般来说,整车物流比零担物流经济性更好一些,尤其是在单位成本方面。

(二)快递与物流的关系

快递是物流的一个子行业。确切的说,快递包含了物流活动的基本要素,它属于"精品物流",它们的关系如图 1-1 所示。

基本要素
包装、换装、分装、集装、分拣、分拨与配送、信息处理和网络技术

合格的快递服务,集中体现了物流系统和物流技术的实际应用状况

快递与物流的关系

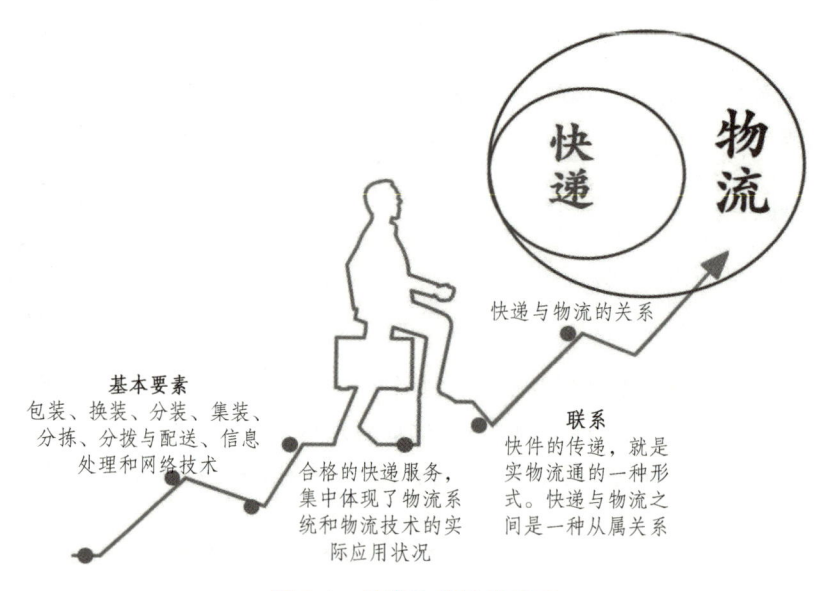

联系
快件的传递,就是实物流通的一种形式。快递与物流之间是一种从属关系

图 1-1 快递和物流的关系

四、快递与邮政的区别和关系

快递产业总是和邮政业一起被统称为"邮政快递业"。政府主管部门已经明确规定快递归属邮政业。从学术上讲,邮政和快递是两种具有相近之处但本质上略有不同的企业。两者具有一定的相似性:通过递送网络提供文件或物品,递送对象都是文件或物品,都含有信息传输或实物递送的成分。但二者又截然不同:邮政业务的

特点是普遍服务，即政府定价、财政补贴、全面覆盖、不苛求时效性，给所有人提供基本信息服务；而快递业务的特点是企业根据市场需求差别化定价，政府负责监管，投递网络根据市场需求决定，并满足客户的个性化需求。快递与邮政主要的区别如表 1-1 所示。

表 1-1 快递和邮政的主要区别

区别点	快递	邮政
经营范围	商务文件、资料、小型物品	私人信件、包裹
服务对象	经济贸易领域内的特殊客户	社会全体成员
服务标准	注重满足客户的个性化需求	注重服务的标准化和统一性
邮递渠道	通过快递公司自身的跨国或全国的网络，或两个航空货运代理公司之间进行的	邮政服务是通过邮局之间的连续投递进行的，国际间的邮政服务通过万国邮联协议进行
定价机制	遵从价值规律，按照其服务效率与服务程度不同，以市场供求关系决定其价格水平	全国统一的具有公益性质的低价的固定资费标准
企业运行规则	能按照市场经济的规律运行，实行自负盈亏、自我发展、适者生存、优胜劣汰	实行企业化管理，但对于出现政策性亏损时，会由国家财政给以专项补贴
行业监管体制	竞争性的市场化业务	国家的公用事业

五、快递的分类

快递业务根据不同的分类依据，可以划分为许多不同的业务类型。具体分类如表 1-2 所示。

"顺丰宣传"视频请扫码观看

表 1-2 快递业务分类表

分类标准		简介
按照运输方式分类	航空快运	快捷，已成为快运最常用的方式
	公路快运	目前运输量最大的方式
	铁路快运	运输量大、安全、准时
	水运快运	适合大宗物品的运输，尤其是有时间紧迫性要求的大宗特殊物品的运输
按照服务对象分类	特快专递	门到门或桌到桌服务，速度更快，多为紧急的小物品，以文件和小包裹为主
	一般快运	速度安全系数都一般，适合大多数物品
按照递送区域范围分类	国际快递	主要服务对象为外贸行业的商业信函、文件、票据等物品，涉及国际关系问题，是一项政策性很强的涉外活动
	国内快递	整个运送过程都在一个国家边界内，进一步可以分为同城快递、区域快递和全国快递

续表

分类标准		简 介
按照快递服务主体分类	外资快递企业	在20世纪80年代纷纷以合资的形式进入我国,以DHL、UPS、FedEx等为代表
	国营快递企业	网络、资金和政策等资源都得到国际层面的支持,以中国邮政EMS、中铁快运和民航快递为代表
	国内民营企业	通过加盟和直营等形式,网络覆盖面广,以顺丰速运、申通、圆通等为代表
按照送达时间分类	当日达	要求在投递当天即完成货物的送达交付服务
	次晨达	在投递物品的第二个工作日中午12点前完成送达交付服务
	次日达	在投递物品的第二个工作日下午18点前完成送达交付服务
	隔日达	投递物品的第三个工作日上午12点前完成送达交付服务
	定日达	在投递物品后按照客户的指定时间完成送达交付服务
按照业务方式分类	基本业务	收寄、分拣、封发和运输单独封装的、有名址的信件、包裹和不需要储存的其他物品,并按照承诺实现将其送达收件人的门对门服务,这是快递企业的核心业务
	增值业务	是指快递企业利用自身优势在提供基本业务的同时为满足客户特殊需求而提供的延伸服务
按照付费方式分类	寄件人付费	寄件人在寄递快件的同时自行支付快递资费的快件
	收件人付费	寄件人和收件人商定,由寄件人在收到快件时支付快递资费的一种快件
	第三方付费快件	寄件人和收件人及快递企业商定,在收件人收到快件时由第三方支付快递资费的一种快件
按照结算方式分类	现结快件	快递业务员在快件收寄或派送现场向寄件人或收件人以现金或支票方式收取快件资费的一种快件
	记账快件	快递公司同客户达成协议,由客户在约定的付款时间或周期内向快递公司拨付资费的一种快件

练一练

一、选择题

1. 下对于快递业而言,(　　)是其核心和灵魂,(　　)是其基本特征。
   A. 时效性　　　B. 服务性　　　C. 普遍性
   D. 安全性　　　E. 网络性　　　F. 专业性

2. 快递服务属于（　　）。
　　A. 运输业　　　　B. 通讯业　　　　C. 邮政业　　　　D. 信息业
3. 邮政和快递最大的区别是（　　）。
　　A. 经营目的　　　　　　　　B. 规模
　　C. 市场化程度　　　　　　　D. 服务范围
4. （　　）属于国际快递企业。
　　A. 顺丰速运　　B. UPS　　　C. 圆通快递　　D. 申通快递
5. （　　）属于同城快递业务。
　　A. 某快件由苏州发往华盛顿
　　B. 某快件由湖南长沙发往广东中山
　　C. 某快件由江门发往香港
　　D. 某快件由柳州鱼峰区发往柳州城中区
6. 以下选项中属选项中于快递直营模式优势的是（　　）。
　　A. 网络扩展迅速　　　　　　B. 标准化程度高
　　C. 便于统一管理　　　　　　D. 具备价格优势
7. 在快递服务中，以下说法正确的是（　　）。
　　A. 客户最关注的因素是时速
　　B. 快递企业只要送达速度快，就最具有竞争优势
　　C. 客户最关注的因素是价格
　　D. 快递企业应该在保证时速的前提下，尽可能满足客户其他方面的需求

二、填空题

1. 快递按照运输方式分为_____。
2. 快递按照递送区域范围分为_____。
3. 快递按快递服务的主体分为_____。
4. 快递按送达时间分为_____。
5. 快递按照业务方式分为_____。
6. 快递按照付费方式分为_____。
7. 快递按照结算方式分为_____。

三、判断题

（　　）1. 快递服务与邮政业普遍服务中的基本寄送服务相同。
（　　）2. 快递服务的本质反映在一个"快"上，快速是快递服务的灵魂。

任务训练页

一、接受任务

不同的寄件人寄送的物品不同，而不同的寄件人对于送达时效、服务等也会有

不同的需求，你能够根据具体情况为客户推荐合适的快递业务类型么？

（1）小李在淘宝上买了件 50 元左右的衣服，淘宝卖家和小李所在地不在同一个省，卖家选择了申通快递。小李想咨询他几天之后可以收到货物。

（2）小王要将特效药寄给正在生病的姑姑，要求越快越好。请推荐合适的快递业务类型。

（3）小张有台高价值的数码单反相机，要寄给外省的同学，请推荐合适的快递业务。

（4）淘宝上某智能手机经销商，由于手机单价较高，买家付款都很谨慎犹豫，因此一直销量不好。请推荐一种快递的增值服务，既能让买家消除顾虑，又能提升经销商的手机销量。

（5）每年七月，陈老师要给外地学生寄毕业证，不仅运单填写繁琐，还要搭上不少快递费。请推荐一种快递服务，让陈老师省心、省钱。

请仔细阅读以上五个情景，分析客户的需求，在掌握快递业务基本分类的基础上，回答客户的问题，或为客户推荐最合适的快递业务类型，并将理由填写在"活动成果"表格中。

二、制定计划

本次任务要求同学们在课堂上分小组学习、讨论，并且展示分享活动成果。

三、任务实施

分工	姓名	主要职责
组长		组织、协调组员学习、讨论
组员		参与讨论，记录讨论成果

四、活动成果

客户	业务类型	选择的理由
1		
2		
3		
4		
5		

五、任务评价

班级		任务名称		姓名	
学号		选择快递业务类型		组别	
评价项目	评价标准	自我评价（20%）	组长评价（30%）	教师评价（50%）	分值	得分
职业能力	1. 团队合作、分工明确				10	
	2. 有独立工作能力，完成质量好				10	
	3. 语言组织与表达能力好				10	
专业能力	1. 能准确选择快递业务类型				25	
	2. 能准确表述选择的原因				40	
其他能力	1.				5	
	2.					
总结与反思				成绩合计		
				指导老师综合评价		

拓展资源页

拓展阅读——中国如何实现从"快递大国"向"快递强国"跃升

我国快递业发展极其迅猛，连续多年稳居世界第一，"快递大国"实至名归。我国应当抓住全球产业格局调整所带来的机遇，实现从"快递大国"向"快递强国"跃升。

目前，我国快递业已经形成了一个覆盖高中低、大小规模不同、业务重点不同、相互分工合作的复杂"生态圈"，其活力与科技进步的速度令人惊叹，堪称现代服务业中的一朵"奇葩"。结合国内外形势与经济发展趋势，到2035年左右将我国建成快递强国，既有很强的必要性，也有客观现实性。

近年来，我国互联网应用技术特别是电子商务的高速发展，不仅推动快递业务量连续几年以较高增长率高速增长，而且进一步触发了快递业的模式变革、科技进步和装备技术创新，将快递业的业务范围从国内扩展到国际、从企业为主到如今面向千家万户。依据当今互联网发展趋势与数字经济的相关理论，未来20、30年，我国快递业仍将处于成长期，并可能发生几个方面的重大变化：一是未来的物流业务量（含快递）将总体保持快速增长态势，甚至可能由线性增长转向指数式增长；二是快递行业将由目前竞争激烈逐步走向行业整合，未来很可能出现3～5家寡头企业的局面；三是平台将成为快递企业的主要组织形式；四是快递将全面转向智慧物流，并向供应链高端攀升。

任务二　快递业务申请

任务目标

❖ 知识目标	1. 知道主管快递业务经营许可的行政部门； 2. 认知并理解快递相关的法律法规的相关内容与具体规定
❖ 能力目标	1. 能够准备和填制快递业务经营许可的申请材料； 2. 能够办理快递业务经营许可证的申请业务
❖ 思政目标	1. 培养严谨细致的工作、认真负责的工作习惯，具有团队合作精神； 2. 做一名知法、懂法、守法的快递从业者

情景导航

随着国内电商平台迅速发展以及网络购物的便利促使国内快递业务加速增长，年均以百亿件的量增长，大批创业者进军快递行业，经营快递业务，但是快递业务的经营需要主管行政部门的审批，请结合本任务的学习，收集整理相关资料，进行快递业务的申请。

工作认知页

一、阅读快递相关法律法规

（一）《中华人民共和国邮政法》

《中华人民共和国邮政法（2015年修正版）》扫码观看

中华人民共和国邮政法是为了保障邮政普遍服务，加强对邮政市场的监督管理，维护邮政通信与信息安全，保护通信自由和通信秘密，保护用户合法权益，促进邮政业健康发展，适应经济社会发展和人民生活需要而制定的法律。

中华人民共和国邮政法由第六届全国人民代表大会常务委员会第十八次会议于1986年12月2日通过，自1987年1月1日起施行。现行版本为2015年4月24日第十二届全国人民代表大会常务委员会第十四次会议上围绕《关于修改〈中华人民共和国义务教育法〉等五部法律的决定》做的第2次修正后的版本。

（二）《快递业务经营许可管理办法》

《快递业务经营许可证管理办法》扫码观看

《快递业务经营许可管理办法》于2009年9月1日以交通运输部令2009年第12号发布，根据2015年6月24日交通运输部令2015年第15号《关于修改〈快递业务经营许可管理办法〉的决定》第2次修正。该《快递业务经营许可管理办法》分总则、许可条件、审批程序、许可证管理、监督检查、法律责任、附则7章37条，自2009年10月1日起施行。

（三）《快递市场管理办法》

《快递市场管理办法》（以下简称《办法》）第一版依据《中华人民共和国邮政法》《中华人民共和国邮政法实施细则》和国家有关规定制定，于 2008 年 7 月 8 日经中华人民共和国交通运输部（以下简称"交通部"）第 8 次部务会议通过，2008 年 7 月 12 日由交通部以中华人民共和国交通运输部令 2008 年第 4 号文件的形式签发。该《办法》自 2008 年 7 月 12 日起施行至 2013 年 3 月 1 日废止。

《办法》第二版是为加强快递市场管理，维护国家安全和公共安全，保护用户合法权益，促进快递服务健康发展，依据《中华人民共和国邮政法》及有关法律、行政法规制定，于 2012 年 12 月 31 日经交通部第 10 次部务会议通过的。该《办法》分总则、经营主体、快递服务、快递安全、监督管理、法律责任、附则，共 7 章 52 条，自 2013 年 3 月 1 日起施行。

（四）行业标准《快递服务》

2011 年 12 月 30 日，国家质量监督检验检疫总局、国家标准化管理委员会联合发布《快递服务》系列国家标准，2012 年 5 月 1 日起正式实施。《快递服务》系列国家标准包括三部分内容，分别是《快递服务 第 1 部分：基本术语》（GB/T 27917.1—2011）、《快递服务 第 2 部分：组织要求》（GB/T 27917.2—2011）和《快递服务 第 3 部分：服务环节》（GB/T 27917.3—2011）。各部分既相对独立，又紧密联系，共同构成了《快递服务》标准的全部内容。

（五）《万国邮政联盟公约》

1874 年 9 月 15 日至 10 月 9 日，德国、法国、英国、罗马尼亚、瑞士、美国等 22 个国家的代表在瑞士伯尔尼举行全权代表大会，签署了第一个国际性的邮政公约，即《伯尔尼条约》，成立邮政总联盟。1878 年 5 月，邮政总联盟在巴黎举行第二届代表大会，修订了《伯尔尼条约》，改名为《万国邮政公约》，并将邮政总联盟改名为万国邮政联盟，总部设在伯尔尼。万国邮联规定了国际邮件转运自由的原则，统一了国际邮件处理手续和资费标准，简化了国际邮政账务结算办法，确立了各国邮政部门争讼的仲裁程序。万国邮联的成立，使各会员国组成了一个邮政领域，沟通了各国之间的邮政联系，促进了邮政业务和技术的发展。

快递业务申请主要的法律依据和相关文件是《中华人民共和国邮政法》《快递业务经营许可管理办法》以及《快递业务经营许可条件审核规范》。

二、确定申请类别

快递业务经营许可申请分为三类：在省、自治区、直辖市范围内经营；跨省、自治区、直辖市经营；经营国际快递业务。

（一）申请部门

申请在省、自治区、直辖市范围内经营的，应当向所在地省、自治区、直辖市邮政管理机构提出申请。可登陆所在省（区、市）邮政管理局网站，了解申请事项、申报流程等。

申请跨省、自治区、直辖市经营或者经营国际快递业务的，应当向国家邮政局提出申请。可登陆国家邮政局网站，了解申请事项、申报流程等。

在省、自治区、直辖市范围内经营的，是指企业网络（由从事快递经营活动的分公司、子公司、处理中心以及运输投递线路等组成，下同）覆盖范围在省、自治区、直辖市内。

跨省、自治区、直辖市经营的，是指企业网络覆盖范围跨两个以上省、自治区、直辖市。

（二）申请条件

（1）必须具备法人资格。

（2）注册资本的要求：在省、自治区、直辖市范围内经营注册资本不低于 50 万元；跨省、自治区、直辖市经营的，注册资本不低于 100 万元；经营国际业务的，注册资本不低于 200 万元。

（3）服务能力的要求：具备在省、自治区、直辖市范围内经营快递业务的网络和运递能力；同城快递须提供寄递快件（邮件）的电话查询服务，经营省内异地快递业务的，有提供寄递快件（邮件）跟踪查询的信息网络；经营同城快递业务的，快递业务员中具备初级以上资格的不低于30%，经营省内异地快递业务的，快递业务员中具备初级以上资格的不低于40%；有封闭的、面积适宜的快件（邮件）处理场所，符合国务院邮政管理部门及国家安全机关依法履行职责的要求，并配备相应的处理设备、监控设备和消防设施；有统一的计算机管理系统，有可提供寄递快件（邮件）跟踪查询的信息网络，并配置符合规定的数据接口，能够根据要求向邮政管理部门提供寄递快件（邮件）的有关数据。

（4）服务质量要求：要具备包括服务承诺、服务项目、服务价格、服务地域、赔偿办法、投诉受理办法等服务质量管理制度；要具备包括收寄验视、分拣运输、派送投递、业务查询等业务规范操作制度；保障寄递安全、快递服务人员和用户人身安全、用户信息安全的制度，符合国家标准的各项安全措施；开办代收货款业务的，应当以自营方式提供代收货款服务，具备完善的风险控制措施和资金结算系统，并明确委托方和收件人之间的权利、义务。

三、快递业务申请与审批流程

快递业务申请与审批流程如图 2-1 所示。

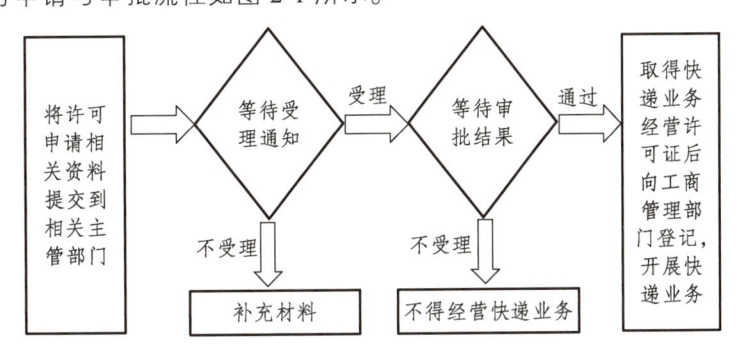

图 2-1　快递业务申请与审批流程图

四、准备申请材料

企业申请时，应当按照《快递业务经营许可条件审核规范》的要求，提交相应的材料。主要材料有：关于快递业务经营许可的申请报告、快递业务经营许可申请书、企业法人营业执照复印件、快递业务经营许可申报表、企业法定代表人履历表、企业法定代表人身份证复印件、验资报告、经营快递业务的分支机构名录、场地使用证明（租房协议或房产证）、持证快递业务员名录（营业部、分公司）、服务质量管理制度、安全保障制度和措施、业务操作规范、加盟协议。

练一练

一、填空题

1. 《中华人民共和国邮政法》（于 2009 年 4 月 24 日上午在十一届全国人大常委会第八次会议上修订）于_____起开始施行。

2. 经营许可的注册资本要求：在省、直辖市、自治区范围内经营的，注册资本不低于人民币_____元；跨省、自治区、直辖市经营的，注册资本不低于人民币_____元；经营国际快递业务的，注册资本不低于人民币_____元。

3. 同城快递须提供寄递快件（邮件）的_____服务，经营省内异地快递业务的，有提供寄递快件（邮件）_____的信息网络；经营同城快递业务的，快递业务员中具备初级以上资格的不低于_____，经营省内异地快递业务的，快递业务员中具备初级以上资格的不低于_____。

4. 《快递业务经营许可证》的有效期限为_____年。

5. 快递业务经营许可证的管理中换证的情形有：_____等七种。

6. 申请人自取得《快递业务经营许可证》后无正当理由超过____个月未经营快递业务的，或者自行连续停业____个月以上的，可以注销其许可证。

7. 未取得《快递业务经营许可证》便开展经营快递业务的，责令改正，没收违法所得，处_____的罚款；情节严重的，并处_____的罚款；对快递企业_____，还可以责令停业整顿直至吊销其快递业务经营许可证。

8. 办理备案和变更手续、提交年度报告书，隐瞒真实情况、弄虚作假的，责令改正，并可处以_____的罚款。

9. 2007 年 9 月 12 日，国家邮政局颁布了我国第一部行业标准_____。该标准从_____起正式施行。

10. 1878 年 5 月，邮政总联盟在巴黎举行第二届代表大会，修订了《伯尔尼条约》，改名为_____，并将邮政总联盟改名为万国邮政联盟，总部设在_____。

11. 申请快递业务经营许可，在省、自治区、直辖市范围内经营的，应当向_____邮政管理部门提出申请。

12. 跨省、自治区、直辖市经营或者经营国际快递业务的，应当向_____邮政管理部门提出申请。

二、案例分析题

1. 2016年3月23日，位于济南路的南宁天天快递店面大门紧闭。据了解，这家店面因为证件不齐全，已被警方和工商部门查处。该店负责人李先生表示，等补办好营业证件后才能恢复营业。请问：

（1）办理《快递业务经营许可证》有哪些方面的要求？

（2）画出快递业务经营许可的审批程序。

（3）假如该门店办好《快递业务经营许可证》后，因整顿内务原因连续6个月停业，请问该《快递业务经营许可证》是否有效？写出法律依据。

（4）假如该快递点伪造《快递业务经营许可证》，继续开展经营快递业务，将会面临什么惩罚？

（5）假如该网点停止经营快递业务，是否需要书面告知管理局并交回《快递业务经营许可证》？如果需要告知而没有告知，将面临什么处罚？

2. 近日，陕西省铜川市消费者付先生所寄羽绒棉衣被调包，快递公司只愿赔偿2～3倍邮费，这让付先生气愤不已。付先生认为快递公司理应赔偿损失物品全部费用561元。

（1）快递员在接受包裹时应该履行什么义务？

（2）在交付包裹时是应该先验后签？还是应该先签后验？写出其依据的法律法规的名称。

任务训练页

一、接受任务

商人李某决定加盟A快递企业，于是他安排了行政专员小余到相关行政主管部门办理快递业务经营许可。请大家根据小余所接收的工作任务，把小余的工作内容与步骤写出来。

二、制定计划

本次任务要求同学们分小组进行快递业务经营许可申请工作，制定工作计划并根据制定的工作计划进行小组内部分工协作。

三、任务实施

分工	姓名	主要职责
组长		组织、协调组内成员收集资料，组织申请快递业务
组员		准备快递业务申请材料
组员		操作快递业务经营许可管理信息系统
组员		核对申请材料是否齐全以及填写是否规范

四、活动成果

序号	成果名称：申请快递业务经营许可
1	登陆"快递业务经营许可管理信息系统"，注册账号
2	填写快递业务经营许可申请表
3	填写快递业务经营许可审核申报表
4	填写股权结构
5	填写分公司（营业部）、子公司、加盟企业
6	填写处理场地（中心）名录
7	填写持证快递员名录
8	预览打印
9	提交申请
10	企业登陆
11	修改登陆密码
12	申请进度查询

五、任务评价

班级		任务名称		姓名		
学号		申请快递业务		组别		
评价项目	评价标准	自我评价（20%）	组长评价（30%）	教师评价（50%）	分值	得分
职业能力	1. 团队合作、分工明确				10	
	2. 工作认真、细致				10	
	3. 有责任心				10	
专业能力	1. 业务申请资料准备齐全				25	
	2. 申请资料填写规范准确无误				25	
	3. 快递业务经营许可管理系统操作熟练				15	
其他能力	1.				5	
	2.					
总结与反思				成绩合计		
				指导老师综合评价		

拓展资源页

拓展训练——快递企业介绍

调研一家快递企业，制作一份PPT，介绍该快递企业的名称、LOGO、总部、经营理念、经营优势、经营劣势、销售网络、规模等。

拓展阅读——如何成立一家失败的物流公司

一家企业要成功有很多环节，包括创业的时机、选择的赛道、核心团队的组建、营销的手法、融资的节奏等等，即使所有环节都"对"了，企业也只是有成功的可能。但失败却有必然因素，全峰快递、快捷快递、飞马国际、如风达、国通快递、年富供应链、亚风快运……这些快递企业的倒闭或停摆的原因很复杂，与行业大环境也密切相关，此次我们列出了一部分，这些失败原因有相似的地方，可以让大家引以为鉴。

【自身定位不清晰、不准确】

2012 年，红楼集团接盘资金链断裂深陷倒闭危机的上海希伊艾斯快递有限公司（简称 CCES），后更名为"国通快递"。国通快递既没有像"三通一达"一样抓住电商发展的契机，也没有像顺丰一样定位到中高端商务件，经营业务比较杂，包括从 B 端的快件到 C 端的业务甚至很多同行快递转接件，因此未能进入第一二线阵容，导致业务萎缩，品牌知名度下降。

【错过好时机】

2009—2012 年是快递行业最好挣钱的时期，那时顺丰、韵达、圆通等快递企业都挣到企业的第一桶金。红楼集团接手国通快递时，当时国内快递业的格局已经基本确定，但竞争还没有现在这么激烈。红楼集团刚刚接手，国通快递仍处于动荡期，而等到国通快递发展平稳了，时机和市场也错过了。

【自身不稳的情况下快速开拓新业务，什么都做却都没做好】

2016 年 5 月，快捷快递联合货兜推出国际快递，想在国际快递领域分杯羹，但此举未能给快捷快递带来多大的市场占有率。之后快捷快递在重重压力之下，选择了巨头尚未深入的快运市场，这样的战略没有错，但因为快捷走的是同质化竞争路线而陷入困境，陷入困境很大原因是资金跟不上。

【重要决策却没有两手准备】

2018 年 4 月 18 日，快捷快递宣布即日起全网暂停运营。这里暂且不论谁是谁非，快捷快递有一个明显的失误——没有做好两手准备，只想到了快运成功的可能，没有想过万一合作搁浅自己的退路在哪儿。

【管理混乱，内部控制存在重大缺陷】

近几年国通快递频频陷入网点停运、加盟商"跑路"、员工罢工、拖欠班车运费、服务不稳定等负面新闻中，其中的纠葛没法细说，但国通快递经营管理出现纰漏是毋庸置疑的。

【扩张无度，缺乏后期管理】

从成立之初起，如风达就呈爆发式增长，但快速扩张也给如风达埋下隐患，到

2017年，如风达旗下子公司已经接近70家。如风达的败局固然有大环境的因素，但疯狂扩张、管理混乱、多次更换东家错失发展良机也是其失败的主要原因。

【留不住人才，高层频繁"换血"】

2017年国通快递经历管理层大"换血"，这样的大变动对国通快递而言很常见，从2012年重组开始，国通中高层管理团队人事更迭频繁，管理层经历了原有高管留任、聘请职业经理人、朱宝良亲自上阵并退出、洪一丹成立新的管理团队等四个阶段，团队管理问题成为影响国通快递稳定发展的重要因素。2018年3月份全峰快递创始人、董事长陈加海从全峰快递离职，与此同时，全峰集团副总裁赵玉龙和北京分区总经理徐茂宏也先后离职，高管的集体跳槽，无疑加剧了全峰快递的崩塌。

【用人不当，任人唯亲】

物流专线刚起步的时候，为了对发货端—干线—到达端整个流程进行全程把控，一个公司的管理层几乎都是亲戚，这样的企业缺乏具有职业精神的专业型经理人阶层，存在财务管理和运营管理等方面的问题，有发展为家族企业倾向，存在内部腐败问题，因此严重阻碍了企业的健康发展。

【服务质量上不去，成为"硬伤"】

在近几年国家邮政局发布的邮政业消费者申诉情况通告中，国通快递成为"黑榜"常客，而消费者主要投诉也集中体现在投递服务、快件延误和快件丢失短少等方面，这对国通快递品牌形象是一记重击。尽管国通快递在2018年初提出了品牌升级、服务升级，但并没有落实到位。

【花钱无节制，没有成本意识】

前几年国通快递要钱有钱、要人有人，战略一制定，一掷千金，过度依赖资本，5年狂砸40亿。却无视了网络设置问题、组织架构不合理、车辆的浪费、冗余的人员、不当补贴、随意代派等一系列问题，导致了严重的浪费。其实，快递比大多数实业更需要实业精神，除了需要大量资金之外，快递更讲究运营，讲究成本管控、团队建设、协同作战。

任务三　快递作业的基本流程与快递网络

任务目标

❖	知识目标	1. 掌握快递的一般作业流程； 2. 熟悉快递业务流程的基本要求
❖	能力目标	1. 能够独立介绍快递企业的操作流程； 2. 能够独立介绍快递企业的网络构成
❖	思政目标	培养严谨细致工作、认真负责工作的习惯，具有团队合作精神

情景导航

李海刚进入一家快递公司客户服务部门工作，急需对公司经营的快递业务流程以及快递网络有个大致的了解。作为培训他入职工作的负责人，应该如何向其介绍快递业务的主要流程以及快递网络的情况呢？

工作认知页

一、快递的一般作业流程

快递流程有四大环节，每个环节之间需要密切配合、有效组织以保证快件传递的动态过程科学、高效。快递的一般作业流程如图3-1所示。

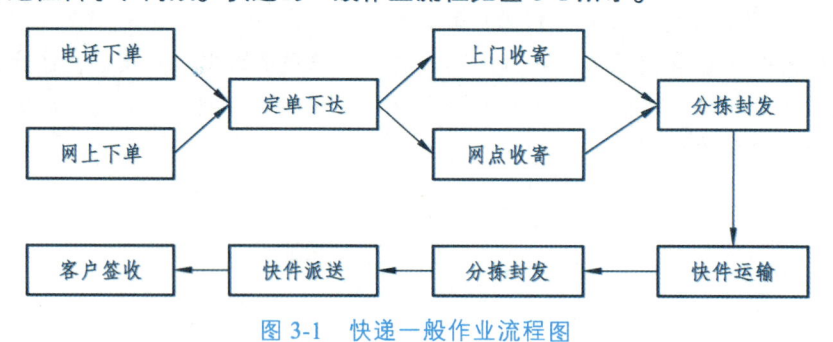

```
电话下单 ─┐                ┌→ 上门收寄 ─┐
          ├→ 定单下达 ─┤              ├→ 分拣封发
网上下单 ─┘                └→ 网点收寄 ─┘
                                            │
                                            ↓
客户签收 ← 快件派送 ← 分拣封发 ← 快件运输
```

图3-1　快递一般作业流程图

（一）快件收寄

快件收寄是在获得订单后由业务员上门服务，完成从客户处收取快件和获得收寄信息的过程。快件收寄分为上门揽收和网点收寄两种形式。业务员在进行快件收寄时的任务是：验视快件、指导客户填写运单和包装快件、计费称重、快件运回、交件交单等工作。

（二）快件处理

快件处理包括快件分拣、封发两个主要环节。在这个环节，快件处理人员按客户运单填写的地址和收寄信息，将不同流向的快件进行整理、集中，再分拣并封成总包发往目的地。

（三）快件运输

快件运输，是指在统一组织、调度和指挥下，按照运输计划，综合利用各种运输工具，将快件迅速、有效地运达目的地的过程。目前，快件运输方式主要为公路运输和航空运输。

（四）快件派送

快件派送是快递服务的最后一个环节，具体工作包括：进行快件交接、选择派送路线、核实用户身份、确认付款方式、提醒客户签收、整理信息和交款等。

在实际业务中，具体操作要复杂得多。在始发网点，接到客户的发件信息后，通过电话或手持终端给递送员发出接件指令。递送员到客户处收好件，请客户填好面单后，应及时回网点进行快件交接。网点业务员对当天收集起来的快件进行检查分拣，然后安排装上分拨中心的小货车，同时在网上发出预报运单录入信息。

在终端网点的衔接上，有时由于路途比较遥远，需要两个分拨中心进行中转。这两个分拨中心的流程基本是一致的，一般是先接收预报，然后进行提货交接，对快件进行分拣，按目的地进行集货装车，发往下一站。

在派件网点，业务员接到分拨中心的预报后，安排货车进站，按操作规定卸下属于本网点派送的快件。在根据终端具体目的地进行分拣后，交接给网点的递送员，他们将快件装上电动车、三轮车或小面包车等交通工具后进行派送。在派件结束后，递送员应及时将派件信息通过手持终端或者扫描仪扫描后进行上传，整个快件业务流程到此结束。

二、快递业务流程基本要求

为了保证以最快的速度、安全准确、优质的传递质量、尽可能少的成本将快件从寄件人送到收件人处，快递作业流程必须遵守以下原则和要求。

（一）流程有序

在操作流程中，各工作环节必须设置合理，不出现重复、交叉的环节；每一工作环节内的运行应有条不紊，操作技能和方法运用应合理；各工作环节之间衔接有序。

（二）操作高效

为最大限度地满足各类客户的需求，努力为客户提供多层次的服务产品。为达到这一目的，每个快递流程必须突出"快"的特点，在营运、快件流转、网点管理等方面做到合理有效。

（三）成本控制

控制和节约成本体现在每项工作流程中，应该尽量减少和压缩不必要的快件中转环节，降低运输消耗，合理配置工具和设备，节约使用物料，以最大程度地降低企业快递成本。

（四）操作安全

安全是进行快递服务应始终遵循的基本原则之一。安全工作包括快件安全、快件信息安全、快递服务人员安全等。在整个快递流转过程中，必须最大限度地降低可能会引发快件不安全的一切风险，保证快件在收寄、包装、运输、派送等过程中免受损坏和丢失，确保信息及时录入、准确传输，不发生丢失和毁灭等情况。

（五）方便客户

在服务场所设置、营业时间安排、上门收寄和派送服务等方面，都应该体现便捷、方便客户的服务特点，以满足客户需求。

> **资料链接 3-1**

当前我国一些大型快递企业设立了 SOP（Standard Operation Procedure），给一些操作环节，比如取件、调度分部操作、中转分拨操作、派件操作等都制定了统一流程，对从事快递操作的人员如快递员、调度员客服人员等也都制定了统一的作业要求和操作规范。不仅如此，许多快递公司在快件目的地编码的正确书写、从业人员着装、取件派送的管理要求、操作区域的设置、派送车辆的标志、检修维护、全监视系统、快递员出车、取件、理货交接、信息的发送和接收、快件分拣、建包等涉及快件流转的各个环节中都制定了一系列的标准。标准的制定，为企业进行有效的管理奠定了良好的基础。

思考：什么是 SOP？国内快递企业 SOP 设立与实施情况如何？

三、快递网络的定义与构成

（一）快递网络的定义

快递网络是若干面向客户服务的呼叫中心、收派处理点、负责快件集散的分拣转运中心以及连通这些网点的网络，按照一定的原则和方式组织起来的，在控制系统的作用下，遵循一定的运行规则传递快件的网络系统。快递网络是一个统一的整体，各部分紧密衔接，依靠全网的整体功能，完成快件递送的任务。快递网络可以抽象概括为物理层、业务层和控制层，以物理层为基础，在业务层的规范下，使快件得以迅速有序的传递，控制层起监督、控制和协调作用，保证全网的畅通。

(二）快递网络的构成

快递网络主要由以下几部分构成。

1. 面向客户服务的网点

面向客户服务的网点通常称为业务网点，是快递企业收寄和派送快件的基层站点，其功能是集散某个城市某一地区的快件，然后再按派送段进行分拣和派送。

在实际中，收派网点的选取一般要综合考虑地理位置、交通条件、客户密度、环境条件、组织管理和成本等因素。在维持一定成本费用的情况下，尽量接近用户，设置标准包括服务区域的大小、用户数量和业务量等，对不同经济发展和生活水平的地方，各指标还有所侧重。

2. 负责快件集散的网点

负责快件集散的网点通常被称为中转场、集散中心或分拨中心。根据分拨中心的处理能力可分为一级和二级分拨中心，甚至三级分拨中心。一级分拨中心是级别最高的快件集散中心，负责范围广、快件处理能力大、航线多、下辖多个二级分拨中心及网点，并与其他一级分拨中心或二级分拨中心对接。

相对于收派网点，中转点的数量要少得多。如果中转点过多，每个中心处理的快件就少，大量快件需要中转，也不利于提高全程作业效率。中转点的地位和相互联系的疏密程度不同，构成不同层次和集团的快递运输系统。中转点的选择和在配送网络中的地位的确定，一般要综合考虑货物流量流向、交通条件、地理环境、城市规划和政策、与其他中转点的衔接、作业效率、边际成本等因素。中转批次的设定一般要综合考虑时效、流量、处理能力和成本等因素，使最低的处理量大于维持生产的最低成本费用，同时有利于提高全网的作业效率。

3. 运输线路

运输线路是指快递运输工具在快件收派处理点、分拨中心以及所在地区的车站、机场、码头之间，按固定班次及规定路线运输快件的行驶路线，包括航线、公路线路等。

在实际中，运输路线按照运输距离、货量以及在网络中的重要程度，可以分为干线和支线，各自使用的运输工具也会有差别，从而产生不同的传递速度和传递时间。跨省或跨区域的连接一级中转场的线路，一般称为一级干线，多使用飞机或较大型汽车工具。省内或区域内下级各地区之间的线路一般称为二级干线或一级支线。省级以下地区内的线路一般均称为支线，也可进一步分为各级支线。城市内的线路一般称为市内支线。

支线运输多采用地面汽车运输的方式，我国目前的情况大致为：快递公司在支线上一般由自己负责运输，而将使用飞机的干线委托给航空公司承运。线路的开通和运输工具的选择一般要综合考虑时效、货量、成本等因素。

4. 呼叫中心

呼叫中心也被称为"客户服务中心"。呼叫中心的主要业务功能包括：自动语音功能、人工话务员服务功能、主动服务功能、传真服务功能、投诉建议功能、短信功能、运单情况查询服务、客户关系管理功能等。

5. 调度运营中心

调度运营中心是控制并保证快递网络按照业务流程设计要求有序运行的指挥中心。按照运营计划和目标实行统一指挥，合理组织、调度和使用全网络的人力、物力、财力，纠正或排除快件传递过程中出现的偏差或干扰，确保网络的高效运转。

资料链接 3-2

2020 年 7 月 1 日，顺心捷达西北区正式融通起网运营（内蒙古西部因北京疫情影响延迟至 7 月中旬），从此完成全国网络版图覆盖，真正实现货通全国。据了解，该区起网后，顺心捷达为盟商在市场竞争中提供更强有力的支持。与顺丰快运场站融通，该区辐射覆盖 23 座城市；与顺丰快运线路融通，西北 14 条线路全国直达；同时 100+ 网点覆盖西北，随处可发，全国覆盖。

练一练

一、选择题

1. 快递服务的根本制胜点是（　　）。
   A. 快速准确　　　　　　　　B. 热情服务
   C. 团结协助　　　　　　　　D. 诚实守信
2. 确保安全，要求快递业务员在工作过程中必须确保（　　）的安全。
   ① 快件安全；
   ② 生产工具安全；
   ③ 人身安全。
   A. ①、②和③　　　　　　　B. ①和②
   C. ①和③　　　　　　　　　D. ②和③
3. 按照快递业务运行顺序，快递流程主要包括快件收寄、快件处理、快件运输和（　　）四大环节。
   A. 快件派送　　　　　　　　B. 快件捆扎
   C. 快件包装　　　　　　　　D. 快件分拣
4. 快递流程的基本要求是：有序流畅、优质高效、成本节约和（　　）。
   A. 安全便捷　　　　　　　　B. 礼貌运送
   C. 微笑服务　　　　　　　　D. 追求卓越
5. 快件处理包括（　　）两个主要环节。
   A. 快件分拣，快件封发　　　B. 快件验视，快件包装
   C. 快件包装，快件计费称重　D. 快件包装，快件交件交单

二、判断题

（　　）1. 快递业务员面对客户，一定要诚实守信，在向客户介绍产品时，实

事求是地介绍真实情况，不能为了招揽客户，不顾事实地提供虚假信息。

（　　）2. 快递流程是静态的。

（　　）3. 在进入顾客办公场所前，要保持衣着整齐和头发整洁。

（　　）4. 任何个人和企业都有维护国家的安全、荣誉和利益的义务。不得非法持有、使用窃听、窃照等专用间谍器材。

（　　）5. 如发生快件、车辆被盗抢的情况，快递业务员应提供真实、有效的破案线索，积极配合警方侦查工作的展开。

任务训练页

一、接受任务

某快递公司客服部门新进了一批员工，新员工入职培训内容之一就是认知公司经营的快递业务流程以及快递网络，请以某快递企业培训负责人的身份，制作一份PPT，向新员工介绍本快递企业的业务流程以及网络构成。

二、制定计划

本次任务要求同学们选定一家快递企业，做好小组分工、协调，在课堂上完成该快递企业快递业务流程以及收集快递网络构成的相关资料，整理、形成一份PPT培训课件。

三、任务实施

分工	姓名	主要职责
组长		组织、协调组内成员收集资料，设计PPT模版，汇总结论，定稿
组员		收集、整理快递企业快递业务流程资料
		收集、整理快递企业网络构成资料

四、活动成果

工作名称	讲解内容	讲解时长	讲解人
新员工培训PPT	某快递企业的快递业务流程以及快递网络构成	5～10 min	组长/代表组员

五、任务评价

班级		任务名称		姓名	
学号		快递业务流程及网络介绍		组别	
评价项目	评价标准	自我评价（20%）	组长评价（30%）	教师评价（50%）	分值	得分
职业能力	1. 团队合作、分工明确				10	
	2. 有独立工作能力，完成质量好				10	
	3. 语言组织与表达好				10	
专业能力	1. 能准确介绍快递企业业务流程				25	
	2. 能准确介绍快递企业网络构成				40	
其他能力	1.				5	
	2.					
总结与反思			成绩合计			
			指导老师综合评价			

学习情境二　快件收寄业务操作

任务四　快件收寄业务流程

任务目标

❖ 知识目标	1. 掌握快件收寄准备工作； 2. 掌握快件收寄业务流程； 3. 了解大客户收件以及电子商务企业收件操作
❖ 能力目标	能够独立完成快件收寄工作
❖ 思政目标	1. 培养良好的沟通表达能力和团队合作能力，拥有强烈的责任意识； 2. 培养"爱岗敬业、艰苦奋斗、争创一流、甘于奉献、勇于创新、淡泊名利"的劳模精神

情景导航

有位叫李伟的先生打来电话，告知自己住在彩虹城 6 幢 1 单元 301，有本书要通过快递寄给外地的朋友。你是 YT 快递公司负责该区域的门店的收件员，请问接下来你要做哪些准备？

邮政快件实名收寄管理办法
扫码观看

工作认知页

一、快递收寄定义

快件收寄是快递流程的首要环节，是指快递企业在获得订单后，由快递业务员上门服务，完成从客户处收取快件和收寄信息的过程。其任务主要包括：验视快件、指导客户填写运单和包装快件、计费称重、快件运回、交件交单等。

二、快件收寄准备工作

（一）准备收件所需的所有工具、物料

1. 营运物料

运单、防水胶袋、胶纸、文件封、填充材料、纸箱等。

2．操作工具

手机、手持终端、电子秤、大头笔、介刀、背包或挎包、腰包、腰带、终端包、雨具、绑带等。

3．单证资料

工牌、身份证、驾驶执照、行驶证、收据、发票、宣传单、价格表等。

4．交通工具

自行车、电动车、面包车、厢式货车等,并确保交通工具性能良好,保持在较好的工作状态。

(二) 形象礼仪准备

快递收派员应该穿着整洁的工服、佩戴工牌；仪容仪表符合形象标准,工作时调整好心态和情绪。形象标准参考如图4-1所示。

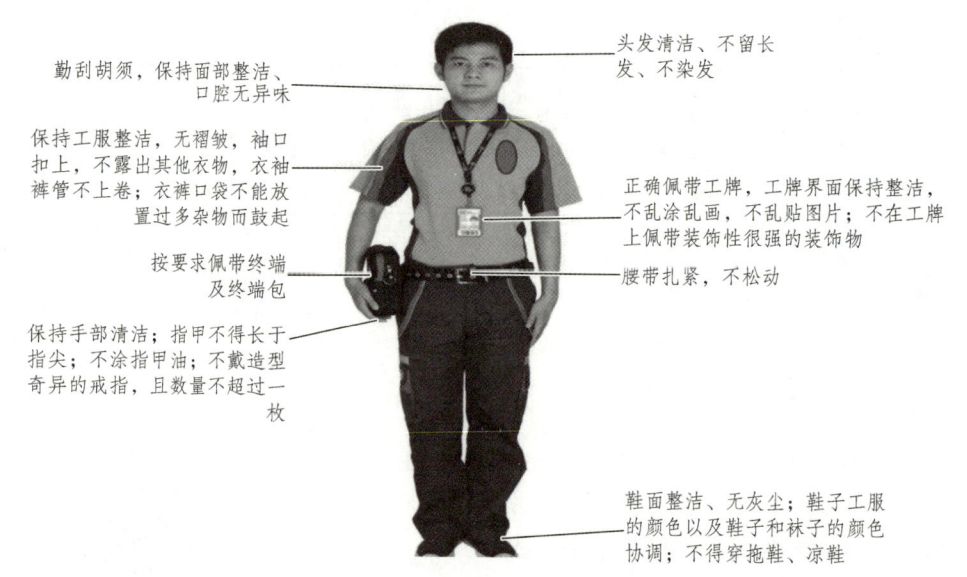

图 4-1　收派员形象标准图

(三) 掌握新的业务知识

通过阅读宣传栏或通过上级的传达,掌握公司最新的业务动态和操作要求,参加班前例会。

在接触新的客户时,收派员应该主动进行宣传,双手递上公司宣传资料:"×先生/女士,这是我们公司的宣传资料,有空您可以看一下,希望可以为您提供更多更好的服务。"

在接触老客户时,应该及时把公司新开的网络和新业务及时告知,并了解客户对于公司提供的服务的意见和需求,向公司进行反馈。

三、收寄流程

快件收寄分为上门揽收和网点收寄两种形式。上门揽收是指快递业务员到客户家里或办公地点收取快件,并询问、验视、封装、填写单据和收取费用的过程。网点收寄是指客户到公司营业场所寄发快件,由快递服务人员进行询问、验视、封装、填写单据和收取费用的过程。

(一)上门揽收作业流程

当客户发生快递服务需求,通过电话或网络进行下单时,快递服务组织在接单时应记录用户姓名、取件地址、联系方式、快递种类、快件目的地等相关信息,同时约定取件时间,一般取件时间宜在 2 h 内(有约定的除外),并向客户提供服务范围、服务时限、服务价格、物品禁限寄规定等信息,若不能提供快递服务,应及时告知用户。

快递人员上门揽收流程图如图 4-2 所示。

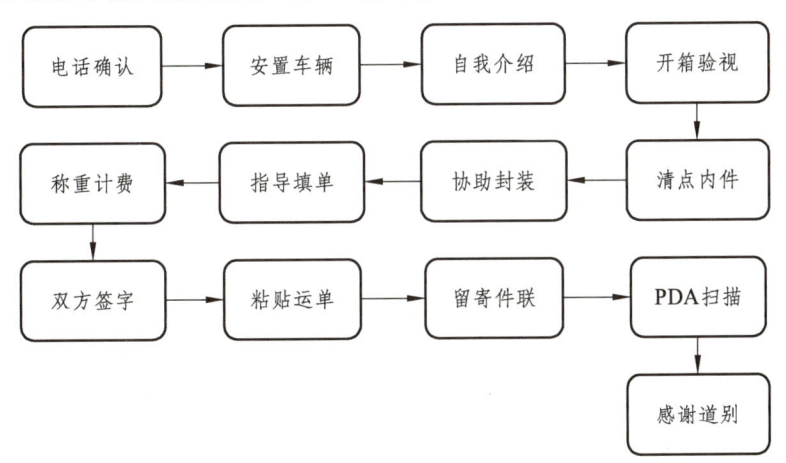

图 4-2 上门揽收作业流程图

关于上门揽收流程的详细说明如表 4-1 所示。

表 4-1 上门揽收作业流程说明表

步骤	名称	操作说明
1	电话确认	① 与客户联系,初步核实客户信息及所交寄物品的类别(文件或物品)、体积、重量。 ② 确认上门揽收时间、地点。 ③ 对第一次合作的客户,要事先了解地点、线路状况及其他特殊要求。 ④ 对于不熟悉的路线,要及时与客户联系,询问到达目的地的方法
2	安置车辆	① 遵守停车规定,锁好车辆,确保交通工具安全(电瓶车、自行车类便捷车辆要严防被盗),尽量将车辆停放在有保安人员值守或有视频监控的场所或有行人过往、人员较密集的场所。 ② 配合安保人员的询问及登记工作。 ③ 向接待人员表明来意,经允许后进入指定场所

续表

步骤	名称	操作说明
3	自我介绍	① 按门铃或敲门后，声音洪亮地报告身份："您好，我是快递员"或"您好，××快递"并在距门 1 m 处等候，待客户同意后进入房间。 ② 面带微笑，自我介绍"您好，我是某某快递收派员，为您揽收快件。" ③ 如是新客户，应主动出示工牌，表明身份
4	开箱验视	① 检查物品是否属于禁寄物品；如属禁忌物品，不予收寄，并向客户说明原因；需要出具安全证明的，请客户出示，并将安全证明的原件带回公司保存，需要寄件人到指定地点交寄的，向客户说清指定地点的位置和前往路线。 ② 检查物品重量、规格是否符合寄递的相关规定。 ③ 发现可能危及国家安全与社会稳定的物品要立即向公司领导和国家相关部门报告
5	清点内件	与客户一起请点寄递物品的名称、类别、数量等，收寄员与客户共同确认
6	协助封装	① 指导并协助客户使用规范的包装材料和填充物品进行包装。 ② 仔细检查包装，确保物品安全。 ③ 如当场封装有困难，征得客户同意后，带回公司封装
7	指导填单	① 指导客户正确、完整地填写运单。 ② 检查运单填写是否规范：包括寄件人、收件人名址和寄递物品的名称、类别、数量等，并核对寄件人和收件人信息
8	称重计费	① 对包装好的物品进行质量或体积的测量。 ② 按照资费标准计算运费和保费，并在运单上准确记录。 ③ 根据客户选择的支付方式进行现结或记账（现付则提供发票）
9	双方签字	① 将运单交予客户检查，并请客户签字确认，客户确认收件人姓名、地址、电话及费用后在运单上签字。 ② 收寄人员确认寄件人、收件人相关信息及寄递物品名称、类别、数量与内件一致后在运单上签字。 ③ 如内件中有易碎物品，则在运单上注明"红杯"或"易碎"。注意：运单上填写的寄递物品的名称、类别、数量等内容必须与内件完全一致
10	粘贴运单	按要求将运单粘贴到指定位置
11	留寄件联	将寄件联交予客户，并叮嘱其保管好，作为发货及查询的凭证
12	PDA 扫描	收寄员用 PDA 扫描运单
13	感谢道别	临走前，向客户道别："感谢您选择××快递，有需要请打电话，再见"

资料链接 4-1

上门揽寄口诀——上门收派事项多，安全第一要牢记。准备工作当做好，车辆检查需仔细。刹车装置反复试，车况良好不出事。行车路线要问清，路面湿滑倍小心。一慢二看三通过，莫开快车闯红灯。车辆安置需妥当，保安帮忙可防盗。轻敲房门兹介绍，收件送件有礼貌。交寄物品请开箱，当面验视不能少。违禁物品不能收，理直气壮拒绝掉。道别说声谢谢您，再需帮助电话到。

"快递物流寄递全流程实名制解决方案"
视频扫码观看

（二）网点收寄作业流程

网点收寄作业流程图如图 4-3 所示。

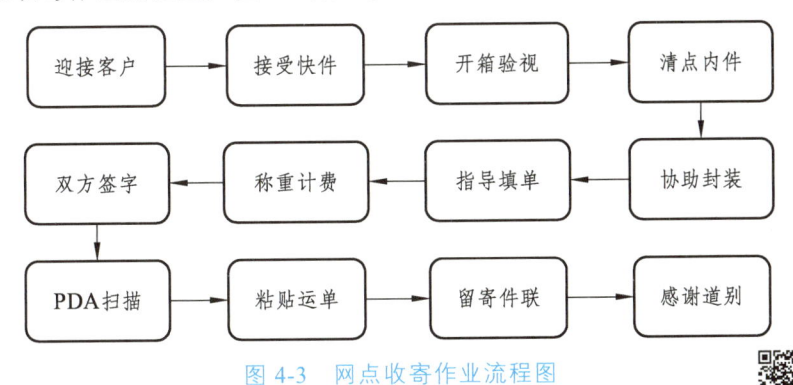

迎接客户 → 接受快件 → 开箱验视 → 清点内件
双方签字 ← 称重计费 ← 指导填单 ← 协助封装
PDA扫描 → 粘贴运单 → 留寄件联 → 感谢道别

图 4-3　网点收寄作业流程图

关于网点收寄作业流程的详细说明如表 4-2 所示。

"中通快递实名认证"
视频扫码观看

表 4-2　网点收寄作业流程说明表

步骤	名　称	操作说明
1	迎接客户	站立或举手向客户示意，主动问好："欢迎光临，请问您要办理什么业务？"
2	接收邮件	双手接收客户需交寄邮件、快件
3	开箱验视	① 检查物品是否属于禁寄物品；如属禁忌物品，不予收寄，并向客户说明原因；需要出具安全证明的，请客户出示，并将安全证明的原件交公司相关负责人保存。 ② 检查物品重量、规格是否符合寄递的相关规定
4	清点内件	与客户一起清点寄递物品的名称、类别、数量等，收寄员与客户共同确认
5	协助封装	① 指导并协助客户使用规范的包装材料和填充物品进行包装。 ② 仔细检查包装，确保物品安全
6	指导填单	① 指导客户正确、完整地填写运单。 ② 检查运单填写是否规范：包括寄件人、收件人名址和寄递物品的名称、类别、数量等，并核对寄件人和收件人信息。 注意：寄递物品的名称、类别、数量等，必须与运单上填写的内容完全一致

续表

步骤	名称	操作说明
7	称重计费	① 对包装好的物品进行质量或体积的测量。 ② 按照资费标准计算运费和保费，并在运单上准确记录。 ③ 根据客户选择的支付方式进行现结或记账（现付则提供发票）
8	双方签字	① 将运单交予客户检查，并请客户签字确认；客户确认收件人姓名、地址、电话及费用后在运单上签字。 ② 收寄人员确认寄件人、收件人相关信息及寄递物品名称、类别、数量与内件一致后在运单上签字。 ③ 如内件中有易碎物品，则在运单上注明"红杯"或"易碎"。 注意：运单上填写的寄递物品的名称、类别、数量等内容必须与内件完全一致
9	PDA扫描	收寄员用PDA扫描运单
10	粘贴运单	按要求将运单粘贴到指定位置
11	留寄件联	将寄件联交予客户，并叮嘱其保管好，作为发货及查询的凭证
12	感谢道别	微笑向客户道别："谢谢光临，希望下次为您服务。"

四、大客户收件

大客户是指与本公司签订合作协议且每天发件数量达到了一定标准的客户。

（一）大客户收件的特点

（1）大客户是指与快递企业签订合作协议的公司或个人，通常就付款事宜、快递价格、服务要求等方面签订合作协议。

（2）大客户快递业务量较多，合作次数较多。

（3）大客户的快件具有较固定的特点，通常由快递企业为其制订特定的服务方式。

（4）大客户要求服务及时、周到全面、保证质量。

（二）大客户收件安排

（1）收件频次：每日至少一次。

（2）收件准备：定期为大客户提供标准化的包装件、快递交易所，以方便客户随时填写发件。

（3）收件处理：大客户投寄快件的类型较为固定，且已完成包装与运单填制，收件员称量计价后直接收件处理，无须更多地验视、包装、指导工作。

（4）费用结算：由快递企业统一安排财务人员进行。

五、电子商务企业收件

（一）电子商务企业的快件特点

（1）所有快件已经过包装，无须处理。

（2）运单由电商企业的出库管理员负责填制、粘贴。

（3）收件人一般均有明确的收件时间，要么仅在工作日收件，要么仅在节假日收件。

（4）电子商务企业作为快递企业的大客户，其收件频次、付费标准、结算运费等均直接与快递企业联系。

（二）电子商务企业的收件流程

（1）电子商务企业所寄快件数量较大，一般由快递企业派专车收件。

（2）快递人员需要每日准时到电子商务企业指定的收件点收取快件。

（3）收件时，快递人员做好收件记录。

（4）收件结束后，快递人员和电子商务企业的出库管理员签字交接。

资料链接 4-2

网点收寄安全操作口诀：营业场所人员多，安全工作尤重要。消防通道莫堵塞，安全出口要明示。险处悬挂警示牌，小心触电防摔倒。办理业务守秩序，排队等候莫喧闹。接待客户先问好，开箱验视不能少。请您理解和支持，法律规定是这样。交件取件守程序，相关证明保存好。办完业务道谢谢，欢迎下次再来到。

资料链接 4-3

新冠肺炎疫情发生后，邮政快递业 400 多万快递小哥勇敢逆行，冒疫奔忙，在保障防疫物资运输寄递、促进生产流通和居民消费等方面发挥了重要作用，也涌现出了一大批先进典型。

顺丰速运武汉分公司快递员汪勇、中国邮政武汉分公司投递员徐龙被党中央、国务院、中央军委表彰为"全国抗击新冠肺炎疫情先进个人"，并被国家邮政局授予"最美快递员"特别奖。获评"最美快递员"的逆行者代表，还有：韵达速递的赵华岳，五进五出赴武汉抗疫一线运送物资；宅急送的李润峰，千里驰援将新冠病毒检测试剂送到武汉；中国邮航团队勇于担当，不畏艰险，累计运输防疫物资 2 550 余吨；顺丰航空团队在武汉封城之后，向抗疫一线运送防疫及生活物资 6 874 t；圆通航空团队持续执行海内外抗疫包机共 84 班；京东物流武汉亚一城配青年车队累计承运 7 000 余吨医疗应急物资，配送了 6 000 余吨米面粮油、蔬菜等生活必需物资。

思考：查找"最美快递员"的事迹，谈谈他们身上有哪些值得我们学习的地方。

练一练

一、选择题

1. 上门揽收与网点收寄两种收寄方式的主要区别是（　　）。
   A. 资费不同　　　　　　　　　B. 接收快件地点不同
   C. 接收快件流程不同　　　　　D. 包装方式不同
2. 以下不属于上门揽收快件的内部收寄处理作业流程环节的是（　　）。
   A. 清点内件　　　　　　　　　B. 按址投递
   C. 核实信息　　　　　　　　　D. 称重复重计费
3. 在网点收寄处理的流程中，以下步骤在"粘贴运单"之前进行的是（　　）。
   A. 称重、录入和计费　　　　　B. 打印快递单并粘贴
   C. 开具发票　　　　　　　　　D. 留寄件联
4. （　　）是指业务员接收到客户寄件需求信息后，在约定时间内到达客户处收取快件，并将快件统一带回快递企业收寄处理点，完成运单、快件、款项交接的全过程。
   A. 网点收寄　　　B. 上门揽收　　　C. 电话通知　　　D. 快件派送
5. 对客户进行拜访时，须把握的两个要点是（　　）。
   A. 行为自然，不过度热情和不在意是否干扰客户正常生活和工作
   B. 行为自然，不过度热情和不干扰客户正常生活和工作
   C. 行为自然，过度热情和不干扰客户正常生活和工作
   D. 突出企业的新产品或优惠资讯和不在意是否干扰客户正常生活和工作

二、判断题

（　　）1. 到达客户处时，妥善放置交通工具，确保交通工具的安全，且不得阻碍他人，不违章停放。

（　　）2. 到达客户处，进门前整理好个人的仪容仪表。如客户公司需办理相关出入登记手续，应主动配合并及时归还客户公司的相关证明，如来访证、临时通行证等。

（　　）3. 收派员在收到呼叫中心发送的订单信息后，在规定时限内上门收件，因客户原因无法收取快件（如客户不在或未准备好等）时，收派员直接在终端备案。

（　　）4. 若客户未准备好快件，在客户处最长等待时长为 5 min，如时间充足，可视情况延长，如时间不足，则须礼貌向客户说明，并确认下次来收件的时间，如果客户无法在当班次内备好快件，应建议客户备好快件后重新下单，同时须在手持终端上备案。

（　　）5. 因收派员原因造成无法收件（如揽件交通工具损坏、来不及收、中午大件需下午收或因件量大当班快件需转下一班次收等），需要 5 min 内向营业部主

管或运作主管反馈，营业部主管或运作主管在受理此类信息时，需及时处理，收派员无须在手持终端上备案。

任务训练页

一、接受任务

取件员小李收到客服中心发来的取件信息，信息为：彩虹城 6 幢 1 单元 301，李先生，1 公斤书籍要寄快递给外地的朋友。请将小李的工作内容和工作步骤写出来。

二、制定计划

本次任务要求同学们分小组做好分工，完成上门取件工作。

三、任务实施

分工	姓名	主要职责
组长		准备好快件，等待收件员上门取件，并交接快件
组员		上门取件

四、活动成果

录制上门取件视频，以小组为单位提交活动成果。

五、任务评价

班级		任务名称		姓名	
学号		上门取件		组别	
评价项目	评价标准	自我评价（20%）	组长评价（30%）	教师评价（50%）	分值	得分
职业能力	1. 普通话标准，善于沟通				10	
职业能力	2. 应变能力强，服务意识强				10	
	3. 工作认真，细致，有责任心				10	

续表

评价项目	评价标准	自我评价（20%）	组长评价（30%）	教师评价（50%）	分值	得分
专业能力	1. 上门服务礼仪符合要求				15	
	2. 上门取件操作流程标准				40	
	3. 能够处理上门取件突发情况				10	
其他能力	1.				5	
	2.					
总结与反思				成绩合计		
				指导老师综合评价		

任务五　快件收寄验视

任务目标

❖ 知识目标	1. 理解快件收寄验视的相关规定； 2. 掌握快递中禁运品、限寄品的类别； 3. 认知快件验视的作业流程
❖ 能力目标	1. 能够按照规定检查快件； 2. 能够识别并挑拣出禁寄品； 3. 能够按照规定收取限寄物品
❖ 思政目标	1. 培养严谨细致、认真负责的工作习惯，拥有强烈的责任意识； 2. 培养"爱岗敬业、艰苦奋斗、争创一流、甘于奉献、勇于创新、淡泊名利"的劳模精神

情景导航

近年来，寄递服务行业发展迅速，为商贸经济活动和群众生活提供了快捷、便利和高效的服务，但不容忽视的是，由于寄递服务具有简便快捷、人物分离的特点，不法分子通过寄递渠道贩运枪支弹药、爆炸物品、危险化学品、管制刀具、毒品等禁寄物品的案件时有发生，严重影响了寄递渠道的安全畅通。建立并严格执行收件验视制度，是实现寄递渠道安全的重要保障，关系到社会公共安全和国家安全，关系到用户的生命财产安全,关系到一线从业人员的人身安全和邮政企业的财产安全。作为一名快递收寄工作人员，如何验视快件？如何判定哪些是违禁品、限寄品？如何处理快件验视中出现的异常情况？

工作认知页

一、快件收寄验视概述

（一）快件收寄验视的定义

快件收寄验视是指邮政企业或快递企业在收寄时查验用户交寄的邮件或快件是否符合禁寄、限寄规定，以及用户在邮件详情单或快递用单上所填报的内容是否与其交寄的事物相符的过程。

（二）收寄验视的内容

验视的内容主要有两方面：
（1）查验邮件、快件是否符合禁寄、限寄的规定。

（2）查验详情单或运单上所填报的内容是否与交寄的实物相符。

资料链接 5-1

【收寄验视的有关规定】

《中华人民共和国邮政法》第二十五条规定：对用户交寄的信件，必要时邮政（快递）企业可以要求用户开拆，进行验视，但不得检查信件内容。用户拒绝开拆的，邮政（快递）企业不予收寄。对信件以外的邮件（快件），邮政（快递）企业收寄时应当当场验视内件，用户拒绝验视的，邮政（快递）企业不予收寄。

《邮政行业安全监督管理办法》第九条规定：用户拒绝验视、拒不如实填写寄递详情单、拒不提供相应书面凭证或者不按规定出示有效身份证件的，邮政企业、快递企业不予收寄。特殊时期，按照国务院邮政管理部门的规定，寄件人应出示有效身份证件，收寄单位应按要求记录寄递物品和寄件人信息。

（三）收寄验视的程序

收寄验视可按以下两种方式进行，一是先填单后验视，二是先验视后填单。

1．先填单、后验视

先填单、后验视的作业流程如图5-1所示。

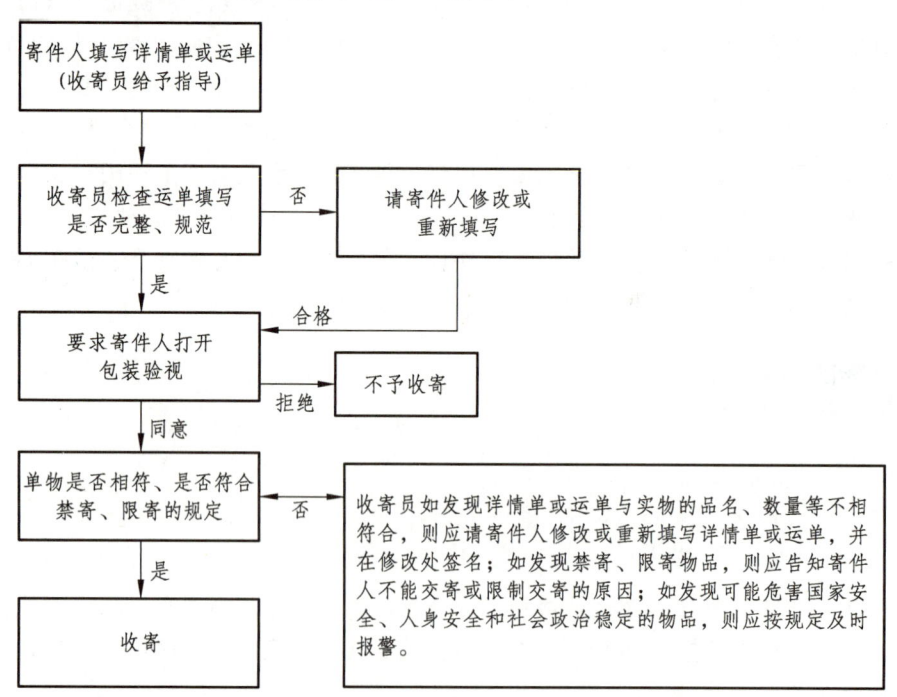

图 5-1　先填单、后验视的作业流程图

2．先验视、后填单

先验视、后填单的作业流程如图5-2所示。

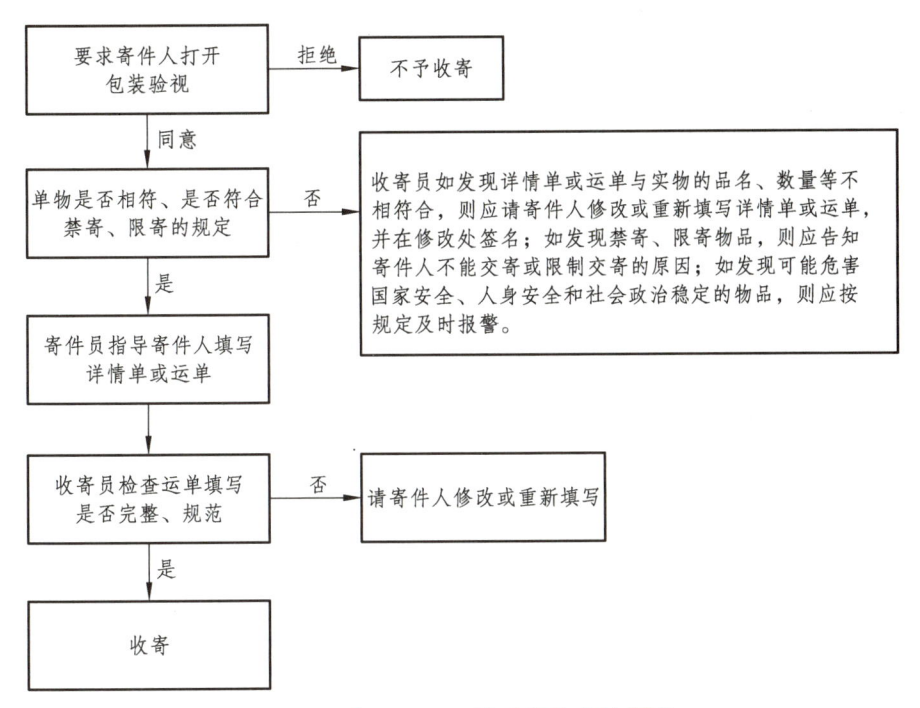

```
┌─────────────────┐  拒绝   ┌──────────┐
│ 要求寄件人打开  │────────→│ 不予收寄 │
│   包装验视      │         └──────────┘
└─────────────────┘
        │ 同意
        ↓
┌─────────────────┐  否     ┌─────────────────────────────────────┐
│ 单物是否相符、是否符合 │────→│ 收寄员如发现详情单或运单与实物的品名、数量等不 │
│  禁寄、限寄的规定  │        │ 相符合，则应请寄件人修改或重新填写详情单或运单， │
└─────────────────┘        │ 并在修改处签名；如发现禁寄、限寄物品，则应告知 │
        │ 是                │ 寄件人不能交寄或限制交寄的原因；如发现可能危害 │
        ↓                   │ 国家安全、人身安全和社会政治稳定的物品，则应按 │
┌─────────────────┐        │ 规定及时报警。                                │
│ 寄件员指导寄件人填写 │     └─────────────────────────────────────┘
│   详情单或运单   │
└─────────────────┘
        │
        ↓
┌─────────────────┐  否     ┌──────────────────────┐
│ 收寄员检查运单填写 │──────→│ 请寄件人修改或重新填写 │
│  是否完整、规范   │        └──────────────────────┘
└─────────────────┘
        │ 是
        ↓
┌──────┐
│ 收寄 │
└──────┘
```

图 5-2　先验视、后填单的作业流程图

二、禁寄物品类别以及识别方法

禁、限品在运输过程中，因气压、温度变化，或受震动、空气限制等影响，可能发生爆炸、自燃、有毒气体泄漏等等，会对生命财产安全造成极大威胁。

禁运品：指在任何情况下，均不能受理的物品。

限运品：指在特定条件下，需要满足特定条件方可受理。

禁止寄递物品以及特征如表 5-1 所示。

禁止寄递物品管理规定
请扫码观看

表 5-1　禁止寄递物品以及特征

序号	禁寄品	特征	例图	识别方法
1	枪支（含仿制品、主要零部件）、弹药	枪支（含仿制品、主要零部件）：如手枪、步枪、冲锋枪、防暴枪、气枪、猎枪、运动枪、麻醉注射枪、钢珠枪、催泪枪、民令枪等		此类物品容易辨识。寄件人一般会先封装好，且封装质量较高。揽收人员应要求寄件人打开包装，当面验视，否则，坚决不予收寄
		弹药（含仿制品）：如子弹、炸弹、手榴弹、火箭弹、照明弹、燃烧弹、烟幕（雾）弹、信号弹、催泪弹、毒气弹、地雷、手雷、炮弹、火药等		

039

续表

序号	禁寄品	特征	例图	识别方法
2	管制器具	管制刀具：如匕首、三棱刮刀、带有自锁装置的弹簧刀（跳刀）、其他相类似的单刃、双刃、三棱尖刀、刺刀等	尖角小于60度 长150毫米 尖角大于60度 长220毫米	详见公安部关于管制刀具认定的相关标准
		其他：如弩、催泪器、催泪枪、电击器、警棍等		
3	爆炸物品	爆破器材：如炸药、雷管、导火索、导爆索、爆破剂等	炸弹　手榴弹 炸药　雷管	雷管一般为管状，有的带有导火线；炸药、火药以粉末、块状居多，颜色有白色、黄色、黑色等；发令纸较厚，有雄黄味
		烟花爆竹：如烟花、鞭炮、摔炮、拉炮、砸炮、彩药弹、舞台冷焰等及黑火药、烟火药、发令纸、引火线等		
		其他：如推进剂、发射药、硝化棉、电点火头等		
4	压缩和液化气体及其容器	易燃气体：如氢气、甲烷、乙烷、丁烷、天然气、液化石油气、乙烯、丙烯、乙炔、打火机等	干冰　灭火器 气雾剂 气体打火机	
		有毒气体：如一氧化碳、一氧化氮、氯气等		
		易爆或者窒息、助燃气体：如压缩氧气、氮气、氦气、氖气、气雾剂、喷雾杀虫剂、空气清新剂等		
		压缩气体：干冰、灭火器、蓄气筒、充气球体、救生器、易爆炸的汽车安全气囊、气雾剂、气体打火机、瓦斯气瓶、灯泡等		

续表

序号	禁寄品	特征	例图	识别方法
5	易燃液体	如汽油、柴油、煤油、桐油、丙酮、乙醚、油漆、生漆、苯、酒精、松香油、机油、樟脑油、发动机启动液、松节油、天拿水(香蕉水)、胶水等	乳胶漆　聚酯漆　机油　樟脑油	
6	易燃固体、自燃物质、遇水易燃物质	易燃固体：如红磷、硫磺、铝粉、闪光粉、固体乙醇、火柴、活性炭等 自燃物质：如黄磷、白磷、硝化纤维（含胶片）、钛粉等 遇水易燃物质：如金属钠、钾、锂、锌粉、镁粉、碳化钙（电石）、氰化钠、氰化钾、活性炭、铁粉、椰肉干、蓖麻制品、橡胶碎屑、安全火柴（盒擦的或片擦的）、镁粉固体胶等	活性炭　火柴　镁粉　白磷　椰肉干　黄磷	易燃烧性物品以液态、气态、固态、粉末居多。液态物品一般会使用密封性很好的玻璃瓶、塑料瓶、金属罐等容器，部分危险化学品呈粉末或晶体状。交寄此类物品，一般会预先封存好，且封装质量较高。揽投员应要求寄件人打开包装，当面验视，否则坚决不予收寄
7	氧化剂和过氧化物	高锰酸钾：氧化剂、杀菌剂、漂白剂、除铁剂、除臭氧剂、金属着色、分析试剂、医药、消毒剂、防腐剂、除臭剂和解毒剂等 过氧化氢：氧化剂、漂白剂、杀菌剂、消毒剂、发色剂、过氧化钠（氧化剂）、漂白剂、防腐剂、医药、水的精制、纤维的染色、印染、骨的漂白及矿处理等 次氯酸钙：棉麻织物和纸张的漂白剂、饮水消毒剂、有机合成、防缩剂、脱臭剂等	高锰酸钾　过氧化氢　氯化钾　过氧化钠　次氯酸钙	氧化剂和有机过氧化物都有很强的氧化性，被氧化的物质会放出大量的热量，极易发生事故。揽投员应要求寄件人打开包装，当面验视，否则坚决不予收寄

续表

序号	禁寄品	特征	例图	识别方法
7	氧化剂和过氧化物	氯酸钾：火柴、氧化剂、炸药、印染、焰火、雷管、医药、染料、造纸、农药、漂白、防腐剂等 硫酸钾：焰火、炸药、肥料、分析试剂、玻璃、冶金、氧化剂、食品保存、医药、肉制品的着色剂、金属热处理、催化剂等	高锰酸钾　过氧化氢　氯化钾 过氧化钠　次氯酸钙	氧化剂和有机过氧化物都有很强的氧化性，被氧化的物质会放出大量的热量，极易发生事故。揽投员应要求寄件人打开包装，当面验视，否则坚决不予收寄
8	毒性物质	如砷(shēn)、砒霜、汞化物、铊(tā)化物、氰化物、硒(xī)粉、苯(běn)酚、汞、剧毒农药等	砒霜　铊	液态、粉末、晶体、金属状是烈性毒药类物品的主要特征，一般会使用密封性很好的玻璃瓶、塑料瓶、金属罐等容器
9	生化制品、传染性、感染性物质	如病菌、炭疽、寄生虫、排泄物（尿液、体液）、医疗废弃物、尸骨（包括已焚尸骨）、骨灰、灵柩、动物器官、肢体、未经硝制的兽皮、未经药制的兽骨、血液、炭疽、危险性病菌等	医疗废弃物　血液 兽皮　兽骨	液态(针剂)、粉状末(片剂)、晶体、块状是生化制品和传染性物品的主要特征。从外形上可辨识，一般有药水味或异味
10	放射性物质	如铀(yóu)、钴(gǔ)、镭(léi)、钚(bù)等	钴　铀　放射容器 放射性标识	放射性元素，必然会使用特制的密闭容器。揽收员应高度重视密闭容器承装的物品，无相应的安全证明，坚决不予收寄
11	腐蚀性物质	如硫酸、硝酸、盐酸、蓄电池、氢氧化钠、氢氧化钾、氯磺酸、冰醋酸、烧碱等	火硫酸　硝酸　盐酸 蓄电池　电池液	此类物品一般会使用密封性很好的玻璃瓶、塑料瓶、金属罐等容器，部分危险化学品呈粉末或晶体状。交寄此类物品，一般会预先封存好，且封装质量较高。收派员应要求交寄人打开包装，当面验视，否则坚决不予收寄

续表

序号	禁寄品	特征	例图	识别方法
12	毒品及吸毒工具、非正当用途麻醉药品和精神药品、非正当用途的易制毒化学品	毒品、麻醉药品和精神药品：如鸦片（包括罂粟壳、花、苞、叶）、吗啡、海洛因、可卡因、大麻、甲基苯丙胺（冰毒）、氯胺酮、甲卡西酮、苯丙胺、安钠咖等 易制毒化学品：如胡椒醛、黄樟素、黄樟油、麻黄素、伪麻黄素、羟亚胺、邻酮、苯乙酸、溴代苯丙酮、醋酸酐、甲苯、丙酮等 吸毒工具：如冰壶等	鸦片（包括罂粟壳、花、苞、叶） 吗啡 可卡因 大麻 冰毒 海洛因	液态（针剂）、粉末（片剂）、晶体（块状）是此类物品的主要特征。但毒品藏匿方式花样百出，实际案件中经常会遇到的涉毒寄递物品包括化妆盒、食品包装器、旅行包、电气设备、运动器材、饮料瓶、木材、相册、书籍、雕像、纺织品、纸张、水果等
13	濒危野生动物及其制品	如象牙、虎骨、犀牛角及其制品等	活体动物 受保护动物皮革、皮毛 动物标本	寄件人多为：饭店、宠物店、工艺品、药厂等。 内件品名多为：中药、土特产、白塑料、药材、工艺品、模具、香料、干果、果冻等
14	非法出版物、印刷品、音像制品等宣传品	如含有反动、煽动民族仇恨、破坏国家统一、破坏社会稳定、宣扬邪教、宗教极端思想、淫秽等内容的图书、刊物、图片、照片、音像制品等	法轮功宣传品 淫秽书刊、光盘	开箱验视即可发现。发现此类物品应报警，请相关部门审查。揽投员在现场要注意观察寄件人的神态，是否有反常的表现；同时要注意寄件人填写的收件人、寄件人的姓名、地址、电话等信息是否齐全、准确；发现异常要立即报告公司领导并报警

除以上 14 类违禁品外，还有间谍专用器材、非法伪造物品、侵犯知识产权和假冒伪劣物品、禁止进出境物品以及《危险化学品目录》《民用爆炸物品品名表》《易制爆危险化学品名录》《易制毒化学品的分类和品种目录》《中华人民共和国禁止进出境物品表》载明的物品和《人间传染的病原微生物名录》载明的第一、二类病原微生物等，以及法律、行政法规、国务院和国务院有关部门规定禁止寄递的其他物品。

资料链接 5-2

【收寄验视歌】

寄递安全记心间，收寄验视第一关；敬告用户需配合，法律规定大于天。当面验视和封装，细细清查不违章，内件运单应相符，禁寄物品拒绝收。用户预先已封装，我要验视请开箱；切莫省事嫌麻烦，谨防炸弹包中藏；曾有兄弟受伤害，血的教训不可忘。易爆易燃腐蚀品，烈性毒药生化品，放射元素及容器，危害社会易伤己，拒绝收寄合法理，处置方法最要紧。濒危生物及制品，动物器官和肢体，管制刀具与文物，国家禁寄惹不起；发现反动宣传品，既报领导又报警。毒品藏匿花样多，仔细检查莫放松，粉末液体慎重收，机电装置重点防。验视完毕妥封装，当面称重计费用。地址姓名电话号，规范填写不可少。贵重物品应保价，如遇丢失损失小。寄递关联千万家，工作生活都要他，各位兄弟需谨记，莫图省事惹祸殃。

思考：收寄验视工作不到位，会给个人、企业、社会带来哪些危害？

三、收寄验视方法

（一）观

"观"是指观察寄件人，对以下人员要特别注意：

（1）精神紧张、言行可疑、假装镇静者。

（2）规定的营业时间将结束或已经结束，匆忙交寄邮件、快件者。

（3）与公安机关通缉的嫌疑人外貌特征相似的人员。

（4）故意遮掩面部或过分化妆者。

（5）表现异常、催促检查者。

（6）态度蛮横、不愿接受检查者。

（7）冒充熟人、假献殷勤者。

(二) 问

"问"是指对以下事项应特别注意询问：

（1）问清物品的名称、属性、用途等，对含糊其辞、语言前后矛盾者要特别关注。

（2）问寄件人是否为别人代寄，对为陌生人代寄的情况要特别注意。

（3）问寄件人贵重物品是否增加保价和保险服务。

(三) 看

"看"是指通过观察和触摸物品外部，发现可疑点。

（1）经过伪装的邮件、快件。

（2）质量不均、厚薄不匀的邮件、快件。

（3）有个别部位突起或过硬的信件。

（4）内部有粉末状物品的信件。

（5）包装或者信封有油污渗出或者变色。

（6）粘贴过多的邮资信件。

（7）缺少邮寄地址的信件。

（8）不寻常的质量或者体积大。

（9）使用限制性语言（如"某某亲启"等）的邮件、快件。

(四) 查

"查"是指通过检查邮件、快件内件，发现可疑点。

（1）是否装有易燃易爆等危险品和禁忌品。

（2）有关部门通报应检查的物品。

（3）是否携带均匀透明、淡黄色至棕色、油状或黏稠状态等液体物质和粉末状固态可疑物质。

（4）易藏匿爆炸品的物品如罐状物品、玩具、电器、中间挖空的书籍，卷曲的印刷品、物品的空隙、服装夹层是否藏有异物。

（5）所查物如有拉链及分层，注意拉链下方，上下层之间有无连接物，以防松发或拉发爆炸装置。

（6）多块拼装结成的木箱，应先拆一侧板，确认内部物品与箱盖无连接物时，方可打开箱盖，分层检查内装物。

(五) 掂

通过"掂"邮件、快件，根据物品是否过重或轻、与正常重量是否相符，发现可疑点。

(六)称

(1)检查邮件、快件内件包装是否标明质量。

(2)通过用秤称重后与内件标明质量相比看是过重或过轻来判别是否为可疑邮件、快件。

(七)闻

通过嗅闻从被检查物品中散发出来的气味,判断该气味与被检查物品应有的气味是否相符,对具有刺激性气味、酸味、芳香味、氨味、苦杏味等气味的物品要特别关注。

(八)听

(1)通过听,判断邮件、快件内部是否有机械手表、石英钟,洗衣机、电风扇定时器等改装的机械定时装置。

(2)通过听,发现是否有其他异常声音。

四、收寄发现禁寄品的处理

收寄过程发现各种禁寄品,处理方法如表 5-2 所示。

表 5-2　收寄过程中禁寄品的处理方法

序号	禁寄品类别	处理方法
1	各类武器、弹药等	应立即通知公安部门处理,疏散人员,维护现场,通时通报国家安全机关
2	各类放射性物品、生化制品、麻醉药物、传染性物品和烈性毒药	立即通知防化及公安部门并按应急预案处理。同时通报国家安全机关
3	各类易燃易爆等危险物品	① 收寄环节发现的,不予收寄; ② 投递环节发现的,不予投递。 对危险物品要隔离存放。对其中易发生危害的危险品,应通知公安部门,同时通报国家公安机关,采取措施进行销毁。需要消除污染的,应报请卫生防疫部门处理。其他危险品可通知寄件人限期领回。对于内件中其他非危险品,应当整理重封,随附证明发寄或通知收件人到投递环节领取
4	各种危害国家安全和社会政治稳定以及淫秽的出版物、宣传品、印刷品	应及时通知公安、国家安全和新闻出版部门处理
5	妨害公共卫生的物品和容易腐烂的物品	视情况通知寄件人限期领回,无法通知寄件人领回的可就地销毁
6	包装不妥,可能危害人身安全,污染或损毁其他寄递物品和设备	收寄环节发现后,应通知寄件人限期领回。经转或投递中发现的,应根据具体情况妥善处理
7	禁止进出境的物品	移交海关处理

五、限制寄递物品的规定

为适应国家控制某些物品流通的需要，对个人寄递的物品限定在一定数量范围内，这就是限寄。限寄规定是本着既照顾和方便用户的合法需要和正常往来，又限制投机倒把和走私违法行为而制定的。我国海关根据上述精神，并结合国内物资供销条件，对个人邮寄出口物品，制定了"自用"和"合理数量"的限制原则。所谓"自用"是指用户寄递出口的物品，以亲友之间相互馈赠为目的，而不是以牟利为目的；所谓"合理数量"是指在正常使用的条件上，基本上能满足用户自用所需的数量。

（一）我国限寄出境的物品

（1）金银等贵重金属及其制品。
（2）国家货币。
（3）外币及其有价证券。
（4）无线电收发信机、通信保密机。
（5）贵重中药材及其成药（席香不准邮寄出境）。
（6）一般文物等[一般文物指公元1795年（乾隆五十九年）后的，可以在文物商店出售的文物]。
（7）海关限制出境的其他物品。

（二）我国限制进境的物品

（1）无线电收发信机、通信保密机。
（2）烟、酒。
（3）濒危的和珍贵的动物、植物（含标本）及其种子和繁殖材料。
（4）国家货币。
（5）海关限制进境的其他物品。

（三）我国海关对限制寄递物品的限量与限值规定

根据海关的有关规定，在国内范围互相邮寄的物品：卷烟、雪茄烟每件以两条（400支）为限（二者合寄时亦限400支）；邮寄烟丝、烟叶每次均各以5 kg为限，两种合寄时不得超过10 kg；每人每次限寄一件，不准一次多件或多次交寄。

对于寄往国外的物品，还应遵守海关限值的有关规定：寄往国外的个人物品，每次价值以不超过人民币1 000元为限，免税额为人民币500元，超出的，仅征超出部分。中药材、中成药以人民币200元为：限寄往香港、澳门的个人物品，每次限值为人民币800元，免税额为400元。中药材、中成药以人民币100元为限。这里说的中成药是指注册商标上标有"省（市）卫准字"的中成药，商标上标有"省（市）卫健字"的保健中成药不属本限制范围，外国人、华侨和港澳台胞邮寄出口的物品，如果是用外汇购买的，只要不超过合理数量，原则上不受出口限制。

限制寄递物品在寄达国（或地区）有限量、限值规定的，应按寄达国（或地区）的规定办理。

（四）寄递物品许可证

1．出口许可证

寄往国外的物品类快递件，其内件的性质和数量是否需要许可证，由海关根据国家法令规定办理。这种出口许可证，应由寄件人向北京、天津、上海、广州等地的对外经济贸易管理机构领取，以便海关凭证放行。

2．进口许可证

进口许可证是寄达国海关对进口快递件凭以放行的证件。此证件可向寄达国进出口贸易管理机关或该国驻我国的商务代表机关领取。一般情况下，寄达国的海关对寄递进口物品，其种类和数量不超过规定的，不要进口许可证。只有超过规定范围的，或对于某些含特殊物品的快递件，需有进口许可证方能进口。

练一练

一、选择题

1．限寄物品是对（　　）寄递的物品限定在一定数量范围内。
　　A．收件人　　　　B．寄件人　　　　C．收寄部门　　　D．处理部门
2．以下不属于危害公共卫生的物品是：（　　）。
　　A．未经硝制的兽皮　　　　　　　B．肢体
　　C．动物器官　　　　　　　　　　D．经药制的兽骨
3．以下不属于国家法律、法规、行政规章明令禁止流通、寄递或进出境的物品是（　　）。
　　A．濒危野生动物及其制品　　　　B．国家秘密文件和资料
　　C．管制刀具　　　　　　　　　　D．家用电器
4．下列物品中哪些不是违规禁寄物品（　　）。
　　A．硫酸　　　　　　　　　　　　B．珍贵文物
　　C．药品、名贵药材　　　　　　　D．仿真武器
5．下列关于禁限寄描述中，不正确的是（　　）。
　　A．限寄规定是本着照顾和方便客户的合法需要和正常往来，限制走私违法行为而制定的
　　B．限制的范围包括价值上的限制和数量上的限制，也就是通常所说的限值和限量
　　C．金银等贵重金属及制品属于限制寄递出境的物品
　　D．无线电收发信机、通信保密机不属于限制寄递出境的物品
6．下列关于我国海关对限制寄递物品的限量和限值描述中，不正确的是（　　）。
　　A．卷烟、雪茄烟每件以二条（400支）为限，两种合寄时也限制在400支之内。

B. 寄递烟丝、烟叶每次均以 5 kg 为限，两种合寄不得超过 10 kg，每人每次限一件，不准一次多件或多次交寄。

C. 寄往香港、澳门、台湾地区的个人物品，每次价值以不超过人民币 800 元为限，其中 400 元以内部分免税，超过 400 元的部分免征税。

D. 寄往香港、澳门、台湾地区的个人物品，中药材、中成药以人民币 200 元为限。

7. 下列关于我国海关对限制寄递物品的限量和限值描述中，不正确的是（   ）。

A. 寄往香港、澳门、台湾地区的个人物品，中药材、中成药以人民币 100 元为限。

B. 中成药是指商标上有"省（市）卫健字"的中成药，商标上有"省（市）卫健字"的保健中成药不属限制范围。

C. 寄往国外的个人物品，每次价值以不超过人民币 1 000 元为限，其中人民币 50 元以内部分免税，超过 500 元的部分需征税。

D. 寄往国外的个人物品，中药材、中成药以人民币 200 元为限。

8. 寄递物品的验视内容不包括（   ）。

A. 寄递物品性质，检查寄递物品是否属于禁限物品

B. 检查寄递物品的实际数量，确保实际数量与运单上注明的数量保持一致

C. 识别寄递物品的名称、运单上的寄递物品名称与实际寄递物品名称保持一致

D. 检查寄递物品的质量，保证物品为合格产品

二、简答题

1. 快件收寄验视的工作内容有哪些？
2. 举例说一说禁寄品、限寄品都有哪些以及如何收寄？

三、案例分析

【案例 1】 2014 年 11 月 30 日，成都福尔斯特医药技术有限公司（以下简称"福尔斯特公司"）竟将 50 kg 危险化学品——氯化亚砜交给中通快递四川分公司（以下简称"中通四川"）寄递，该化学品在重庆卸货中转时发生泄漏，致重庆中通分拨中心两名装卸人员出现呕吐症状。

【案例 2】 2018 年 8 月。汕头市公安局禁毒支队联合濠江区公安分局禁毒大队在相关警种的指导支持下，抓获涉嫌寄毒嫌疑人李某森，并顺藤摸瓜抓获吸贩毒嫌疑人 6 名，共缴获毒品冰毒疑似物约 34.5 g。而令人意想不到的是，李某森竟曾是一名快递员，他凭借对快递行业的熟悉了解，多次贩卖、运输毒品。被抓获时，他正准备通过快递寄出毒品。

结合案例，思考：

1. 作为一名快递收寄工作者，应该具有哪些职业素养？肩负什么样的社会责任？

2. 如果在快递收寄过程中，发现危险品、毒品应该如何处理？

任务训练页

一、接受任务

今天，YT 快递公司揽收员小李接到了三位客户办理的快件寄递业务：客户王先生邮寄 3 条香烟（20 盒/条，20 支/盒）给广州的朋友；客户于先生邮寄一组蓄电池给老家的亲戚；客户李小姐邮寄一套护肤品给桂林的朋友。请模拟小李揽收员的身份，完成收寄验视工作。

二、制定计划

本次任务要求同学们在课堂上分小组完成验视快件工作。

三、任务实施

分工	姓名	主要职责
组长		负责小组成员分工，向客户解释等工作
组员		负责客户王先生的收寄验视工作
		负责客户于先生的收寄验视工作
		负责客户李小姐的收寄验视工作
		填写收寄验视过程记录表

四、活动成果

客户	内件特点	是否收寄	收寄验视过程介绍
王先生			
于先生			
李小姐			

五、任务评价

班级		任务名称		姓名		
学号		收寄验视快件		组别		
评价项目	评价标准	自我评价（20%）	组长评价（30%）	教师评价（50%）	分值	得分
职业能力	1. 团队合作、分工明确				10	
	2. 言行举止符合收寄员要求				10	
	3. 服务意识强				10	
专业能力	1. 验收快件操作流程准确规范				25	
	2. 能够识别违禁品、限寄品				20	
	3. 能够恰当处理违禁品、限寄品的邮寄				20	
其他能力	1.				5	
	2.					
总结与反思				成绩合计		
				指导老师综合评价		

任务六　包装快件

任务目标

❖ 知识目标	1. 熟悉常用的包装材料的特性； 2. 掌握快递包装应该遵循的原则
❖ 能力目标	1. 能根据客户所寄递的物品选择合适的包装材料； 2. 能够规范地使用包装工具进行快件的包装； 3. 能够正确识别包装标志
❖ 思政目标	1. 培养严谨细致、认真负责的工作习惯，拥有强烈的责任意识； 2. 培养良好的团队合作能力和沟通表达能力； 3. 培养"爱岗敬业、艰苦奋斗、争创一流、甘于奉献、勇于创新"的劳模精神

情景导航

为贯彻落实习近平生态文明思想，打好邮政业污染防治攻坚战，指导经营快递业务的企业做好绿色包装工作，根据《快递暂行条例》等有关规定，国家邮政局2018年12月制定发布了《快递业绿色包装指南（试行）》。可见，做好快件包装工作，不仅有助于保护快件安全，同时也是一件关系绿色快递发展的事情。

工作认知页

一、快件包装流程

包装是采用适当的材料或容器，对物资在运输、装卸、保管和销售等流通过程中加以保护的工具。现代物资包装的功能主要包括盛装功能、保护功能、便利功能、识别功能、效益功能五个方面的内容。包装又分为一次包装或内包装、二次包装或外包装、封装材料。一次包装一般是指与被包物品直接接触的包装，是作为物品一部分销售的包装。二次包装则是为了储存或运输方便而在一次包装之外添加的包装。此外，为了防止物品在运输过程中被损坏，一般还要添加填充物。

根据快件选择合适的包装，并进行规范的操作，不仅有助于保护快件在快递过程中的安全，同时有助于节约包装成本，降低社会资源消耗。

快递包装的操作流程如图6-1所示。

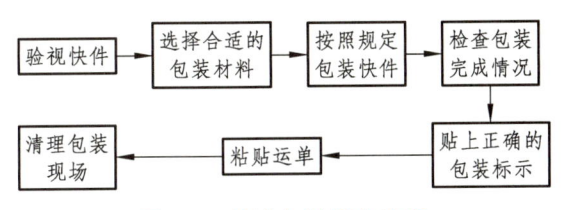

```
验视快件 → 选择合适的包装材料 → 按照规定包装快件 → 检查包装完成情况
                                                      ↓
清理包装现场 ← 粘贴运单 ← 贴上正确的包装标示
```

图 6-1　快递包装操作流程

资料链接 6-1

【绿色行动：纸箱回收，运单"瘦身"，中转袋"换装"】

在快递站点取出包裹，随手将包装盒拆开后扔进绿色回收箱，已渐渐成为不少杭州市民的习惯。"我是网购达人，一周可能会在网上下十多个单子，如果包装盒都拿到家里，三五天就会把家门口堆满。"杭州女白领张清说，自从今年快递点有了回收箱，她就会顺手把包装盒留在里面，让包装盒得以循环利用。

2018 年"双 11"购物节，菜鸟网络在全国 200 个城市的菜鸟驿站铺设了约 5 000 个绿色回收箱，引领消费者加入纸箱共享行动，线下回收利用纸箱 1 300 多万个。2019 年 5 月，菜鸟联合申通、韵达、圆通、中通、百世共同发起"绿色快递日"，并宣布在全国铺设 5 万个绿色回收箱；目前 3 万个回收箱已经走进全国各地的快递末端网点，成为"家门口的绿色公益"。

二、快递包装的原则

（一）安全性原则

（1）包装应具备保护寄递物品的功能，应防冲击和挤压，避免物品出现损坏。

（2）有隐私防护要求的寄递物品应选用不透光的包装容器。

（3）包装容器内有多件物品时，应按照重不压轻、大不压小的原则进行装箱。

（4）包装容器内有易碎物品或液体类物品等特殊物品时，应单独进行包装防护，防止出现破损或漏液等二次污染。

（二）环保性原则

（1）应选用减量化包装物。

（2）宜使用可重复使用容器，减少一次性包装物的使用。

（3）包装物在满足寄递要求的情况下，寄递企业不应再进行二次包装。

（4）合理选用与寄递物品相适应的封装用品，降低空箱率。

（5）胶带不应过度缠绕，宜选用免胶带结构的封装用品。

（6）宜选用由生物降解材料制成的包装物。

（7）宜选用单一材料组成的包装物。

思考：请查找相关资料，用数据和具体事例介绍快递过度包装的危害有哪些。

三、选择合适的包装材料

（一）外包装的选用

"内包装的选用"视频扫码观看

外包装是快递包装中的主要部分，托寄物必须有外包装，要求外包装无穿孔、破裂、严重折痕或凹陷。

常见的外包装材料有文件封、包装胶袋、纸箱、蜂窝箱、木箱。文件封常用于包装纸质类托寄物（一般文件类，文政类使用文件封），包装胶袋用于纺织类软性托寄物，纸箱用于绝大部分快件，蜂窝箱木箱用于重货以及特殊结构的托寄物，超过 50 kg 的物品需增加托盘便于叉车搬运。纸箱外一般不建议增加包装胶袋，托寄物不可超出外包装装载极限，小五金件不可使用文件封。

（二）内包装的选用

内包装选用有缓冲作用的材料，可防止托寄物因碰撞、跌落而损坏，内包装材料要求具备良好的缓冲防护性能。

常见的缓冲包装材料有：发泡材料（珍珠棉、泡沫等缓冲泡棉）、充气材料（气泡膜、气柱袋）、纸板间隔物（十字纸卡、井字纸卡）；发泡材料常用于对易碎品的缓冲防护；充气材料常用于对轻小托寄物的缓冲防护（气泡膜、葫芦气泡膜）；纸板间隔物常用于多个物品之间的间隔防护。

（三）内填充物的选用

内填充物的主要作用是对内装物品进行限位以保持其在运送过程中不晃动，以及防止托寄物刮花磨损。

常见的内填充材料有充气枕、泡沫边角料、气泡膜、薄膜、牛皮纸等；泡沫边角料常用于防止托寄物晃动；气泡膜与葫芦气泡膜既可用于防止托寄物晃动，也可防止托寄物表面刮花磨损；充气枕、牛皮纸常用于防止轻小托寄物晃动，托寄物质量不超过 1 kg。

四、包装操作示例

（一）软性物品包装操作

软性物品主要包括纺织类、纸质类、文件类、坚韧的生活用品等，这类快件一般选用合适的外包装诸如包装胶带、纸箱、编织袋等，因本身有一定的韧性，对内包装没有特定要求。包装软性物品时具体的包装材料的选用以及包装操作要点如表 6-1 所示。

表 6-1 软性物品包装示例

种类	举例	包装操作要点	推荐外包装	推荐内包装
纺织类物品	软性饰品（腰带、钱包、袜子）、布包、帽子、衣服、床上用品、沙发套、窗帘、地毯、毛巾、麻制品、纺织类工艺品、布艺玩具、蚊帐等	① 外包装完好，无破损；② 纺织类等软性物品主要用包装胶袋包装。超出包装胶袋容量的物品不允许装入胶袋，可选用其他包装容器，如编织袋、纸箱等。使用纸箱、编织袋作为外包装时，托寄物需预先使用塑料膜进行防护。③ 现有建包专用的可重复利用编织袋不得用于快件外包装	包装胶袋或编织袋、纸箱	不涉及
纸制品、文件文档（非卷状）	小册子、书籍、笔记本、商务表格、计算机打印纸和复印纸、墙纸、集邮册、条幅、名片、卡片类、支票簿、传单、宣传册、相册、海报（无框）、日历、文件、档案、合同、票据、邀请函、胶片、铅印格式纸、图纸（非卷叠纸质类）等	① 外包装完好，无破损；② 纸制文件文档类主要使用文件封包装，不允许使用包装胶袋，超出文件封容量的可使用纸箱类进行包装	文件封、纸箱	不涉及
生活用品（软性、坚韧）	袋装纸巾、湿巾、棉花球/棒、化妆棉、塑料袋、纸尿裤、卫生巾	① 外包装完好，无破损；② 此类非易碎软性物品主要用包装胶袋包装。超出包装胶袋容量的物品不允许装入包装胶袋，可选用其他包装容器，如编织袋、纸箱、木箱等；③ 现有建用的可重复利用编织袋不得用于快件外包装	包装胶袋或编织袋、纸箱	不涉及
轻小型建筑用品（1 kg以内）	绳索、电缆、天线等	① 外包装完好，无破损；② 此类非易碎软性物品主要用包装胶袋包装。超出包装胶袋容量的物品不允许装入包装胶袋，可选用其他包装容器，如编织袋、纸箱、木箱等；③ 现有建包专用的可重复利用编织袋不得用于快件外包装	包装胶袋	不涉及
轮胎	轮胎	① 外包装完好，无破损，可选用编织袋、纸箱、木箱等。② 现有建包专用的可重复利用编织袋不得用于快件外包装	其他，如编织袋或缠绕膜	不涉及
包装示例				

(二)简易、牢固品包装操作

简易、牢固物品主要指本身具有一定硬度的、不易破碎的物品,这类物品在快递包装中的外包装以纸箱为主,并需要增加简单的内包装,具体的包装材料的选用以及包装操作要点如表 6-2 所示。

"电子产品快递包装方案"视频扫码观看

表 6-2　简易、牢固品包装示例

种类	举例	包装操作要点	推荐外包装	推荐内包装
金属/塑料/纸等材质容器、轻小型塑胶制品、皮革制品	食品、液体、粉末、糊、动物药品、动物用品、胶、日化用品、运动和保健饮品、涂料、维生素、月饼等	① 外包装:纸箱及优于纸箱的包装,能起到足够的支撑作用; ② 为防止物品表面划伤,物品不可裸露直接放入箱内,需要先用胶袋或塑胶膜或纸皮或气泡膜等包裹完全(自带容器的物品除外、原包装除外); ③ 金属/塑料容器物品需使用气泡膜或气柱膜缓冲,罐装奶粉需使用专用桶状泡沫模型,或气柱袋,使用气柱袋多罐混装时,应用纸卡隔开; ④ 一个包裹多个物品时,物品与物品不可直接接触,之间必须有间隔物(如单个物品特别小则允许接触); ④ 如涂料等大型容器装液体类(超过 1 kg),具体参考易碎液体类包装要求; ⑤ 物品在箱内需要被限位,要无明显晃动(活动空隙不超过 2 cm)	纸箱	纸卡间隔:十字纸卡、井字纸卡 充气材料:气泡膜、葫芦气泡膜、泡沫模型
文件文档(卷状)	文件、档案、合同、票据、贺卡、书签、邀请函、相片(无框)、胶卷、胶片、海报、图纸等	① 外包装足够坚固,不会轻易弯折; ② 为防止物品表面划伤,物品不可裸露直接放入方纸管内,需要先用胶袋或塑胶膜、纸皮、气泡膜等包裹完全(自带容器的物品除外、原包装除外); ③ 物品在方纸管内需要被限位,内部需要缓冲固定,托寄物无明显晃动(活动空隙不超过 2 cm)。需要使用珍珠棉配套胶带封口,禁止直接使用胶带封口	方纸管	充气材料:气泡膜、葫芦气泡膜
小型/大型家居用品(非易碎,不含玻璃陶瓷制品)	梳洗用具(非易碎)、塑料器皿、烘焙用具、餐具等、折叠桌/椅、布衣(鞋)柜、行军床、帐篷等	① 外包装:纸箱及优于纸箱的包装,能起到足够的支撑作用; ② 为防止物品表面划伤,物品不可以裸露状态直接放入箱内,需要先用胶袋或塑胶膜或纸皮或气泡膜等包裹完全(原包装除外); ③ 一个包裹中有多个物品时,物品间不可直接接触,须有间隔物(如单个物品特别小则允许接触,较大物品间隔需达到 2 cm 以上); ④ 物品在箱内需要被限位,无明显晃动(活动空隙不超过 2 cm); ⑤ 行李箱、收纳箱需使用气柱袋上下包裹,然后放入纸箱内包装	纸箱、木箱	间隔:十字纸卡、井字纸卡 充气材料:气泡膜、葫芦气泡膜

种类	举例	包装操作要点	推荐外包装	推荐内包装
轻小型五金、电子配件	螺栓、钣金件、轴、钻头、泵、锯、阀、锤子、铰链（合页）、等；电池充电器、读卡器、耳机、话筒、iPod和MP3配件、电源、硬盘、键盘、鼠标等	① 外包装：纸箱及优于纸箱的包装，能起到足够的支撑作用； ② 为防止物品表面划伤，物品不可以裸露状态直接放入箱内，需要先用胶袋或塑胶膜或纸皮或气泡膜等包裹完全（原包装除外）； ③ 一个包裹中有多个物品时，物品间必须有间隔物，不可直接接触； ④ 物品在箱内需被限位，无明显晃动（活动空隙不超过2 cm）； ⑤ 内包装选用紧固包装时，用紧固膜固定物品，不再需要其他填充物	纸箱	纸卡间隔：十字纸卡、井字纸卡； 充气材料：气泡膜、葫芦气泡膜
消费类电子产品（非易碎）、带框物品<60 cm（非玻璃/瓷）、零配件（家居、电器、机电设备、机动车等）	扩音器、音频系统、刻录机、电话机、数码相框、立体声装置、游戏机等、镶框的照片、镶框的图片、镶框的印刷品等、电器零件、后防溅板、搅拌器、冷酒器、消音器、散热器、保险杠、发动机零部件、挡泥板、压条、等	① 外包装：纸箱及优于纸箱的包装，能起到足够的支撑作用； ② 为防止物品表面划伤，物品不可以裸露状态直接放入箱内，需要先用气泡膜等包裹完全（自带容器的物品除外、原包装除外）； ③ 一个包裹内含多个物品时，物品与物品不可直接接触，必须有气泡膜珍珠棉泡沫等进行间隔； ④ 物品在箱内需要被限位，无明显晃动（活动空隙不超过1 cm）	纸箱	纸卡间隔：十字纸卡、井字纸卡； 充气材料：气泡膜、葫芦气泡膜； 发泡材料：珍珠棉、泡沫
包装示例		紧固包装　　　　　悬空包装		

（三）易损易碎品包装操作

易损易碎物品在快递包装过程中，内包装必须具有缓冲性，如泡沫等；外包装根据需要进行加固，具体的包装材料的选用以及包装操作要点如表6-3所示。

表 6-3　易损易碎物品包装示例

种类	举例	包装操作要点	推荐外包装	推荐内包装
玻璃/陶瓷类容器	食品、液体、粉末、糊等	① 外包装：纸箱及优于纸箱的包装，能起到足够的支撑作用。 ② 物品不可以裸露状态直接放入箱内，为防止刮花磨损，需要先用胶袋或塑胶膜或气泡膜或纸皮等包裹完全（自带容器的物品除外）。 ③ 物品不允许与物品接触，一个包裹多个物品时，物品与物品之间必须隔开，间隔不小于 1 cm（可使用纸板、珍珠棉、气泡膜等）。 ④ 物品位于运输容器内的中央，缓冲材料均匀分布在箱底、四周与顶部。 注：缓冲材料包括葫芦气泡膜、气泡膜、气柱袋等充气材料以及珍珠棉、泡沫等发泡材料。单个质量 1 kg 以内的物品可以用充气材料（气泡膜）进行防护，单个重量 1 kg 以上的使用发泡材料（泡沫、珍珠棉）进行防护。液体类快件必须使用发泡材料防护。 ⑤ 物品在箱内需要被限位，无明显晃动（活动空隙不超过 2 cm）	纸箱	纸卡间隔：十字纸卡、井字纸卡； 充气材料：葫芦气泡膜、气泡膜等； 发泡材料：珍珠棉、泡沫
锂电池及锂电产品	手机、锂电池、MP3 等	① 外包装：必须使用标准纸箱或同等强度及以上的包装箱，起到足够的承压作用。 ② 防静电包装：必须使用防静电袋进行防静电处理，且单独隔离各个电池及产品。 ③ 缓冲包装：必须使用足够厚的缓冲材料（如气泡膜、葫芦气泡膜等）进行填充	纸箱	防静电气泡袋、珍珠棉卡槽、葫芦气泡膜、普通气泡膜、纸箱、紧固包装
中小型家电(非易碎:无液晶/玻璃等易碎部位)	吸尘器、挂烫机、电饭煲、饮水机、不锈钢电水壶、电暖器、电磁炉、搅拌机、榨汁机、豆浆机、咖啡机、压力锅、煮奶器、风扇、加湿器、电热水壶	① 外包装：纸箱及优于纸箱的包装，能起到足够的支撑作用。 ② 物品不可以裸露状态直接放入箱内，为防止刮花磨损，需要先用胶袋或塑胶膜或气泡膜或纸皮等包裹完全（自带容器的物品除外）。 ③ 物品不允许与物品接触，一个包裹内有多个物品时，物品与物品之间必须隔开，间隔不小于 1 cm（可使用纸板、珍珠棉、气泡膜等）。 ④ 物品位于运输容器内的中央，缓冲材料均匀分布在箱底、四周与顶部。 ⑤ 物品在箱内需要被限位，无明显晃动（活动空隙不超过 2 cm）。 ⑥ 针对易损类商业原包装，需要增加护角或者纸箱来增强其防护	纸箱、纸护角＋纸箱	间隔：十字纸卡、井字纸卡、珍珠棉； 缓冲材料：气泡膜、葫芦气泡膜、珍珠棉、泡沫

续表

种类	举例	包装操作要点	推荐外包装	推荐内包装
中小型家电（有玻璃等易碎）	浴霸、微波炉、烤箱、烤面包机等	① 外包装：纸箱及优于纸箱的包装，能起到足够的支撑作用。 ② 为防止刮花磨损，物品不可以裸露状态直接放入箱内，需要先用胶袋或塑胶膜或气泡膜或纸皮等包裹完全（自带容器的物品除外）。 ③ 物品位于运输容器内的中央，缓冲材料均匀分布在箱底、四周与顶部（珍珠棉、泡沫等发泡材料）。 ④ 含玻璃面需使用缓冲材料防护，厚度不低于 15 mm。 ⑤ 物品在箱内需要被限位，无明显晃动（活动空隙不超过 1 cm）	纸箱蜂窝箱木架	充气材料：气泡膜等；发泡材料：珍珠棉、泡沫
包装示例				

> 思考：不同类型的易碎品在使用缓冲材料时有什么具体要求？

（四）特殊类物品包装操作

特殊类物品主要是一些形状不规则的快件，具体的包装材料的选用以及包装操作要点如表 6-4 所示。

表 6-4　特殊类物品包装示例

种类	举例	包装操作要点	推荐外包装	推荐内包装
长杆状物品	扫帚柄、手杖、拐杖、挂帘杆、钓鱼竿、高尔夫球杆、曲棍球棍、长曲棍球棍、金属杆、金属棒、台球杆等	① 物品不可以裸露状态直接放入箱内，需要先用胶袋或塑胶膜或纸皮或气泡膜等包裹完全。 ② 可使用气泡膜或珍珠棉来进行填充以保证物品在运输容器内无明显晃动，两端使用气泡膜/珍珠棉片封口，保证长度无晃动，无裸露。 ③ 外包装需确保不会轻易折弯	方纸管、PVC管、圆纸筒	气泡膜、珍珠棉
不可弯折的大幅面物品（最长边≥60 cm）	广告板、海报、油画、照片等	① 物品四边需要增加耐折辅料，如纸护棱、木板/条等或用蜂窝板包装。 ② 物品不可裸露，需要包扎严实，边缘使用缓冲材料防护。 ③ 物品的外包装应便于直/侧立放置	纸板或木箱/板、蜂窝板	不涉及

续表

种类	举例	包装操作要点	推荐外包装	推荐内包装
大尺寸规格液晶板、液晶电视机、显示器	大尺寸规格液晶类产品（40寸以上）	① 液晶面需要有防护，可采取木架、木箱、蜂窝板等防护。 ② 液晶面与外包装箱内壁至少有5 cm距离的间隔。 ③ 物品在运输容器内需要使用珍珠棉、泡沫发泡材料进行缓冲防护，并限位，无明显晃动。 ④ 流通过程中需要保持立式。	电视机底托（加固类）木箱、蜂窝箱、蜂窝板；使用打包带加固	EPE（珍珠棉）、纸卡、气柱袋
床垫	0.9 m、1.2 m、1.5 m、1.8 m	① 床垫不可裸露，需要包扎严实。 ② 床垫四角需要增加防护，如纸皮包扎	蜂窝板、纸板、编织袋、牛皮纸、打包带	不涉及
太阳能真空管	各种规格的太阳能真空管	① 气柱袋需充气至所有气柱完全成型为止。 ② 打包带需固定牢。 ③ 包装时需要两人操作	天地盖纸箱+打包带	珍珠棉+气柱袋+纸护角+泡沫卡槽
电池极片	电池极片卷	① 电池极片卷两端套上极耳保护垫。 ② 封合时用封合钳部分封口后充入氮气封口。 ③ 打包带打井字形固定	木箱	防潮袋+极耳
形状不规则物品	较大且形状不规则物品等	需要将尖锐部位用泡沫包裹	纸箱、蜂窝箱、木箱	珍珠棉+纸卡
包装示例				

（五）常温生鲜包装操作

常温生鲜具体的包装材料的选用以及包装操作要点如表6-5所示。

"生鲜包装解决方案"视频 扫码观看

表6-5 常温生鲜包装示例

种类	举例	包装操作要点	推荐外包装	推荐内包装
大个果蔬	哈密瓜、蜜瓜、西瓜等（直径约150 mm以上的水果）	① 纸箱需带有透气孔。 ② 物品需要缓冲保护，物品之间需间隔。 ③ 物品在箱内需要被限位，不晃动为准（活动空隙不超过2 cm，填充物以纸质品为佳）	纸箱、EPP箱	纸卡、珍珠棉网、气柱
中型耐磕碰果	橙子、橘子、柚子、菠萝、芒果等	① 外包装：纸箱或优于纸箱包装。 ② 物品在箱内需要被限位，无明显晃动	纸箱、EPP箱	无或珍珠棉网套

续表

种类	举例	包装操作要点	推荐外包装	推荐内包装
中型怕磕碰果	苹果、桃、梨、石榴、西红柿、猕猴桃、柿子、枇杷等	① 外包装足够坚固避免以受压变形，例如使用纸箱。② 单个包裹多个物品时，可以使用拉伸棉网格填充间隔，上下垫衬珍珠棉网。③ 物品在箱内需要被限位，以不晃动为准	纸箱、EPP箱	可拉伸珍珠棉
小个耐磕碰果蔬	枣、李子、圣女果、杏子、山竹等	① 外包装足够坚固避免受压变形，例如使用纸箱。② 托寄物必须使用保鲜袋包装，上下衬垫可拉伸棉。③ 物品在箱内需要被限位，以不晃动为准	纸箱、EPP箱	塑料袋；充气材料：气泡膜等；发泡材料：珍珠棉、泡沫
蛋类物品	鸡蛋	① 外包装足够坚固避免受压变形，例如使用纸箱。② 内包装使用可拉伸珍珠棉模型。③ 多层需使用纸板或至少1cm厚度珍珠棉分层间隔。④ 物品在箱内需要被限位，以不晃动为准	纸箱	可拉伸珍珠棉、纸板
裸瓶装酒水	红酒、啤酒等玻璃瓶装饮料	① 外包装足够坚固避免受压变形，例如使用纸箱。② 内包装使用泡沫模型或气柱袋，不允许托寄物无间隔。③ 物品在箱内需要被限位，以不晃动为准	纸箱	泡沫、珍珠棉等缓冲材料模型或气柱袋
整箱酒水、牛奶	整箱酒水、牛奶	① 外包装足够坚固避免受压变形，例如使用纸箱。② 内包装使用珍珠棉套或气柱袋。③ 物品在箱内需要被限位，以不晃动为准	纸箱	珍珠棉套或气柱袋
植物类	鲜切花	① 外包装足够坚固避免受压变形，例如使用纸箱。② 物品在箱内需要被限位，以不晃动为准	纸箱	鲜花专用包装
包装示例				

（六）冷藏品包装操作

常温生鲜具体的包装材料的选用以及包装操作要点如表 6-6 所示。

"顺丰冷运 EPP 循环保温箱"视频扫码观看

表 6-6　冷藏品包装示例

种类	举例	包装操作要点	推荐外包装	推荐内包装
樱桃	樱桃	① 外包装足够坚固避免受压变形，例如使用 EPP 小粉箱或纸箱＋泡沫箱。 ② 箱内如果不满，剩余空间需要填充，以不晃动为准。 ③ 此类水果受温度影响较大，需使用冷源。 ④ EPP 粉色泡沫箱或 EPS 泡沫箱封口处采用透明胶带完全密封，并进行"十"字绕箱加固；EPS 泡沫箱需使用外包装加固	EPP、纸箱＋泡沫箱	冰袋、冰瓶
杨梅	杨梅	^	^	保鲜袋、冰袋、冰瓶、吸水纸
蓝莓	蓝莓	^	^	吸塑盒、珍珠棉垫片、吸水纸、冰袋、冰瓶
荔枝	荔枝	^	^	保鲜袋、冰袋、冰瓶、吸水纸或荔枝叶
菌类	菌类（松茸）	^	^	吸水棉、冰袋、冰瓶
葡萄	巨峰等簇状葡萄	① 外包装足够坚固避免受压变形，例如使用 EPP 箱。 ② 箱内如果不满，剩余空间需要填充，以不晃动为准。 ③ 此类水果受温度影响较大，需使用冷源。 ④ 泡沫箱封口处采用透明胶带密封完全	EPP、纸箱＋泡沫箱	袋中袋、冰袋、冰瓶
葡萄	青提等散状葡萄	① 外包装足够坚固避免受压变形，例如使用 EPP 箱。 ② 箱内如果不满，剩余空间需要填充，以不晃动为准。 ③ 此类水果受温度影响较大，需使用冷源。 ④ 泡沫箱封口处采用透明胶带密封完全	^	吸塑盒、冰袋、冰瓶
草莓	草莓	① 外包装足够坚固避免受压变形，例如使用 EPP 箱。 ② 箱内如果不满，剩余空间需要填充，以不晃动为准。 ③ 此类水果受温度影响较大，需使用冷源。 ④ 泡沫箱封口处采用透明胶带密封完全	^	吸塑盒、珍珠棉网套、冰袋、冰瓶

续表

种类	举例	包装操作要点	推荐外包装	推荐内包装
冰鲜肉类、水产、肉制品、加工食品	冰鲜鸡；海鲜、河鲜；牛羊肉、肉/丸、周黑鸭、冰皮月饼、牛奶等	① 外包装足够坚固避免受压变形，例如使用EPP箱。 ② 箱内如果不满，剩余空间需要填充，以不晃动为准。 ③ 此类托寄物受温度影响较大，需使用冷源。 ④ 泡沫箱封口处采用透明胶带密封完全	EPP、纸箱+泡沫箱	塑料袋、塑料盒
包装示例				

资料链接 6-2

【快件包装操作要点】

要点1：物品属性不一样，选好正确外包装。
要点2：托寄物品放中央，缓冲材料要选好。
要点3：多件物品易碰撞，增加间隔防损伤。
要点4：托寄物品不晃动，摇晃快件无声响。
要点5：易损易碎贵重物，缓冲材料在六方。
要点6：包装不符需加固，满足要求可运输。

五、快件包装注意事项

（1）禁止使用一切报刊类物品作为快件的外包装，如报纸、海报、书刊、杂志等；严禁使用各种有色垃圾袋和容易破损、较薄的类似垃圾袋的包装物。

（2）对于价值较高的快件，建议客户使用保险或保价服务，同时采用包装箱进行包装，包装时应使用缓冲材料。

（3）对于捆扎包装操作：一票多件的进出口快件由于海关限制，严禁寄递物品多件捆扎寄递，必须按照一票多件操作规范进行操作。

（4）对于重复利用的旧包装材料，必须清除原有运单及其他特殊的快件标记后方可使用，以避免因旧包装内容而影响快件的流转。

（5）用透明胶带加固时，须用剪刀等工具裁断透明胶带，而不应用牙齿咬断。

资料链接 6-3

【快递越来越多，快递包装们到底去了哪里？】

由中国环保联合会等环保组织联合发布的《中国快递包装废弃物生产特征与管理现状研究报告》(以下简称《报告》)显示，2018年我国共消耗快递包装材料941.2万吨；这些快递包装材料的生产、使用和处理过程中排放了1 303万吨二氧化碳，需种植约7.1亿棵树才能中和；2018年，我国快递废弃物的填埋和焚烧带来了近14亿元的社会管理成本。

如我们日常所产生的其他垃圾一样，如果处理不当，这些快递包装也会给环境造成危害。当前快递业的包装主要包括文件袋、纸箱、防水袋、填充物、胶带等几类。其中部分类型如文件袋、纸品都是属于可回收物，而防水袋、胶带等材料的主要原料都是聚氯乙烯，属于不可回收物。

思考：邮政部门或者快递企业可以采取哪些具体措施循环利用快递包装？

六、贴上正确的包装标志

包装储运标志以及相应的解释表 6-7 所示。

表 6-7 包装储运标志示例

序号	标志名称	标志图形	含义
1	易碎物品		运输包装件内装易碎品，因此搬运时应小心轻放
2	禁用手钩		搬运运输包装件时禁用手钩
3	向上		表明运输包装件的正确位置是竖直向上

续表

序号	标志名称	标志图形	含 义
4	怕晒		表明运输包装件不能直接照晒
5	怕辐射		包装物品一旦受辐射便会完全变质或损坏
6	怕雨		包装件怕雨淋
7	温度极限		表明运输包装件应该保持的温度极限

思考：除了以上储运标志外，结合快件具体情况，快递外包装上还会粘贴哪些标志？

七、在合适的位置上粘贴运单

快件包装完成，填写或打印好运单后，就需要粘贴运单和标识了。按照要求规范进行运单和标识的粘贴也很重要，有利于指导快递作业人员按照要求进行快件操作，以便及时、准确地完成快件的投递和运送服务。

（一）运单及标识粘贴的基本要求

（1）确保粘牢、整齐、美观。

（2）形状规格的快件，在外包装上面规定的位置粘贴，一般是正面粘贴（也可在侧面粘贴）。

（3）如果没有标出规定，可在适当的位置粘贴，一般与快件边缘留出 5 cm 的距离为好。

（4）形状不规格的快件或小物品快件，如圆柱形圆锥形等，要尽量粘贴到面积最大的平整的表面上。

（二）运单及标识粘贴的方法

运单一般采用不干胶运单直接粘贴或运单袋封装，标识一般采用不干胶运单直接粘贴。不干胶快件运单及标识的粘贴方法如下：

（1）把运单或标识背面的不干胶布面撕掉。注意，手写的运单，从打孔边撕贴纸比较容易，因为只有打孔边没有粘胶。

（2）把手写的运单左边打孔边先贴到运单粘贴的位置，然后往右边平抹运单，使运单平整粘贴在快件表面上。

（3）电子运单和标识的粘贴也要从左往右平摸标签，使之平整粘贴在快件表面上。

（三）粘贴注意事项

（1）使用不干胶运单直接粘贴时，应尽量避开骑缝线，以防箱子被摇压时骑缝线爆开，呈致运单破损或脱落。

（2）运单应粘贴在快件的面积最大的平整的表面，避免运单粘贴皱褶等。

（3）使用胶纸时，不得使用有颜色或带文字的透明胶纸覆盖运单内容；胶纸不得覆盖条形码、收件人签署、派件员签名、派件日期栏的内容。

（4）运单粘贴须保持平整，不能有皱褶、折、破损。

（5）采用运单袋封装时，先挤出运单袋内的空气，再粘贴胶纸，避免运单袋挤破。

（6）如果是国际快件，须注意将相关的报关单据与运单一起装进运单袋内或者按照快递企业的具体要求操作。如有形式发票，应将形式发票和运单一起装进运单袋内或者按照公司的具体要求操作。

（7）运单要与内件一致，避免运单被错贴在其他快件上。

资料链接 6-4

【快递隐私面单】

隐私面单，隐藏了快递单上的部分个人信息，从而达到加密效果，防止其他人从单子上窃取消费者的个人隐私。隐私面单已成为许多快递公司的选择。比如顺丰的"丰密面单"、京东的"微笑面单"、圆通的"隐形面单"，菜鸟网络也联合 EMS、百世快递、中通、申通等主要快递公司共同推动使用"隐私面单"。

思考：快递隐私面单能防止个人信息泄漏吗？为什么？

八、清理包装现场

快件包装完成后，现场作业人员应该收回多余的包装材料，将无法再利用的包装材料投递到指定的地点统一处理;将包装工具归位,检查包装工具是否遗漏;清理废弃的包装标示,不可以随意丢弃(若在客户处,未经客户同意,不得私自放在客户处的垃圾桶里)。无论在客户处还是在网点,快件包装完后一定要保证场地的干净整洁。

练一练

一、选择题

1. 对于体积特别小,不足以粘贴运单的快件,建议将快件( )。
   A. 直接寄送　　　　　　　　B. 装在文件封或防水胶袋中寄递
   C. 不送　　　　　　　　　　D. 环绕整个快件包裹再送
2. 快件包装,错误的是( )。
   A. 禁止使用一切报刊类物品作为快件的外包装
   B. 对于价值较高的快件,建议客户使用保险或保价服务
   C. 一票多件快件,可以多件捆扎寄递,同时必须在连体快件上批注运单号码,并将连体快件捆扎牢固
   D. 对于重复利用的旧包装材料,无须清除原有运单及其他特殊的快件标记即可使用
3. 下列哪项不是快件的包装原则( )。
   A. 适合运输原则　　　　　　B. 便于装卸原则
   C. 适度包装原则　　　　　　D. 轻拿轻放原则
4. 不干胶快件运单粘贴时,把运单的打孔边先贴到运单粘贴的位置,然后( )抚平运单,使运单平整地粘贴在快件表面上。
   A. 自左向右　　　　　　　　B. 自右向左
   C. 自上向下　　　　　　　　D. 自下向上
5. 以下哪个不是标识的粘贴方法( )。
   A. 正面粘贴　　　　　　　　B. 侧面粘贴
   C. 三角粘贴　　　　　　　　D. 反面粘贴

二、简答题

1. 快递包装材料有哪些?
2. 以下物品应该如何进行快递包装?请写在后面。
   (1) 快递业务知识教材:＿＿＿＿＿＿＿＿＿＿＿＿＿＿＿＿＿＿＿＿＿
   (2) 红酒:＿＿＿＿＿＿＿＿＿＿＿＿＿＿＿＿＿＿＿＿＿＿＿＿＿＿＿＿
   (3) 硬盘:＿＿＿＿＿＿＿＿＿＿＿＿＿＿＿＿＿＿＿＿＿＿＿＿＿＿＿＿
   (4) 一箱桔子:＿＿＿＿＿＿＿＿＿＿＿＿＿＿＿＿＿＿＿＿＿＿＿＿＿

任务训练页

一、接受任务

今日，取件员小李收到 5 个客户的快件，经过验视，均符合收寄标准，5 个客户寄递的物品分别是：客户王先生寄递一束鲜花到桂林；客户孙先生寄递一副羽毛球拍到广州；客户吴先生寄递一箱荔枝到北京；客户刘小姐寄递一件衣服到郑州；客户黄小姐寄递一瓶茅台酒到珠海。请根据小李所接收到的工作任务，帮助小飞写出正确的包装过程，同时按照规定合理地包装快件。

二、制定计划

本次任务要求同学们分小组完成包装快件的工作，并拍成视频，在课堂上分享并讲解整个包装过程。

三、任务实施

分工	姓名	主要职责
组长		协调分工，检查各个组员的包装质量
组员		完成一束鲜花的包装工作
		完成羽毛球拍的包装工作
		完成一箱荔枝的包装工作
		完成一件衣服的包装工作
		完成一瓶茅台酒的包装工作

四、活动成果

（一）活动成果：生鲜类物品包装

要求	选择材料合适、无浪费	包装动作规范	包装标志粘贴准确	包装符合运输安全要求
鲜花	选择包装材料的名称：	包装过程描述：	包装标志的名称：	包装检查情况：

（二）活动成果：特殊物品包装

要求	选择材料合适、无浪费	包装动作规范	包装标志粘贴准确	包装符合运输安全要求
球拍	选择包装材料的名称：	包装过程描述：	包装标志的名称：	包装检查情况：

（三）活动成果：冷藏物品包装

要求	选择材料合适、无浪费	包装动作规范	包装标志粘贴准确	包装符合运输安全要求
荔枝	选择包装材料的名称：	包装过程描述：	包装标志的名称：	包装检查情况：

（四）活动成果：软性物品包装

要求	选择材料合适、无浪费	包装动作规范	包装标志粘贴准确	包装符合运输安全要求
衣服	选择包装材料的名称：	包装过程描述：	包装标志的名称：	包装检查情况：

（五）活动成果：易碎物品包装

要求	选择材料合适、无浪费	包装动作规范	包装标志粘贴准确	包装符合运输安全要求
茅台酒	选择包装材料的名称：	包装过程描述：	包装标志的名称：	包装检查情况：

五、任务评价

班级		任务名称		姓名		
学号		选择快递业务类型		组别		
评价项目	评价标准	自我评价（20%）	组长评价（30%）	教师评价（50%）	分值	得分
职业能力	1. 团队合作、分工明确				10	
	2. 工作认真、细致				10	
	3. 讲解清晰、熟练				10	
专业能力	1. 能够根据内件物选择合适的包装材料				15	
	2. 能够按照包装要求正确进行包装作业				20	
	3. 能够规范地使用包装工具				15	
	4. 能够正确粘贴包装标志以及运单				15	
其他能力	1.				5	
	2.					
总结与反思				成绩合计		
				指导老师综合评价		

拓展资源页

拓展训练——快递包装调研

国内快递量近年来快速增长，在快递量呈几何级增长的同时，快递包装所需的包装箱、胶带等物品的消耗量也十分惊人。中国再生资源回收利用协会一份统计数据显示，2015 年，我国一共消耗了 99.22 亿个包装箱、169.85 万米的胶带、82.68 亿个塑料袋。2016 年，北京的快递量为 14.17 亿件，按照各种包装废弃物比例来测算，约产生包装编织袋 2 亿个、塑料袋 5.64 亿个、包装纸箱 6.8 亿个、胶带 11.3 亿米。快递包装产生的垃圾问题，开始成为城市治理的一个新难题。请收集相关资料，完成下表。

快递包装存在的问题	1. 2. 3. 4. 5. ……（自行补充）
部分快递企业的绿色包装之路	菜鸟： 京东： 通达系： 顺丰： 其他：
你觉得还可以采取哪些措施节约包装，来提高包装的循环利用率，发展绿色包装	1. 2. 3. 4. 5. ……（自行补充）

"快递绿色包装的循环之旅"视频扫码观看

任务七　快递资费计算

任务目标

❖ 知识目标	1. 理解快递资费的计费规则； 2. 掌握快递资费的构成； 3. 理解快递资费的收取方式
❖ 能力目标	1. 能够正确计算快件体积质量； 2. 能够正确计算快件计费质量； 3. 能够正确计算快递资费
❖ 思政目标	1. 培养严谨细致、认真负责的工作习惯，拥有强烈的责任意识； 2. 培养良好的沟通表达能力

情景导航

不同快递企业、不同种类的快件收费标准也不尽相同，作为一名快递企业的业务员，应该熟悉企业相关的收费标准，并结合客户寄递的不同种类的快件计算出相应的快递资费。

工作认知页

一、快件的计费规则

（一）以重量为基础，实施"取大"的方法

计费重量选择实际重量和体积重量两者之中较高者。所谓体积重量，就是将快件的体积按照一定公式折合成为重量。计算体积重量，主要是针对那些快件体积非常大的情况。

（二）以时效为依据，体现"快速高价"方法

在一定的重量基础上，对于不同时效的产品可以采取不同的价格。

（三）首重加续重方法

通常快件资费分为首重资费和续重资费。快递企业规定的最低计费重量为首重，首重所对应的资费为首重资费；快件重量超出最低计费重量的部分为续重，续重所对应的资费为续重资费。

二、快件的计费步骤

快件计费步骤如图 7-1 所示。

"古代快递资费"
视频扫码观看

称量快件实际重量 → 测量体积，判断是否为轻泡货物 → 体积重量和实际重量择大计费 → 根据资费标准计算费用 → 确定快递费支付方式 → 快件收费

图 7-1　快件计费基本步骤

三、快件计费重量的确定

（一）取数的同行做法

对于普通快件，快递企业重量取数的通行做法是舍位取整，最小计量单位为 1 kg。

对于轻泡件，量取快件各边长度时，最小单位为 1 cm。例如 7.1 cm 按照 8.0 cm 计算；8.1 cm 按照 9.0 cm 计算。

读取实际重量或计算体积重量时，最小计重单位为 1 kg。例如 7.1 kg 按照 8.0 kg 计算；8.1 kg 按照 9.0 kg 计算。

（二）快件重量计算

1．实际重量

指一票需要寄递快件（包括包装在内）的实际重量，即重称上直接读取的重量。

2．体积重量

指利用快件的最大长、宽、高，通过规定的公式计算出来的重量。当需要寄递物品体积较大而实重较轻时，因运输承载能力及能承载物品体积所限，需采取量取物品体积折算成重量的办法确定计算资费的重量。

3．计费重量

快件运输过程中用于计算资费的重量，是整批快件实际重量和体积重量两者之中的较高者。即快件体积小，重量大时，按实际重量计算，计费重量＝实际重量；快件体积大，重量小时，按体积重量计算，计费重量＝体积重量。

（三）称量快件实际重量

快递员每天穿梭在大街小巷，他们争分夺秒只为能够多派送一件货物，他们不仅要派送包裹，也会上门取件接收包裹，这时就要对包裹进行一系列的测量，包括称重、测量尺寸、扫码、拍照等操作。快递员常用的称量设备一般有便携式电子秤、电子计量秤等。

（四）测量体积，判断是否为轻泡货物

1．航空运输快件体积重量的确定

国际航空运输协会规定的轻泡件重量计算公式如下：

（1）规则物品：长（cm）×宽（cm）×高（cm）/6 000＝体积重量

（2）不规则物品：最长（cm）×最宽（cm）×最高（cm）/6 000＝体积重量

【例题一】　一票从上海寄往广州的快件（航空运输），使用纸箱包装，纸箱的长宽高分别为 60 cm、40 cm、30 cm，快件实重 5 kg，其计费重量的计算方法为：

体积重量＝（60×40×30）/6 000＝12 kg

体积重量大于实际重量，所以该票快件的计费重量应为 12 kg。

2．陆路运输的体积重量计算

在陆路运输中尚未有统一的体积重量计算方法，一般以航空运输体积重量计算为参考，采取长宽高相乘然后除以一个系数的方法。但是不同快递企业设计的系数不尽相同。

（1）规则物品：长（cm）×宽（cm）×高（cm）/系数 = 体积重量

（2）不规则物品：最长（cm）×最宽（cm）×最高（cm）/系数 = 体积重量

【例题二】 一票从深圳寄往广州的快件（陆路运输，系数为 12 000），使用纸箱包装，纸箱的长宽高分别为 60 cm、40 cm、30 cm，快件实重 8 kg，其计费重量的计算方法为：

$$体积重量 = （60×40×30）/12000 = 6\ kg$$

体积重量小于实际重量，所以该票快件的计费重量是 8 kg。

3．一票多件计费重量的确定

对于一票多件快件，既有轻泡件又有重件，各企业的计重方法则不尽相同。有些企业采用"大大相加"的原则，即先计算每一个快件的最大重量，整票快件的重量等于各个快件的最大重量之和。

【例题三】 一票从深圳寄往北京的快件（航空运输，系数为 6000），此票快件由 2 件快件组成，都使用相同的纸箱包装，快件 A 的长宽高分别是 60 cm、40 cm、30 cm，快件的实重为 8 kg，快件 B 的长宽高分别是 60 cm、40 cm、30 cm，快件实重为 18 kg。其计费重量的计算方法为：

快件 A：体积重量 =（60×40×30）/6 000 = 12 kg

体积重量大于实际重量，所以该票快件的计费重量应为 12 kg。

快件 B：体积重量 =（60×40×30）/6 000 = 12 kg

体积重量小于实际重量，所以该票快件的计费重量应为 18 kg。

$$该票快件的计费重量 = 快件 A 计费重量 + 快件 B 计费重量 = 30\ kg$$

也有企业将一票快件整体体积进行重量计算，将整体的实际重量和体积重量相比，取较大者。如例题三中：

$$\begin{aligned}
体积重量 &= 快件 A 体积重量 + 快件 B 体积重量 \\
&=（60×40×30）/6\ 000 +（60×40×30）/6\ 000 \\
&= 12\ kg + 12\ kg \\
&= 24\ kg \\
实际重量 &= 快件 A 实际重量 + 快件 B 实际积重量 \\
&= 8\ kg + 18\ kg \\
&= 26\ kg
\end{aligned}$$

体积重量小于实际重量，所以该票快件的计费重量应为 26 kg。

资料链接 7-1

【顺丰速运运费计算规则】

1. 体积重量计算方法

托寄物的计费重量取体积重量与实际重量两者之间的较大值,体积重量的计算方法为:

(1)顺丰即日/次晨/标快。

同城、省内件以及经济区域内互寄,体积重量=长(cm)×宽(cm)×高(cm)÷12 000。

省外跨经济区域互寄,体积重量=长(cm)×宽(cm)×高(cm)÷6 000;(经济区域包含:京津冀区域、江浙沪皖区域、川渝区域、黑吉辽区域)。

(2)顺丰标快(陆运)。

体积重量=长(cm)×宽(cm)×高(cm)÷12 000

(3)重货包裹/小票零担/冷运速配/冷运特惠。

体积重量=长(cm)×宽(cm)×高(cm)÷6 000

(4)冷运零担。

体积重量=长(cm)×宽(cm)×高(cm)÷3 000

(5)港澳台(服务)。

体积重量=长(cm)×宽(cm)×高(cm)÷6 000

(6)国际快递(服务)。

体积重量=长(cm)×宽(cm)×高(cm)÷5 000

2. 计费重量小数点进位处理方式

(1)中国内地互寄业务。

10 kg以下,续重以0.1 kg为计重单位,四舍五入保留1位小数;10~100 kg,续重以0.5 kg为计重单位,采用2 378制(2退3进7退8进);100 kg及以上,四舍五入取整数。

(2)港澳本地业务。

续重以0.5 kg为计重单位,不足0.5 kg,按0.5 kg计。

(3)中国内地始发至港澳台业务。

100 kg以下,续重以0.5 kg为计重单位,不足0.5 kg,按0.5 kg计;100 kg及以上,以1 kg为计重单位,小数点后尾数大于零的,向上进位至下一个1 kg。

(4)中国内地始发至海外国家及地区业务。

20 kg以下,续重以0.5 kg为计重单位,不足0.5 kg,按0.5 kg计;20 kg及以上,以1 kg为计重单位,小数点后尾数大于零的,向上进位至下一个1 kg。

3．运费计算结果处理方式

运费计算结果按四舍五入取整数值，不同产品起始重量各有差异，不足起重的快件将按起重计费并显示。

以上计费规则可能因服务（产品）或所在地区不同而有所差异，详情致电顺丰客服电话或与当地收派员进行咨询。

思考：所有快递企业的计费规则是否一样呢？请结合快递企业实际计费情况进行说明。

四、根据资费标准计算费用

（一）首重续重的计算方法

一般情况下，快件资费分为首重运费和续重运费，目前大多数快递企业都以第一个 0.5 kg 或者 1 kg 为首重或者起重，每增加 0.5 kg 为一个续重。通常首重的费用相对于续重费用较高。

（二）通用快递资费计算公式

计费公式为：资费 = 首重价格 + 续重 × 续重价（续重 = 计费重量 − 首重）

表 7-1 与表 7-2 是某快递企业普通快件的资费表，表 7-3 是某快递企业时效件资费表。

表 7-1　某快递企业标准件资费表（1）（部分）　　　　单位：元

始发地	区域类型	目的地	首重（1 kg）	续重（1 kg）			
				1.1～50 kg	50.1～100 kg	100.1～300 kg	300.1 kg 以上
北京	同城	—	13	2	2	2	2
	跨省	河北	14	2	2	2	2
		北京郊区、天津	15	3	3	3	3
		辽宁、山东、河南、山西	22	8	8	7	7
		吉林、黑龙江、宁夏、内蒙古、甘肃、江浙沪、湖北、陕西、江西、四川、安徽、云南、贵州、重庆、西宁、福建、湖南	22	10	10	9	8
		广东、广西、海南	22	14	12	11	10
		新疆、西藏	24	20	20	20	20

表 7-2　某快递企业标准件资费表（2）　　　　　　　　　　单位：元

编号	业务种类	计费单位	资费标准（元）	
			本埠（县）资费	外埠资费
1.	信函	首重 100 g 内，每重 20 g（不足 20 g 按 20 g 计算）	0.8	1.2
		续重 101～2 000 g 时，每重 100 g（不足 100 g 按 100 g 计算）	1.2	2
2.	普通包裹	每 500 g 为一个计费单位	寄递里程分区核定，详见《国内包裹资费表》	
		每件挂号费	3	
3.	快递包裹（仅供参考.具体标准参见《国内快递包裹资例表》）	运距	首重 1 000 g	5 000 g 以内续重每 500 g	5 001 g 上续重 500 g
		500 km 及 500 km 以内	5	2	1
		500 km 以上至 1 000 km	6	2.5	1.3
		1 000 km 以上至 1 500 km	7	3	1.6
		1 500 km 以上至 2 000 km	8	3.5	1.9
		2 000 km 以上至 2 500 km	9	4	2.2
		2 500 km 以上至 3 000 km	10	4.5	2.5
		3 000 km 以上至 4 000 km	12	5.5	3.1
		4 000 km 以上至 5 000 km	14	6.5	3.7
		5 000 km 以上至 6 000 km	16	7.5	4.3
		6 000 km 以上	20	9	6
		每件挂号费	3		
4.	保价费	每保一元（不足一元按一元计算）	0.01	
		每件最低保价费	1	

表 7-3　某快递企业时效件资费表（部分）　　　　　　　　单位：元

始发地	目的地	时效类型	首重/1 kg	1.1～50/1 kg	50.1～100/1 kg
上海	深圳、南京、杭州、宁波、苏州、无锡、北京	晨收晨到	20	14	12
		午收晨到	22	14	12
		夜收晨到	25	14	12
		晨收午到	18	13	11
		午收午到	20	13	11
		夜收晨到	22	14	12

续表

始发地	目的地	时效类型	首重/1 kg	1.1～50/1 kg	50.1～100/1 kg
上海	广州、合肥、武汉、福州、南昌	晨收晨到	20	16	14
		午收晨到	22	16	14
		夜收晨到	25	16	14
		晨收午到	18	14	12
		午收午到	20	14	12
		夜收晨到	22	16	14

（三）标准快件资费计算

标准快件首先折算体积重量，然后比较体积重量和实际重量后择大计费，最后按照通用公式计算运费。

【例题一】 一件快件从北京运到天津，采用纸箱包装，纸箱的长宽高分别为60 cm、20 cm、30 cm，快件的实际重量为9 kg，参照表7-1，计算该快件的快递费。

体积重量 = 总体积/6 000 cm³ = 60 cm × 20 cm × 30 cm/6 000 cm³ = 6 kg

体积重量 < 实际重量，所以计费重量为9 kg。

快递费 = 15 +（9 - 1）× 3 = 39 元

（四）时效件资费计算

时效件资费的确定，首先确定目的地，然后选择时效类型，最后确定首重价格和续重价格，计算快递费。

【例题二】 一件快件从上海运到广州，采用纸箱包装，纸箱的长宽高分别为15 cm、30 cm、20 cm，快件的实际重量为2 kg，午收午到，参照表7-3，计算该快件的快递费。

体积重量 = 总体积/6 000 cm³ = 15 cm × 30 cm × 20 cm/6 000 cm³
= 1.5 kg

体积重量 < 实际重量，所以计费重量为2 kg。

快递费 = 20 +（2 - 1）× 16 = 36 元

五、确定快递费支付方式

快递业务员收取快件时，须与客户共同确认营业款的支付方，并在运单上明确标注是寄付、到付还是第三方付，作为收取营业款的依据。由于营业款的支付方可以是寄方、到方或第三方，支付方式可以分为现结和记账两种，因此营业款的结算方式具体可包括寄付现结、到付现结、寄付记账、到付记账、第三方记账五种。

其中，第三方付款指寄件人和收件人之外的第三人（个人或企业）与快递企业达成协议，快递企业赋予其一个记账账号，第三人在约定的付款周期内支付营业款。

第三方支付营业款的情况比较复杂，须由寄件人或收件人与第三方客户达成协议，第三方客户同意代寄方和收方支付该费用。由于第三方支付营业款采取记账方式，业务员在收取此类快件时，须注意核对第三方的付款信息。

资料链接 7-2

【到付件收费标准】

除顺丰外，各个快递公司对到付的价格都是有不同规定的，费用是现付价格的 1.2～2 倍不等。在一些加盟制快递企业选择"到付"时，要多出 25%～50% 的费用，原本 10 元的快递选择到付要支付 13～15 元。同时，部分加盟制揽寄件网点均不接受"到付件"。相关网点的工作人员表示，原因是"到付件赚不了钱"。

在"到付"收费没有全国性统一标准的情况下，价格都是由各快递企业依据市场情况制定的。快递是竞争性服务行业，不同快递品牌的不同收费标准是被允许的。但关键是快递企业应当将其收费标准进行公示，让消费者在知晓费用明细的同时，按照公示的价格来进行标准化服务。

练一练

一、选择题

1. 对不规则物品的体积测量，取物品的（　　）量取。
   A. 最短、最高、最宽　　　　B. 最长、最低、最宽
   C. 最长、最高、最宽　　　　D. 最长、最低、最窄

2. 轻泡件：比较体积重量和实际重量，体积重量（　　）实际重量的快件。
   A. 大于　　　B. 小于　　　C. 等于　　　D. 不一定

3. 业务员与收件人之间结算到付款时，收件人可选择的付款方式不包括（　　）。
   A. 到付现结　　　　　　　　B. 改寄付
   C. 到付转第三方付　　　　　D. 到付记账

4. 到付，是指快件（　　）与（　　）达成共识，由（　　）支付快递服务费用的一种付款方式。（　　）
   A. 寄件人，收件人；收件人　　　B. 寄件人，快递公司；快递公司
   C. 寄件人，收件人；寄件人　　　D. 寄件人，快递公司；寄件人

二、简答题

1. 快递计费的规则有哪些？

2. 某客户寄一航空快件，实重 8 kg，首重 1 kg 50 元，1 kg 以上 20 元/kg，则该客户需要支付的运费是多少？

3. 某航空快件体积为 120 000 cm³，毛重为 45 kg，计算其计费重量。若属于陆运不规则货品，则计费重量是多少？

4. 快递营业款的结算方式有哪些？

任务训练页

一、接受任务

不同的寄件人寄送的物品不同，对于送达时效、服务等需求不同，快递资费的收取标准也不同，请根据以下情境计算应该收取的快递费。

（1）一票从上海寄往广州的快件（航空运输），使用纸箱包装，纸箱的长宽高分别为 80 cm、60 cm、40 cm，快件实重 35.2 kg，请计算这票快件的资费。

区间	首重 1 kg	1 kg < 重量 ≤ 20 kg	20 kg < 重量 ≤ 50 kg
上海—广州	12 元	6 元/kg	5 元/kg
深圳—广州	10 元	2 元/kg	1 元/kg

（2）假如下图所示物品为航空快件轻泡物品，请问怎样称量该物品的体积重量？同时这是从深圳寄往北京的航空快件，形状如图所示，使用纸箱包装，纸箱的长宽高分别为 60 cm、40 cm、30 cm，快件实重 14 kg，请计算这票快件的资费。

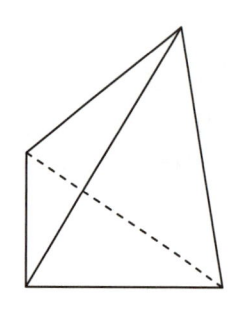

区间	首重价格	续重价格
上海—广州	20 元/kg	8 元/kg
深圳—北京	30 元/kg	12 元/kg

（3）一票从长春寄往武汉的快件（陆地运输，系数为 12 000），由 2 件组成，都使用相同的纸箱包装，快件 A 的长宽高分别为 100 cm、50 cm、40 cm，实重 15 kg；快件 B 的长宽高分别为 80 cm、70 cm、50 cm，实重 18 kg；将一票快件整体进行重量计算，首重 20 元/kg，续重 10 元/kg，请计算这票快件的资费。

二、制定计划

本次任务要求同学们在课堂上分小组学习、讨论，并且通过展示分享活动成果。

三、任务实施

分工	姓名	主要职责
组长		组织、协调组员学习、讨论
组员		参与讨论，记录讨论成果

四、活动成果

题目	计算过程	确定的快递费
1		
2		
3		

五、任务评价

班级		任务名称		姓名	
学号		快递资费计算		组别	

评价项目	评价标准	自我评价（20%）	组长评价（30%）	教师评价（50%）	分值	得分
职业能力	1. 团队合作、分工明确				10	
	2. 有独立工作能力，完成质量好				10	
	3. 做事认真、细致，有责任心				10	
专业能力	1. 知道收费标准				25	
	2. 能独立核算快递资费				40	

续表

评价项目	评价标准	自我评价（20%）	组长评价（30%）	教师评价（50%）	分值	得分
其他能力	1.				5	
	2.					
总结与反思				成绩合计		
				指导老师综合评价		

任务八　收件后续处理

任务目标

❖ 知识目标	掌握网点款件交接的流程
❖ 能力目标	能够独立完成快件网点交接工作
❖ 思政目标	1. 培养良好的沟通表达能力和团队合作能力； 2. 培养严谨细致、认真负责的工作习惯，拥有强烈的责任意识

情景导航

快递员成功取件返回营业网点之后，需要按照公司规定与网点仓管员进行快件的交接工作。小李是某快递网点的取件员，现将所取快件拿回网点，请结合所学描述其应该如何完成快件交接工作。

工作认知页

一、收件后续处理流程

收件后续处理作业如图 8-1 所示。

快件信息录入 → 网点交接快件 → 登单 → 营业款交接 → 复核签字

图 8-1　收件后续处理作业

"中通快运网点发件操作步骤"视频扫码观看

（一）快件信息录入

快递人员收取快件后，应将快件的运单信息录入企业信息系统，如单号、寄件人、收件人信息、资费、重量、日期。

快件信息录入目的：便于客户查询、便于快件配载计划的制订、便于快件企业各网点进行财务收款。

快件信息录入要求保证：（1）真实性；（2）完整性；（3）及时性。

（二）网点快件交接

收派员回到营业部仓库，及时完成大件及需加固包装的快件的包装、称重计费操作，并将计费重量及运费于第一时间告知客户。

收派员取回快件后与网点处理人员对快件和运单进行复核，确保快件和运单的完好、相符。

1．复核快件

快递员必须在规定的时间内将快件带回营业网点，并且保证快件在运回营业网点过程中的安全。车辆运输途中要确保车门关好，摩托车和单车运输时要保证小件入包，大件捆绑牢固，易碎品妥善放置。雨雪天气下的快件运输要注意穿好雨具，确保本人和快件不被淋湿。

复核快件的工作主要检查两个方面的内容：外包装是否牢固、运单粘贴是否牢固。

思考：快件复核过程中发现部分快件：（1）包装破损；（2）内物晃动；（3）快递单破损，以上三种情况分别如何处理？

2．检查快递单

检查快递单的工作主要集中在两个方面：一是核对快递单数量与快件数量是否相符，一张运单对应一个快件；二是检查快递单是否填写完整，要特别注意客户的电话号码、签名是否完整正确，快递单的完整性与否直接着影响快件的信息流。

思考：在检查快递单的过程中，发现客户号码不全应如何处理？

资料链接 8-1

【常见运单填写中的不规范现象】

1．收寄件人姓名或联系方式未填写

收寄件人姓名或联系电话缺失，严重影响快件的派送时效及问题件处理时效。

2．收寄件地址填写不完整

收寄件地址只填写到区县一级甚至更少，如：发往"河南省信阳市狮河区人民路4号"的快件，只在收件地址填写"河南省信阳市"，给之后的中转及派送环节带来极大困难。

3．收寄件详细地址填写错误

序号	项目	案例列举	
		错误地址	正确地址
1	路段填写错误	文院路9号	文苑路9号
		茂名路1号	茂名南路1号
		鱼峰区25号	屏山大道25号
2	未填写收/寄件地址门牌号	东南路	东南路3560号
3	收/寄件地址门牌号填写错误	七莘路676号	七莘路3176号

（三）登单

登单是指快递员收取快件之后，在固定的清单样式上登记快件信息，分为手工登单和电脑系统登单两种方式。

1．手工登单

快递员按照清单填写内容要求，将快件信息抄写在清单相应位置上，全部抄写完毕后，将清单中的一联交给处理人员，另外一联自留保存。快件交接清单的参考样式如表 8-1 所示。

表 8-1　快件交接清单

序号	快递单号	重量	付款方式	目的地	日期	时间	收件员姓名	备注
1								
2								
3								
4								
5								

2．电脑系统登单

网点处理人员（一般是仓管员）对快递员交回的快件和运单逐件扫描，将数据传到公司数据库，整理收件员的收件信息并打印清单，清单一式两份，由快递员签字确认。

（四）营业款交接

营业款交接主要是指业务员与快递企业指定收款员之间的交接，即业务员把当天或当班次收取的营业款，移交给快递企业指定的收款员。

快递业务人员必须将营业款移交指定收款人员。所有营业款需当日结清，不得将款项留在快递业务人员处过夜。应于公司规定的结算时间之前交接完毕，移交工作不得延误。例如某快递企业规定快递员的钱款于当日 19:00 之前交接完毕，迟交扣除当月的奖金。

营业款移交手续：

（1）交款准备：清单、明细、现金、支票。

（2）出具交款清单：收款员给业务员。

（3）核对交款清单：业务员核对，有问题确认。

（4）交款签字：如涉及支票移交要登记支票号，无误后，双方签字。

（五）复核签字

快递员和网点处理人员当面交接，快件和单据交接清楚后，需要在快件交接清单或者特定的交接表格上核对相关交接信息，双方签字确认后完成快件交接工作。

快递员对收款员出具的交款清单，核对无误后，签字确认，完成钱款交接工作。

练一练

一、选择题

1. 以下不属于快件信息录入目的的是（   ）。
   A. 便于客户查询
   B. 便于快件配载计划的制订
   C. 便于快件企业各网点进行财务收款
   D. 方便进行财务结算

2. 以下不属于快件信息录入要求是（   ）。
   A. 真实性　　　　B. 完整性　　　　C. 方便性　　　　D. 及时性

3. 关于复核快件，说法错误的是（   ）。
   A. 需要检查快件包装是否牢固
   B. 需要检查快件上的快递单粘贴是否牢固
   C. 如果发现异常，可以先登单再处理
   D. 要确保快递单和快件的完好

4. 关于检查快递单，以下说法错误的是（   ）。
   A. 一张运单可以对应多个快件
   B. 如果快递单数量和快件数量不相符，应该查明原因并及时处理
   C. 要特别注意客户的电话号码和签名是否完整正确
   D. 准确检查快递单有助于保证快件的信息流的准确性

5. 以下关于营业款交接，说法错误的是（   ）。
   A. 营业款包括现金和支票
   B. 营业款主要是快递员与仓管员之间进行交接
   C. 快递员核对交款清单有问题应该当面与交接人员确认
   D. 交接无误应该在交接清单上签字确认

二、简答题

1. 快件网点交接主要包括哪些方面的工作？
2. 登单的方式有哪些？
3. 快件交接的注意事项有哪些？

任务训练页

一、接受任务

某天取件员小李共收 200 个快件（其中 1 份易碎件，2 份保价件，1 份到付件），营业款共计 1 085 元。下午 5 时 30 分，他回网点分部进行交接管理工作，而仓管员

小胡接受了这样的任务。大家根据小胡所接受的工作任务，把小胡的工作内容与步骤写出来。

二、制定计划

本次任务要求同学们分小组完成快件交接工作，并拍成视频，在课堂上分享并讲解。

三、任务实施

分工	姓　名	主要职责
组长		协调分工，核对快件款项，准备交接单据
组员		模拟快递业务员，完成快件、钱款交接工作
		模拟仓管员，完成快件交接工作
		模拟收款员，完成钱款交接工作

四、活动成果

以视频拍摄的形式展示本次训练成果，上交填制的交接清单，并在课堂上进行分享。

五、任务评价

班级		任务名称		姓名		
学号		快递交接		组别		
评价项目	评价标准	自我评价（20%）	组长评价（30%）	教师评价（50%）	分值	得分
职业能力	1. 团队合作、分工明确				10	
	2. 有独立工作能力，完成质量好				10	
	3. 做事认真、细致，有责任心				10	
专业能力	1. 知道收费标准				25	
	2. 能独立核算快递资费				40	

续表

评价项目	评价标准	自我评价（20%）	组长评价（30%）	教师评价（50%）	分值	得分
其他能力	1.				5	
	2.					
总结与反思				成绩合计		
				指导老师综合评价		

任务九　快件收寄异常处理

任务目标

❖ 知识目标	1. 掌握收寄中可能出现的异常情况; 2. 理解收寄中可能出现的异常情况的处理方法
❖ 能力目标	1. 能够分辨快件收寄工作中出现的异常情况; 2. 能够灵活处理快件收寄工作中出现的异常情况; 3. 能够灵活处理快件收寄中客户出现的问题
❖ 思政目标	1. 面对问题勇于担当,培养良好的沟通表达能力和团队合作能力; 2. 培养严谨细致、认真负责的工作习惯,拥有强烈的责任意识; 3. 培养创新思维能力

情景导航

快件收寄中会遇到各种异常情况,正确处理异常情况,可以提高工作效率,减少给客户、快递人员以及快递企业带来的损失。快递员应该能够识别快件收寄中的异常情况,并且及时、准确地采取相应的处理方式。

工作认知页

一、快件收寄工作中可能出现的异常以及处理方法

(一)取件延误处理办法

(1)向客户诚恳道歉,简单解释实际原因,如:"实在对不起,路上有点堵,来晚了。"

(2)如因故迟到,应提前 5~10 min 与客户联系,表示歉意,若客户提出改约,则下次按约定时间提前 5~10 min 上门。

(二)订单过多无法完成收件任务处理办法

(1)联系网点负责人告知无法收取的快件订单号由其统一调度。
(2)网点负责人致电客服部核实订单情况,进行相应处理。

(三)客户取消寄件处理方法

(1)到客户处,客户取消寄件,收派员应该问明原因并在手持终端上备案。
(2)取件途中客户取消寄件订单,收派员接收到客服部发出来的信息后,终止对该快件的准备工作,不需要做其他处理。

（四）发现禁寄或限寄物品处理办法

（1）开箱验视发现物品是禁寄物品，不予收寄，并耐心向客户解释原因（国家法律法规的规定）。

（2）需要客户到指定地点交寄的，告知客户具体的交寄地点和联系方式（如自己不知道，应立即向公司相关部门咨询）。

（3）不能选择航空运输，但可选择汽运的，应告知客户发汽运的时效（汽运要比航空慢）。

（4）收寄时未发现是禁寄或限寄物品，公司安检或航空安检时被发现的，应立即和客户联系，说明原因，征求客户意见后退回给客户或采用其他方式运送。

（五）大件货物的处理办法

1．未超出自身运载能力，可收取的大件

（1）在征得客户同意的情况下，并且客户在"寄件人签署或盖章"栏签名后，可将快件带回营业部称重并计算运费。

（2）在当班次仓管员停止收件入仓前通知客户快件重量及运费，客户确认快件可寄出，方可与仓管员进行交接，并在一个工作日内将底单送回寄件客户处。

（3）如寄付现结，送底单的同时须向客户收取或退还运费差额。

2．超出自身运载能力，但未超出快递企业收取范围的大件

（1）向客户说明情况并致歉表明暂时无法收取。

（2）在手持终端上备案，由营业部负责人协调处理。

3．超出快递企业收取范围（超大或超重）的快件

应向客户说明情况并致歉表明无法收取，同时立即在手持终端上备案。

（六）快件遗失处理办法

（1）收派员确认快件因自己的原因已经遗失，立即主动与客户协商解决赔偿问题。

（2）遗失贵重物品应及时向公司反映并报警，保护好现场。

（3）收派员立即上报公司负责人及客服部。

（4）在快件可能遗漏的场地查找快件。

（5）当班次向客服部反馈查找结果，由客服部告知客户快件状态，并做好解释工作。

（七）托寄物品无法确定性质或价值的处理办法

收派员应与客户解释清楚，并请客户提供物品的有效证明资料：客户出示资料，确认托寄物品符合公司收寄要求，正常收取快件；客户出示资料，确认托寄物品不符合公司收寄要求或者无法确定托寄物的性质或价值，需同客户说明情况并致歉表明无法收取；客户拒绝出示资料或无证明资料，需同客户说明情况并致歉表明无法收取。

确认无法收取此快件时，应立即在手持终端上备案。

（八）寄件客户不在的处理办法

查询前台或其他同事是否留下快件，有留下快件的，按收件流程进行操作；未留下快件的，询问是否有联系方式联系寄件客户，能联系上客户的，要与客户约定再次收取快件的时间，无法联系客户的，要在手持终端上备案。

（九）敲门（按门铃）无反应（包括门卫不让进）的处理办法

（1）按订单信息中所留联系电话同客户进行联系。
（2）若联系不上客户，须在手持终端上备案。
（3）若联系上客户，需说明情况，请求客户协助解决：客户开门或要求门卫放行，进入客户处，按照正常的收件流程进行操作；客户拒绝协助解决问题（不开门或不与门卫沟通），需向客户说明情况并致歉表明无法收取，同时在手持终端上备案。

（十）寄件客户地址不详的处理办法

地址不详无法找到寄件人，按客户订单信息中所留联系电话进行联系：如联系上客户，须确认客户地址，如寄件客户地址在本收派员服务区域，及时上门收取快件；如无法联系上客户，或寄件客户地址不在收派员服务区域内，须在手持终端上备案。

（十一）回网点后包装破损处理办法

（1）对快件进行复秤，并检查托寄物品是否损坏或短缺。
（2）检查托寄物情况后及时致电客户。
（3）根据客户反馈的意见，将快件退回或者寄出。

（十二）记错重量或价格处理办法

（1）在当班次停止收件入库前知会客户，收派员告知客户复称后的重量及重新计算的运费，询问客户是否将快件发出；如客户取消寄件，则与客户商定时间将快件退回，并在手持终端备案；如客户同意接受复称后的重量及重新计算的运费，则进行下一步处理。
（2）在原运单备注栏内注明正确的重量和运费，并加盖"更改确认章"（确保印章在各联清晰可辨）。
（3）收派员在三个工作日内至客户处将"寄件人存根"联进行更正，收取或退还运费差额。

（十三）有件无单处理办法

（1）库管员立即将有件无单的快件退回给收派员，由收派员核实并查找运单。
（2）收派员核实有件无单的情况（有快件、无清单）：如找到清单，则按发件流程操作；如无法找到清单，对"投递公司存根"联进行复印，并交相关负责人签名确认，将签过名的复印件视同"投递公司存根"联和快件一起交予库管员重新做收件入库操作。

（3）快件运单脱落的情况：找到正确的运单，重新交件交单；无法找到正确的运单，收派员及时联系客户确认客户信息，并重新做件。

（十四）有单无件处理办法

（1）仓管员立即将有单无件的运单退回给收派员，由收派员核实并查找快件。

（2）收派员核实有单无件的情况。

（3）经核实此运单为作废运单，则确认无收件，若经收派员核实，此快件遗失，则根据收发环节"快件遗失"进行处理。

（十五）投递超区域处理办法

客户所发快件为投递网点超投区域，应立即和客户沟通，并提供客户三种可供选择的方式：一是改发其他快递公司，二是退回，三是收件人自提。

（十六）贵重物品不保价处理办法

客户所发物品为贵重物品，应提醒客户保价，向客户说明不保价可能出现的后果，是否保价，由客户自主决定。

思考：快递公司对于保价件的规定有哪些？保价费率一般是多少？

（十七）快递单填写错误处理办法

（1）收寄时当场发现的，应立即纠正，指导客户重新填写或修改运单后，收寄人员再要求客户签字，客户在原运单上修改的，应要求客户同时在修改处签字。

（2）收寄时当场未发现的，应立即电告客户，请客户重新填写或修改运单。提示：收寄时一定要注意内件必须与运单上填写得一致，否则，可能会给公司及自己带来重大损失。

（十八）包装不合格处理办法

封装不合格或使用旧包装箱会导致内件破损、丢失。具体的处理办法如下：

（1）现场协助客户严格按要求封装。

（2）如现场不能妥当封装，应征求客户意见后带回公司封装。

（3）如包装过程中产生包装箱费用，应提前向客户说明。

思考：如果因为收件网点包装不合格导致货物在快递过程中产生货损、丢失的现象，应该何如处理？

（十九）快件未参加中转，客户要求退回的处理办法

（1）运单资料已录入系统：按正常快件派送流程将快件退回给客户，快件按同城件的计费标准向客户收取运费。

（2）运单资料尚未录入系统：将快件与已收取的运费退回给客户，取回客户处的"寄件人存根"联运单。

（3）如果客户不是通过客服部通知退回，而是直接联系收派员要求退回，收派员应及时备案。

（二十）快件未参加中转，客户需更改运单信息的处理办法

（1）客户致电快递企业客服部，客服部将相关信息反馈给仓管员。

（2）如快件尚未与仓管员交接，仓管员应将需要修改的信息反馈给收派员。收派员根据仓管员反馈的信息，在备注栏内注明正确的运单信息，严禁直接涂改。

如果客户需要更改的信息无法在原单上直接更改，收派员须填写一份新运单，并在新运单备注栏内注明原运单单号、更换运单的原因以及客服查询员工号。快件发出后 3 h 内，将新运单单号通知寄件客户。在三个工作日内将新运单"寄件人存根"联送至寄件客户处，同时将原运单"寄件人存根"联取回。

（3）如快件已与仓管员交接，由仓管员尽快找出快件，并要求收派员完成上述更改操作，如重新使用新运单寄出的，收派员负责在三个工作日内将新运单"寄件人存根"联送至寄件客户处。

（4）如快件已参加中转，仓管员将信息反馈至客服部，由客服部继续跟进。

（二十一）快件已收取，客户需要更改托寄物品的处理办法

1．客户致电快递企业客服部，客服部将相关信息反馈给收派员

收派员须在当班次内返回客户处更改托寄物品。如不能在当班次回去更换托寄物品，须致电客户说明情况，并约定更换时间。

更换托寄物时，修改运单上的相关内容（托寄物资料、重量、运费、付款方式、寄件日期等）。如涉及重量和运费修改，严禁直接涂改原重量、运费，必须在备注栏内注明正确的重量、运费，收取或退还相应的运费差额，并请客户在运单上重新签名确认，并收回客户处的"寄件人存根"联，带回营业部加盖"更改确认章"。在三个工作日内将修改过的"寄件人存根"联送至客户处。如在原运单上直接修改会导致运单内容模糊，难以辨认的须重新开单。

2．快件已经发车参加中转

需在 5 min 内致电客服部说明快件已发出，无法更改，客服部与客户协商处理。

（二十二）国际件内件申报不合格处理办法

收寄国际件，要熟悉寄达国关于禁止或限制入境物品的相关规定，自己不清楚时，应当场向公司相关部门咨询后再确定能否收寄。

二、收寄工作常见客户问题以及解决方法

（一）阻碍开箱验视的解决方法

（1）耐心向客户解释，这是国家法律法规的规定；同时表示，开箱验视是为了

更好地保护快件不受损失，保护消费者人身安全，保护客户合法利益，保障寄递渠道安全。

（2）客户不听解释、不准开箱验视的，拒绝收寄，并及时反馈给公司客服人员。

（二）对资费标准提出异议的解决方法

先向客户解释，将公司的统一资费标准情况向客户进行介绍，如客户仍有异议，可向客户提供公司统一客服电话以备核对，如果客户接受则按收寄流程收件。

（三）客户对投递时效的要求较高的解决方法

针对投递时效要求，提前告知客户运输的渠道和时效的规定，取得同意后取件。

（四）客户填写运单不规范的解决方法

向客户说明对运单填写的规范要求，阐明不规范填写将存在的一些隐患，并指导客户进行规范填写。

（五）客户怀疑快件的安全性的解决方法

向客户说明："从收物品开始，直到投递到收件人手中，物品经过的每一个环节都要经过条形码扫描器扫描，进行全程的跟踪服务，运单上的条形码就像人的身份证一样，而每一件快件则都有自己单独的'身份证'，所以无论何时，您想知道快件到了哪里，您只要致电我们的客服电话或登录我们的网站，都可以查到快件的实时状态。万一丢失或破损，我们同样有一套完善的理赔制度，有专人负责相应的理赔工作，并采取合理的补救措施。"

（六）用户索要联系方式的解决方法

提供给客户公司统一的客服电话、公司网点电话或收寄员自己电话。

思考：快递收派员在与客户打交道时，应该使用的文明用语有哪些？

练一练

一、选择题

1. 发现禁寄或限寄物品，收派员应该（　　）。

    A. 开箱验视发现物品是禁寄物品，不予收寄，并耐心向客户解释原因（国家法律法规的规定）。

    B. 需要客户到指定地点交寄的，告知客户具体的交寄地点和联系方式（如自己不知道，应立即向公司相关部门咨询）。

    C. 拒绝收寄。

D. 收寄时未发现是禁寄或限寄物品的，公司安检或航空安检时被发现，可以任意处置。

2. 收寄大件货物时，收派员应该（　　）。

A. 未超出自身运载能力，可收取的大件，在征得客户同意的情况下，并且客户在"寄件人签署或盖章"栏签名后，可将快件带回营业部称重并计算运费。

B. 在当班次仓管员停止收件入仓前通知客户快件重量及运费，客户确认快件可寄出，方可与仓管员进行交接，并在一个工作日内将底单送回寄件客户处。

C. 超出自身运载能力，但未超出快递企业收取范围的大件，向客户说明情况并致歉表明暂时无法收取，在手持终端上备案，由营业部负责人协调处理。

D. 超出快递企业收取范围（超大或超重）的快件，应向客户说明情况并致歉表明无法收取，同时立即在手持终端上备案。

3. 包装不合格时，收派员应该（　　）。

A. 现场协助客户严格按要求封装。

B. 如现场不能妥当封装，应征求客户意见后带回公司封装。

C. 如因包装发生包装箱费用，应提前向客户说明。

D. 拒绝收寄。

4. 快件未参加中转，客户要求退回时，收派员应该（　　）。

A. 运单资料已录入系统，按正常快件派送流程将快件退回给客户。

B. 直接退回给客户，不需要收取任何费用。

C. 退回客户后需要取回客户处的"寄件人存根"联运单。

D. 如客户不是通过客服部通知退回，而是直接联系收派员要求退回，收派员应及时备案。

5. 客户对资费标准提出异议时，收派员应该（　　）。

A. 先向客户解释，将公司的统一资费标准情况向客户进行介绍。

B. 如客户仍有异议，可向客户提供公司统一客服电话以备核对。

C. 如果客户接受则按收寄流程收件。

D. 直接拒绝收寄。

二、判断题

（　　）1. 快件未赶上正常班次中转时，收派员及时通知客户，解释未赶上中转的原因，并告知客户下班次具体的发出、到达时间备案。

（　　）2. 按订单信息中所留联系电话同客户进行联系，若联系不上客户，须在手持终端上备案。

（　　）3. 客户未处理好快件，收派员应耐心等待客户准备快件，直到客户处理完毕。

（　　）4. 寄件客户不在而且未留下快件时，收派员应在客户处耐心等待，并手持终端备案。

上备案。

（　　）5. 快递网点复称发现重量不符时，必须在当班次停止收件入仓前知会客户，告知复称后的重量及重新计算的运费。

任务训练页

一、接受任务

作为收派员，在收件的过程中会遇到各种各样的异常情况，小李在最近的收派中遇到以下情况，请帮小李描述解决的方法，并将处理方法填写在"活动成果"中。

情况1：到客户处取件，客户不在。
情况2：客户拒绝开箱检查货物。
情况3：收件后，客户要求更改收件地址。
情况4：回网点交接过程中，发现包装破损。
情况5：回网点交接过程中，发现有单无货。
情况6：快件计错重量或者价格。
情况7：快件回网点交接过程中，有件无单。

二、制定计划

本次任务要求同学们在课堂上分小组学习、讨论，并且展示分享活动成果。

三、任务实施

分工	姓名	主要职责
组长		组织、协调组员学习、讨论
组员		参与讨论，记录讨论成果

四、活动成果

异常情况	处理方法
1	
2	
3	
4	
5	
6	
7	

五、任务评价

班级		任务名称		姓名		
学号		收寄异常情况处理		组别		
评价项目	评价标准	自我评价（20%）	组长评价（30%）	教师评价（50%）	分值	得分
职业能力	1. 团队合作、分工明确				10	
	2. 具有较强的服务意识				10	
	3. 工作认真、细心				10	
专业能力	1. 能准确辨别所遇到的异常情况				25	
	2. 能准确处理所遇到的异常情况				40	
其他能力	1.				5	
	2.					
总结与反思				成绩合计		
				指导老师综合评价		

学习情境三　快件处理作业操作

任务十　快件接受

任务目标

❖ 知识目标	1. 认知快件的点部初分和运输操作工作内容； 2. 掌握快件在中转场交接的步骤
❖ 能力目标	1. 学会填制快件交接单； 2. 能够完成快件的交接工作； 3. 能够进行总包的拆解并处理总包拆解过程中出现的异常问题
❖ 思政目标	1. 培养良好的沟通表达能力和团队合作能力； 2. 培养严谨细致、认真负责的工作习惯，拥有强烈的责任意识； 3. 争做"能干、肯干、巧干"的接班人

情景导航

快件在快递网点需要按照根据快件的递送方式（陆路件或航空件）或快件的流向（省内件、省外件或同城件）等方式进行快件的初分工作，将快件分别转入不同的封包（总包）并进行封扎，同时对封扎标志上的条码进行扫描，通过运输进入中转场也需要经过一系列的操作，小李是某快递公司分拨中心的工作人员，负责快件运输车辆的入场、快件接受、总包卸载、拆解的组织工作，请试着完成这一系列的操作。

工作认知页

快件处理在快递服务全过程中主要具有集散、控制和协同作用。快件处理作业流程主要包括总包到站接收、卸载总包、拆解总包、快件分拣、制作清单、总包封装、装载车辆、车辆施封等环节，快件接收是快件处理的重要环节之一。

一、快件的点部初分和运输操作

（一）点部快件的初分

快件在由收派员收取并交回点部后，经过短暂的集结，通过运输车辆运达区域一级中转场或二级中转场进行分拣作业。在起运前需进一步对快件进行确认（检查快件处理是否需要更改，无需更改则进行扫描操作），检查操作有无"快件处理更改单"，并进行扫描操作。一般点部可以根据快件的递送方式（陆路件或航空件）或快件的流向（省内件、省外件或同城件）等方式进行快件的初分工作，将快件分别转入不同的封包（总包）并进行封扎，同时对封扎标志上的条码进行扫描。网点集包操作流程如图 10-1 和图 10-2 所示。

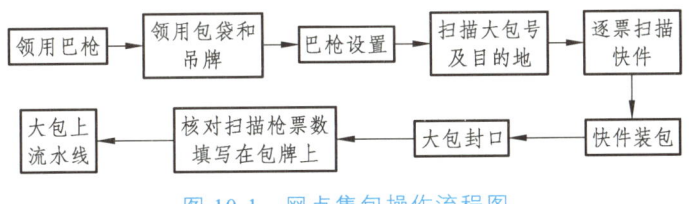

图 10-1　网点集包操作流程图

图 10-2　网点集包操作图示

注：巴枪的激光与面单保持平行并与面单保持 5~10 cm 的距离，巴枪发出"嘀"声后，表明快件面单数据已经录入，之后快件就可放入扣在包架上的包袋内。

思考：快件为什么要在快递点部进行初分作业？

（二）点部到区域中转场的运输

点部按不同方式将快件分好并装入总包后，将总包装车的同时对车门进行固封，运输到区域中转中心。从点部到中转场的运输可以分为直送式或集送式两种分别如图 10-3 和图 10-4 所示，当网点快件量较大时候可以安排直送式，当网点快件量不大的时候可以安排集送式。

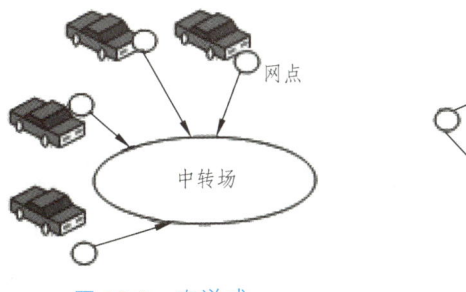

图 10-3　直送式 　　　　　　　　图 10-4　集送式

二、中转场快件交接工作

（一）快件交接步骤

快件运输车辆进入中转站分拣场地后，快递企业应当根据车辆到达的先后顺序、快件参加中转的紧急程度，安排到达车辆的卸载次序；卸载完成后，应检查车厢各角落，确保无快件遗漏在车厢内。快件处理人员应严格依照图10-5所示的步骤、要点来办理交接验收手续。

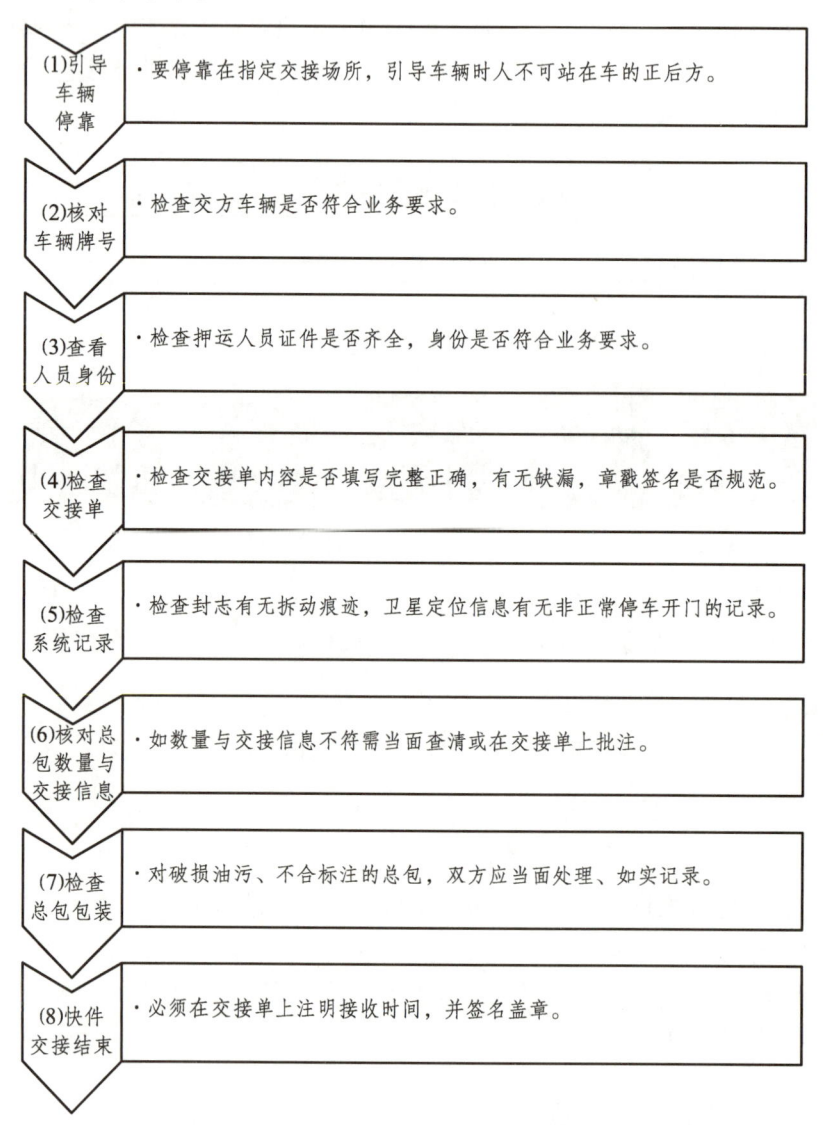

(1)引导车辆停靠 · 要停靠在指定交接场所，引导车辆时人不可站在车的正后方。

(2)核对车辆牌号 · 检查交方车辆是否符合业务要求。

(3)查看人员身份 · 检查押运人员证件是否齐全，身份是否符合业务要求。

(4)检查交接单 · 检查交接单内容是否填写完整正确，有无缺漏，章戳签名是否规范。

(5)检查系统记录 · 检查封志有无拆动痕迹，卫星定位信息有无非正常停车开门的记录。

(6)核对总包数量与交接信息 · 如数量与交接信息不符需当面查清或在交接单上批注。

(7)检查总包包装 · 对破损油污、不合标注的总包，双方应当面处理、如实记录。

(8)快件交接结束 · 必须在交接单上注明接收时间，并签名盖章。

图10-5　快件交接步骤

（二）交接单操作规范

在快件交接工作中，交接单真实记录了两个作业环节交换总包时实际发生的相关内容，是快件业务处理的证明；是快递企业与委托承运部门或企业进行运费结算的依据；是交接双方交接工作的书面证明和责任转让，因此企业应制定交接单操作规范，指导和约束双方工作。交接单的使用范围以及主要内容如表 10-1 和表 10-2 所示。

表 10-1 快件交接单的适用范围以及主要内容

交接环节	登列内容
收寄派送网点与分拨中心之间的总包交接	快件封发时间、发出站、接收站、封发人员、快件号码、收寄件人信息、重量、体积、件数、种类、车牌号码、驾驶人员等
快件运输环节与分拣中心之间的总包交接	车辆发出时间、始发站、经由站、终到站、总包快件数量、重量、驾驶员等
分拣中心与委托运输方之间的总包交接	发出站、到达站、航班号或者车次、数量、重量等

表 10-2 某快递公司交接单

交接单编号						由 交					总页数		页
号码	始发站	接收站	数量（袋）	重量	备注	号码	始发站	接收站	数量（袋）	重量	备注		
1						9							
2						10							
3						11							
4						12							
5						13							
6						14							
7						15							
8						16							
寄发人员签章：						接受人员签章：			总数量：		总重量：		

资料链接 10-1

【快递分拨中心和转运中心有什么区别？】

1．作用不同

转运中心指以专门承担货物的卡车与卡车、卡车与火车、火车与轮船、卡车与飞机、轮船与火车等不同运输方式的转运任务的物流中心。

分拨中心是物流行业运作的经济活动组织，换个角度来说，它又是集加工、理货、送货等多种职能于一体的物流据点。

2．运作方式不同

转运中心是实现不同运输方式或同种运输方式联合（接力）运输的物流设施，通常被称为多式联运站、集装箱中转站、货运中转站等。转运中心多分布在综合运网的节点处、枢纽站等地域。

分拨中心的服务对象是为数众多的生产企业和商业网点（例如：超级市场和连锁店），分拨中心的作用是按照用户的要求，及时将各种已经配装好的货物送交到用户手中，满足他们生产和消费的需要。

3．职能不同

转运中心的职能是将货物集散与配载，集零为整、化整为零，针对不同目的地进行配载作业。

在配送实践中，分拨中心凭借其特殊的地位和其所拥有的各种先进的设备手段能够将分散在各个生产企业的产品（即货物）集中在一起，而后，经过分拣、配装向众多用户发运。

（三）拆解封志

1．封志的分类

封志是指为了防止车辆在运输途中被打开，从而对车门进行固封的一种方法，如图 10-6 所示。快件处理人员应对封志类型有基本的认识。车辆封志一般分为两类，一类是信息封志，是无形封志，主要运用了卫星定位系统和地理信息系统对信息进行记录，操作简单，但是投资大；一类是实物封志，包括塑料封志和金属封志，操作繁琐，一般都是一次性使用的。

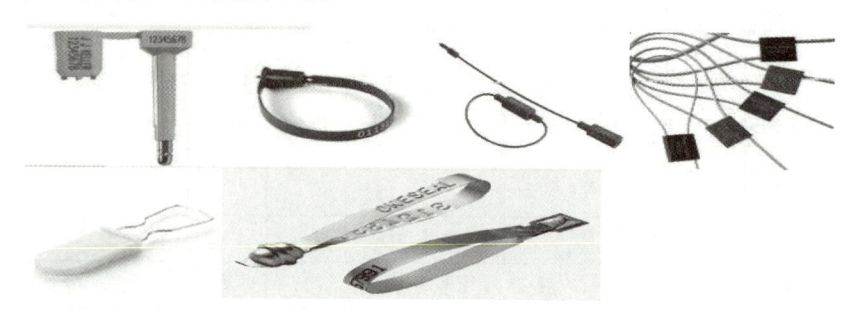

图 10-6　常见车辆封志（钢丝封条，铁皮封条，高保封条，塑料封条）

资料链接 10-2

【RFID 高保电子封条和 RFID 电子锁的简单介绍】

1．RFID 高保电子封条特点：

（1）符合 ISO 18000-6C 国际标准，符合国标 GB/T 23679—2009/ISO/PAS 17712:2006 机械箱封的要求。

（2）RFID 高保电子封条采用的是一次性封锁，不破坏不能启封，有效地防止了以往老式铅封可以被撬动后依然能复原的致命弱点。

（3）900M 超高频工作频段，读取距离可达到 10 m。

（4）RFID 技术与加密技术结合，防伪性能更高。

（5）老式铅封仅仅依靠操作者手中钳子上的钢印，来区别真伪与检查是否作弊，而 RFID 高保电子封条具有系统的数码编码，且产品和编码——对应，绝无重复，以便于进行系统的微机管理，另外每一个电子封的使用都可以在电脑上核对，从而在源头上杜绝了内外勾结窃电的可能性。

2．RFID 电子封条锁的特点：

（1）符合 ISO 18000-6C 国际标准，符合国标 GB/T 23679—2009/ISO/PAS 17712:2006 机械箱封的要求。

（2）内置锂电池，可反复使用 6 000 次，节约成本。

（3）2.45G 微波工作频段，最远 20 m 读取距离，功耗低。

（4）内置加密芯片，客户可自行设定其使用密钥。

（5）内置最多 16 条的锁操作日志，所有对锁的操作均被记录。

3．高保电子封条与电子封条锁对比

项　目	高保电子封条	电子封条锁
使用次数	一次性使用	可重复多次使用
使用成本	比较高	非常低
适用领域	远途运输、第三方物流	短途运输、本公司物流
特　性	防伪、防开锁	防伪、防开锁、记录开锁记录

4．封志拆解步骤

快件处理人员拆解封志的步骤如图 10-7 和图 10-8 所示。

1	2	3	4
·检查封志：封志是否已被打开过，对于松动、有可疑痕迹的应做记录。	·检查封志印志号码：号码、标签是否清晰，对于模糊、有更改痕迹的应做标记	·封志信息录入：可采用扫描枪或手工登记，注意与交接单进行核对。	·拆开封志：对于施封锁，应用钥匙开启；对于其他封志，应用剪刀或专用钳拆解封绳；注意不得损伤封志条码或标签。

图 10-7　拆解封志的步骤

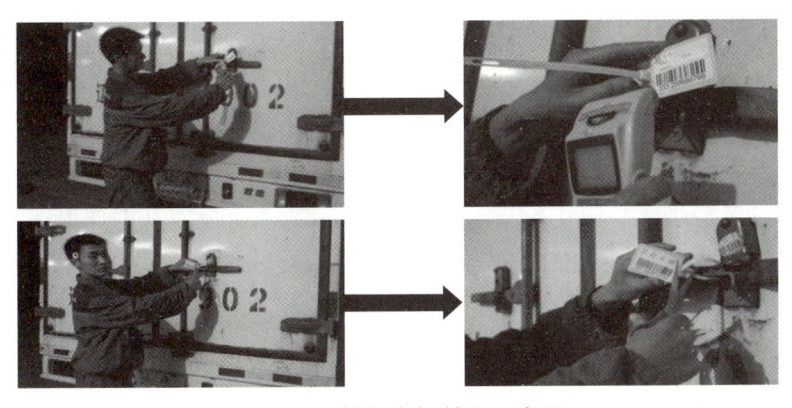

图 10-8　拆解车辆封志示意图

思考：车辆封志出现哪些问题，交接拆解的时候是无效的？

（四）总包卸载

总包卸载就是将进站总包从快件运输车辆上卸载到处理场地的作业过程。卸载总包时要按规定搬运，注意快件的安全。为提高作业效率，各快递企业的实际操作往往是总包卸载和总包的交接验收同时进行。

"总包卸载"视频扫码观看

总包卸载的操作要求主要有以下几个方面的内容：

（1）按照要求卸载总包，不得有抛掷、拖拽、摔打、踩踏、踢扔、坐靠及其他任何有可能损坏快件的行为。卸载时总包袋口不得拖地。

（2）对于贴有易碎品标志的快件要轻拿轻放，放置时需要在快件底部低于作业面 30 cm 的时候才能放手。

（3）卸载破损总包时，应注意保护内件，避免出现二次损坏快件的现象。

（4）使用机械或工具辅助卸载，应正确操作卸载机械或工具，禁止野蛮粗暴操作及其他任何有可能损坏快件的操作。

（5）遇到雨雪天气，卸载总包时应做好防水防潮及受潮物品处理工作。如遇有受潮快件，妥当处理，严禁挤压、烘干受潮物品等。

（6）总包卸载后，应区分直达和中转路向、手工与机械分拣快件，并按堆位要求分别码放。

（7）码放时做到重不压轻，大不压小。码放的总包有序、整齐、稳固，总包袋口一律向外。

（8）偏大、偏重的总包单独码放或码放在底层，以防码放时砸坏轻件、小件；易碎物品、不耐压的快件放置顶层或单独码放；对标有不准倒置、怕晒、怕雨、禁止翻滚、堆码重量和层数受限的快件，应按操作标准进行作业。

（9）卸载在拖盘、拖车、拖板上的总包，码放高度一般不超过把手。

（10）不规则快件、一票多件快件、需特殊处理或当面交接的快件应该单独码放。

（11）水湿、油污、破损的总包应交专人处理。

（12）卸载结束后，接收人员应检查车厢和场地周围有无其他遗留快件。

资料链接 10-3

【总包接收验视基本内容】

（1）总包发运路向是否正确。

（2）总包规格、重量是否符合要求。

（3）包牌或标签是否有脱落或字迹不清、无法辨别的现象。

（4）总包是否破损或有无拆动痕迹。

（5）总包是否有水湿、油污等现象。

（五）总包拆解

总包拆解是指将已经接近站点的总包拆开，如图10-9所示，转换成为散件，开拆前应当检查总包封条是否牢固，袋身有无破损，开拆后应当核对总包内快件数量是否与总包袋牌或内附清单标注的数量一致，为快件分拣环节做准备。总包拆解主要分人工拆解和机械拆解两种方式。

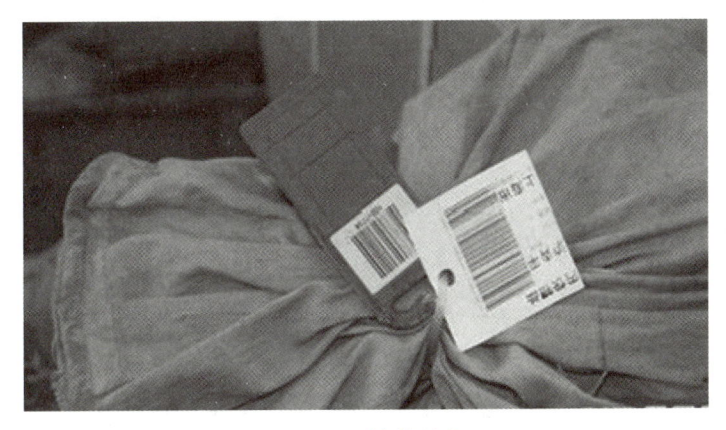

图 10-9　快件总包

思考：总包袋口处一般拴挂有哪些标签或标牌？

1．人工拆解

人工拆解总包的操作步骤图10-10所示：

2．机械拆解

机械拆解是指用电动葫芦或推式悬挂机把总包悬挂提升起来再拆解的方式。机械拆解步骤和人工拆解步骤相似，快件处理人员需特别注意机械设备的使用安全，具体要求如下：

（1）操作人员按要求着装，长发女工须盘发，长发不允许露出工作帽，以防卷入机器。

（2）开启设备后，通过、听、闻、看等方式，检查设备是否有异样。

（3）如果出现故障，要通知专业人员维修，严禁私拆设备。

（4）操作过程中严禁用机械拆解超过规定规格的总包，以免损坏机械。

（5）严禁无故使用急停开关或中断设备电源。

（6）设备运转中，严禁身体任何部位接触设备。

（7）操作台要保持清洁，严禁将任何与作业无关的物品放在上面。

```
①验视总包       →  验视总包路向，封装规格；剔除
                    误发的总包 交主管处理

②扫描总包信息   →  扫描总包条码，对于扫描失败的，
                    应用手工输入，不能遗漏

③拆解总包       →  拆开时不能损伤内部软件，要保证包
                    牌不脱落，禁止用力拽扯封志扎绳

④清空总包       →  三角倒袋或者翻袋

⑤扫描快件       →  依据封发清单扫描快件

⑥单独处理       →  单独处理易碎快件；超大、超重快件。
                    区分手工分拣和机械分拣的快件

⑦拆解结束、清理现场 → 检查有无遗漏和未拆解的快件
```

图 10-10　人工拆解总包的操作步骤

（8）作业结束后，要及时清理场地，并检查设备是否已经关好。

常用拆解机械如图 10-11 和图 10-12 所示：

图 10-11　电动葫芦　　　　　　图 10-12　推式悬挂机

（六）总包勾核

对接收的转运部门交来的总包快件，如数字无误则无需扫描打钩核对，总包快件如有不符由转运部门负责。

对于接卸的趟车、快运班车交来的总包快件，应进行勾挑核对。

有网上路单信息的接收的总包快件，操作人员持条码识读器对其进行扫描勾核；无网上路单信息的接收的总包快件，依据纸质路单进行勾核核对。

（七）总包开拆

分拣部门按速递快件赶发计划和时限组织开拆作业。标有"次晨达""全夜航"的总包要优先开拆处理；标有"代收货款"的总包应该单独由人工在地面开拆处理，不得上分拣机开拆台进行开拆。

总包上机开拆按台席设置进行作业，地面人工开拆应双人同时作业；开拆的快件袋要做到一袋一清；对拴有"红杯"袋牌的总包必须轻拿轻放。

总包开拆的作业流程如图 10-13 所示。

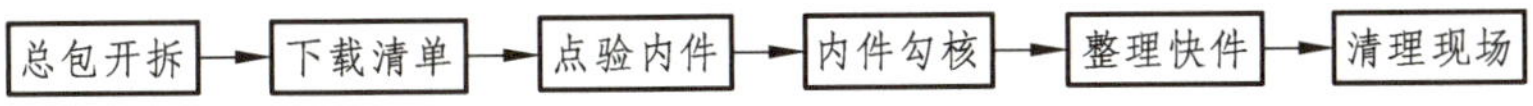

总包开拆 → 下载清单 → 点验内件 → 内件勾核 → 整理快件 → 清理现场

图 10-13　总包开拆作业流程图

练一练

一、选择题

1. （　　）属于快件交接的基本要求。
   A. 验视总包　　　B. 信任交接　　　. 平衡合拢　　　D. 车辆引导
2. 交接单用于登记交接总包相关内容，（　　）不是交接单需要登记的内容。
   A. 交接单号码　　　　　　　　B. 收寄员工号
   C. 发寄地、寄达地　　　　　　D. 总包数量、重量
3. 总包交接验收注意的事项，以下哪个说法是错误的。（　　）
   A. 无需核对押运人员的身份
   B. 判明车辆的到达时间是否延误
   C. 对不符合要求的总包，双方应当面处理，记录情况
   D. 检查车辆封志是否完好
4. 快件封发作业是按一定要求将快件封成（　　）并交运的工作过程。
   A. 总包　　　　B. 包裹　　　　C. 箱形快件　　D. 集装快件
5. 包牌用于区别运输方式及发运路向等的（　　）。
   A. 物品流量　　B. 物品属性　　C. 信息标志　　D. 物品名称
6. 汽车运输快件的交接内容不包含（　　）。
   A. 交接双方共同办理交接
   B. 交接结束双方签名盖章
   C. 先签字，后交接
   D. 核对交接的总包数是否与交接单填写数量相符
7. 下面（　　）属于异常总包。
   A. 只有保价快件的总包　　　　B. 重量为 25 kg 的总包
   C. 发运路向不正确的总包　　　D. 拴挂袋牌的总包
8. （　　）属于总包接收前的准备工作。
   A. 准备派送交接单

B. 检查派送运输工具

C. 检查装卸、分拣、条码扫描等设备

D. 准备包装箱

9. 关于车辆封志说法错误的是（　　）。

A. 车辆封志是固封在快件运输车辆车门的一种特殊封志

B. 车辆封志可以防止车辆在运输途中被打开，保证已封车辆完整地由甲地运到乙地

C. 车辆封志可以分为实物封志和信息封志

D. 车辆封志是对总包封扎的一种封志，为了保证总包内快件的安全

10. 总包拆解后，对于详情单地址残缺严重无法分拣的快件应（　　）。

A. 进入分拣环节

B. 通过系统内信息进行查询，并与发件人联系确认，将相关信息标注在详情单上

C. 重新填写一份新的详情单

D. 不扫描破损详情单快件的条码

二、判断题

（　　）1. 接发人员至机场提货处提取总包时，对出现破损的总包，拒绝接收，直接退回。

（　　）2. 车辆在途中因执法部门查车而拆解车辆封志，司机必须及时通知业务主管，并向执法人员索取相关证明，经核实后，司机不必承担责任。

（　　）3. 在快件处理中心，快件处理人员发现快件详情单脱落的快件，直接退回。

（　　）4. 快件处理场地发生危险品泄漏时，如果泄漏物是有毒的，进入现场的救援人员必须使用专用防护服、隔绝式空气面具。

（　　）5. 某班次生产结束后，进行快件信息汇总比对，该班次进站总件数是 2 300 件，上班留存 50 件，出站封发总件数是 1 000 件，本埠派送件是 1 000 件，该班次留存 300 件，比对结果合拢。

（　　）6. 汇总总包发运信息，可以为调整发运计划提供精确的数字依据。

（　　）7. 出站快件信息统计汇总，是对已有出站封发清单汇总快件总重量。

（　　）8. 接收快件总包时，只需核对总包数量即可。

（　　）9. 拆解车辆封志，首先要认真检查封志是否已被打开，封志上的印志号码或封志标签是否清晰可辨。

（　　）10. 接收总包时，应验视规格、体积是否符合要求。

（　　）11. 拆解塑料封扣时，剪口应在拴有包牌一面的扣齿处，以保证包牌不脱落。

（　　）12. 人工拆解和机械拆解的作业流程、操作步骤基本相同。

（　　）13. 在快件处理场地发现有运单脱落的快件，要报告客户。

（　　）14. 快件的初分是指按收件人地址直接将快件一次性分拣到位。

（　　）15. 装车时遵循"大不压小、重不压轻、先出后进、易碎件单独摆放"的原则。

三、综合题

1. 下列哪些属于卸载总包堆码的安全要求？
   A. 如果卸载的总包堆码在手动运输的托盘、拖车、拖板上，注意堆码重量不得超过设备材质和承载的限定要求。堆码宽度应小于底板尺寸。
   B. 卸载体积偏大、偏重的总包快件，应双人或多人协作及使用设备卸载。
   C. 对于托盘、拖车，堆码高度不应高于托盘和拖车把手。
   D. 使用托盘、拖车运输时应分清车头车尾，不得反向操作。
   E. 对于拖板，堆码高度不应高于标准人体高度，以防在快件倒塌时被砸伤。
   F. 不规则快件、一票多件快件、需要特殊处理或当面交接的快件应该单独码放。
   G. 卸载的总包堆码在手动运输的托盘、拖车、拖板上，注意堆码宽度应小于底板尺寸。

   以上属于卸载总包堆码的安全要求的是（　　　　　　）。

2. 请将人工拆解总包的操作步骤排序。
   A. 核对封发清单所填内容是否正确，并将封发清单整齐存放。
   B. 扫描包牌条码信息。扫描不成功或无条码的，手动输入总包信息。
   C. 拆解封志，保持包牌在绳扣上不脱落。
   D. 倒出快件，应利用三角倒袋法或翻袋等方式检查总包空袋有无遗留快件。
   E. 拆解结束时，检查作业场地有无遗留快件和未拆解的总包。
   F. 验视总包路向，检查快件总包封装规格。对误发的总包不能拆解，应剔除出来，交作业主管。
   G. 逐票扫描快件，验视快件封装规格。不符规格的快件，应及时交作业主管处理。

   正确的操作步骤是（　　）—（　　）—（　　）—（　　）—（　　）—（　　）—（　　）

> 任务训练页

一、接受任务

某日，某快递公司各网点收寄的快件汇总封包，由快递公司派运输车辆集中运往该公司指定的快递分拨中心，假如你是该快递公司分拨中心的工作人员，负责快件运输车辆的入场、快件接受、总包卸载、拆解的组织工作，请试着完成这一系列的操作，并写出工作内容与步骤。

二、制定计划

本次任务要求同学们分小组根据工作任务进行小组内部分工，完成快件接受、总包卸载、总包拆解的工作。

三、任务实施

分工	姓名	主要职责
组长		引导车辆，安排人员接受、卸载、拆解总包
组员		接受快件，填制交接单
		拆解车辆封志，接受总包
		验收总包，拆解总包
		总包拆解异常问题处理

四、活动成果

（一）活动成果：接受快件，填制交接单

1. 快件交接步骤

步骤	内容
1	
2	
3	
4	
5	
……	

2. 填制交接单

快递公司交接单（参考版本）

交接单编号						由		交		总页数		页
号码	始发站	接收站	数量（袋）	重量	备注	号码	始发站	接收站	数量（袋）	重量	备注
1						9					
2						10					
3						11					
4						12					
5						13					
6						14					
7						15					
8						16					
寄发人员签章：						接受人员签章：				总数量：		总重量：

（二）活动成果：拆解封志

封志图片	封志名称	拆解步骤

(三)活动成果:验收总包,拆解总包

1. 总包验收的基本内容

总包验收基本内容	(1) (2) (3) (4) (5) ……

2. 人工拆解总包

项目	类型	所需工具	时间要求	拆解步骤
拆解总包	人工拆解		15分钟	(1) (2) (3) (4) (5) ……

(四)活动成果:总包卸载拆解异常问题处理

异常情况的种类	异常情况的处理

五、任务评价

班级		任务名称		姓名	
学号		总包交接、验收、拆解		组别	
评价项目	评价标准	自我评价（20%）	组长评价（30%）	教师评价（50%）	分值	得分
职业能力	1. 团队合作、分工明确				10	
	2. 有独立工作能力，完成质量好				10	
	3. 符合安全作业要求				10	
专业能力	1. 准确接受快件，交接单填制符合要求				10	
	2. 能够识别各种封志的名称，正确拆解车辆封志，接受总包				20	
	3. 知道总包验收的基本内容，能够正确拆解总包				20	
	4. 善于辨别总包拆解中的异常问题，并妥善处理				15	
其他能力	1.				5	
	2.					
总结与反思				成绩合计		
				指导老师综合评价		

> 拓展资源页

拓展阅读——分拨管理王伟伟：做好高效链条中的一员

王伟伟于2020年3月份加入汇森，成为汇森速运总部分拨管理部的一员，经过半年的历练后他说道"我很感谢公司给予了我成长的机会，与半年前的自己相比，进步很大。"

【主动思考，主动协调】

这份成长也源于她"好事多磨，不认输"的劲头。刚入职时，起网节奏很快，王伟伟主动承担了梳理一线管理制度和标准的任务，为了不影响分拨一线工作的正常开展，她每天都主动加班收集整理资料，并提前完成了任务。全程经历了这个项目并经过了领导的指点后，她也更加明白：凡事应该由大到小推演和思考，并结合实际情况去论证，这样才能更好地实施落地。

走出"迷宫"后，王伟伟开始刻意地锻炼自己的思考方式，每天上班先将工作由大到小划分为轻、重、缓、急四个维度，并运用时间管理法则去推演每一个时间段应该处理的事情，有条不紊。遇到问题也不再光靠自己埋头思考，而是多开口询问，并融入自己的理解。

【备战旺季，做优秀的链接者】

都说"不好走的路都是上坡路"，虽然工作上需要去面对挑战，但王伟伟也更加明白分拨管理的重要性：做好全程全网运作链条的关键一环，为公司优化成本、提升效能，为网点和客户保障时效及品质。

从初入部门，领导就一直给王伟伟强调：秉持"以客为本，效率为根"的使命，不断优化、提升全网的操作质量和效率。作为承载货物流转的重要环节，要事无巨细，主动服务好全网伙伴。

他们是这么说，也是这么做的。为了网络的发展，为了伙伴们安心，不断改善和提升分拨管理工作，一切的努力都是值得的。

目前，分拨管理部全体人员已开启迎战旺季模式，完善各项工作及预案：在场地方面，依托公司的投资力度，通过分拨中心升级建设，完善场地规划及使用，并配合对接好省内、省际直开线路的密集布局，狠抓时效；在管理方面，进一步加强分拨的现场管理力度，检查督促做好各环节的操作保障工作，确保旺季期间的货物及时转运；在人员方面，协同各部门及资源，为旺季做好人员招聘、培养及储备工作；同时，加强与网点、班车的高度协同，全力以赴做好主动服务。

王伟伟说：作为汇森人，我们在每一个岗位上都肩负着自己的使命，都是整个高效链条中的一员。只要全身心投入，拥有一种纯粹去把事情做好的欲望，我们每个人都可以是匠人，都可以收获成长。

任务十一　快件分拣

任务目标

❖ 知识目标	1. 了解分拣的含义； 2. 理解快件分拣的一般作业流程； 3. 认知快件分拣前相关物品与工具的准备； 4. 了解全自动化分拣使用到的设备名称以及作业程序
❖ 能力目标	能够独立进行快件的人工分拣、半自动化机械分拣作业
❖ 思政目标	1. 培养良好的沟通表达能力和团队合作能力； 2. 培养严谨细致、认真负责的工作习惯，拥有强烈的责任意识； 3. 具备安全作业意识和创新能力

情景导航

快件被接受并进入分拨中心后，工作人员需要对快件进行分拣处理，小王是一名刚进入分拣中心的分拣人员，请你带他熟悉分拣作业的内容，并指导他完成快件分拣工作。

工作认知页

一、快件分拣的基本含义

快件分拣是快件中转中心依据顾客的订单要求或配送计划，迅速、准确地将快件从送货车辆里拣取出来，并按一定的要求（收件地址、快件种类、服务时限）进行分类，集中派送给开往各地的运输工具的作业过程。其具体又分为快件初分和快件细分。

（一）快件的初分

快件的初分，是指因受赶发时限、运递方式、劳动组织、快件流向等因素的制约，在快件分拣时不是将快件一次性直接分拣到位，而是按照需要先对快件进行宽范围的分拣，如图 11-1 所示。

（二）快件的细分

快件的细分，是指对已经初分的快件按寄达地或派送路段进行再次分拣。

快件分拣是快件处理过程中的重要细节，分拣的正确与否决定了快件能否按预计的时限、合理的路线及有效地运输方式送达到客户。

二、中转场快件处理的一般作业流程

中转场主要是负责从各个点部运输过来的快件的接收，到达中转场后对快件按到达地进行分拣，然后再装包扫描，最后装车发运。具体如图 11-1 所示：

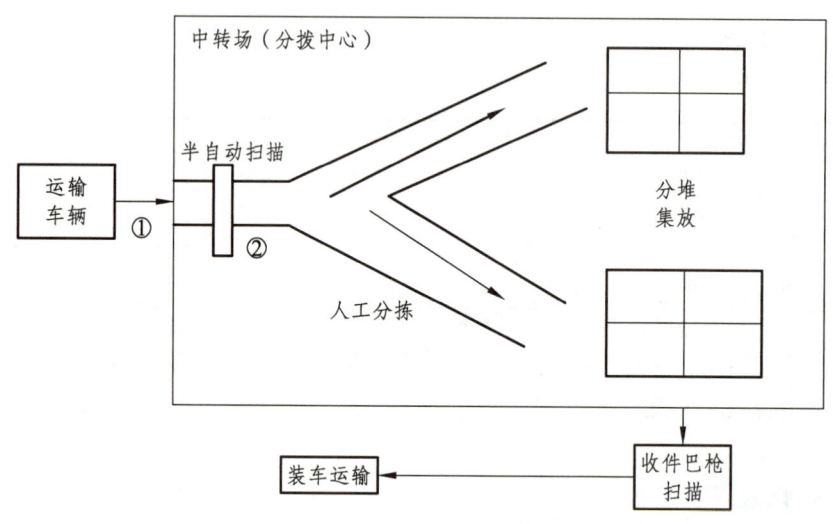

图 11-1　快件中转场处理的一般作业流程

三、分拣人员素质要求

分拣是指按照快件运单送达地址，将相关的快件分别汇集分到规定区域内的处理过程。要做到分拣速度快、准确率高，分拣人员应具备如下知识。

"分拣人员素质要求"
视频扫码观看

1．快件运单知识

分拣人员要掌握运单的填写规范、运单的粘贴方法和要求，以便快速识别问题件，避免误分。

2．快件包装知识

分拣人员要熟悉包装资料的选择和包装方法，以便对快件包装进行检查或对破损件重新包装和加固处理。

3．行政区的简称、代码和电话区号等知识

分拣人员要熟悉各省、自治区、直辖市、特别行政区的汉字简称、省会（首府）及其邮政编码、电话区号，以便正确分拣。

4．国内主要城市航空代码

分拣人员掌握国内主要城市航空代码，以便准确、高效分拣快件，避免投递错误，导致延时误事。

5．部分国家和地区英文简称

分拣人员要掌握部分国家及我国港澳台地区的英文简称，完善自身素质，提高分拣正确率。

四、快件分拣前相关物品与工具的准备

（一）安全搬运

快件到中转站后，将进入处理流程，根据属性将快件分为易碎、易损品与普通物品。选择恰当的搬运卸载工具，对快件的安全性、完整性将起到重要作用。

（1）普通物品：普通物品指无特殊要求的物品，普通物品可使用夹钳、滚杠、撬杆、叉车和手工作业等。

（2）易碎易损品：易碎易损品包括玻璃、陶瓷、镜面、灯具和工艺品等。宜采用手动叉车、升降叉车、手推车和手工作业等。

（二）工具准备

中转站分拣员应提前准备好分拣用具，快件装运前需进行封发工作，快递包装员应准备封发用具。如表所示 11-1 所示。

表 11-1 分拣工具准备

分拣用具准备	封发用具
（1）圆珠笔	（1）封装容器
（2）唛头笔	（2）封志
（3）包牌	（3）封装专用钳
（4）条形码扫描枪	（4）手携扎袋器
（5）名章	（5）手携封包机
（6）包签	
（7）拆卸专用钳	

（三）做好个人准备工作

快件处理人员在工作前应自行检查服装和劳保用具是否穿戴整齐。是否符合公司作业要求。检查内容如下：

（1）是否穿着公司统一工服。

（2）衣帽是否整洁干净。

（3）是否戴好统一工作帽。

（4）是否穿戴好护腰用具。

（5）是否戴上防护手套。

（6）工作牌是否佩戴端正。

五、分拣方式

在快件中转场（分拨中心），常见的快件分拣方式分为三种，分别是：手工分拣方式、半自动机械分拣方式和分拣机自动分拣方式。

（一）手工分拣方式

在技术不发达的情况下，人工无疑是最简单的、最直接的选择。在物流的分拣环节，最开始也是采取人工分拣。人工分拣是指依靠人力，使用简单的生产工具来完成整个分拣作业过程的一种分拣方式，需要分拣人员掌握一定的交通、地理知识，熟记大量的快件直封、经转关系，具备熟练的操作技术以及书写能力等。这就对分拣员提高了要求。人工分拣所需要的工具简单，作业流程简捷，经济节约，在未实行机械化分拣的单位，仍然是一种十分重要的分拣手段。人工分拣方式包括以下几种。

1．按码分拣

按码分拣是按照快件上收件人地址的邮政编码进行分拣的一种方式。实行邮政编码后，除投递前的落地快件分拣必须按收件人详细地址分拣外，其他环节的进、出、转快件都可按码分拣。采用手工分拣的，出、转口处理按照快件上的收件人邮政编码前三位号码分拣；进口处理按照收件人邮政编码的后三位号码分拣。对于按码分拣尚不够熟练的，可采用按址分拣和按码分拣两种方式并用的方法，来保证分拣准确，避免错分错发。

2．专人专台分拣

专人专台分拣是指对贵重或特殊快件指定专人或设置专台进行专门处理，其目的在于确保相关快件的安全与迅速传递。

（二）半自动机械分拣

采用手工和机械设备相结合的方式，将快件从运输车辆上卸往自动传送带，再由人工根据快件标识进行手工分拣的一种分拣方式。

1．半自动机械分拣作业程序

半自动机械分拣是人机相结合的分拣方式，信件类快件的分拣程序如表11-2所示。

表11-2　信件类快件的分拣程序

序号	步骤	要　点
1	事前准备	（1）首先查看是否有业务变更通知； （2）准备备用信盒以及信筐； （3）打开捆扎器电源预热或准备捆扎； （4）开机前检查分拣机的各个格口内有无遗留快件
2	设备操作	（1）开启机器，依次按下"单封供信""供信"按钮； （2）手工挑出不能上机的快件； （3）将理好的快件送入分拣机的供信槽； （4）机器自动扫描快件邮编进行分拣

续表

序号	步骤	要点
3	过程控制	（1）注意机器运行，发现异常要立即按下"紧急停机"按钮，及时通知设备维护人员进行处理； （2）随机抽查格口分拣质量，清理满格快件，对拒识信件及时进行手工分拣
4	后期清理	（1）分拣完毕后，按"停止供信"按钮关机； （2）及时清理现场，并检查分拣机内有无遗留邮件； （3）将小车、信盒和信筐等用品用具归位，关闭捆扎器电源

2．半自动机械分拣操作规范

半自动机械分拣操作规范如下：

（1）在指定位置将快件上机传输，运单面朝上，宽度要小于传送带的宽度。

（2）快件传到分拣工位时，要及时取下快件。没有来得及分拣的快件由专人接取，再上机分拣或进行手工分拣。

（3）看清货运单的目的地、电话区号和邮编后，准确拣取快件。

（4）取件时，较轻的快件用双手托住两侧取下，较重的则用双手托住底部或抓紧两侧，顺传送带的方向取下，注意用力。

3．半自动机械分拣安全要求

快件分拣人员要注意作业过程中的设备安全和人身安全，具体要求如表11-3所示。

表11-3 半自动机械分拣安全要求

类别	要求
设备操作安全要求	（1）设备运行前，清除带式传输或辊式运输设备周围影响设备运行障碍物，然后试机运行； （2）注意上机分拣的快件重量和体积均不得超出设备的载重和额定标准； （3）对非正常形状或特殊包装不符合上机要求的快件，要进行人工分拣； （4）上机传输的快件与拣取的速度要匹配； （5）传输过程中一旦发生卡塞、卡阻，要立即停止设备运行； （6）分拣传输如在使用中如果发生故障，要立即停止使用
人身安全要求	（1）严禁跨越、踩踏运行中的分拣传输设备； （2）不能随意触摸带电设备和任何电源设备； （3）身体任何部位都不能接触运行中的设备； （4）拣取较大快件时，注意不要刮碰周周人员或物件； （5）拣取较重快件时，要注意对腰部、腿部等的保护； （6）不得使用挂式工牌，女工尽留短发或者戴工作帽

（三）快件全自动分拣

全自动分拣是目前快件处理最先进、效率最高的方式，但是其投资太大，同时运行维护费用也很高，自动分拣系

"快递分拨中心高效分拣"视频扫码观看

统（Automated Sorting System）是第二次世界大战后在美国、日本的物流中心中广泛采用的一种自动分拣系统，该系统目前已经成为发达国家大中型物流中心不可缺少的一部分。

自动分拣机分拣是通过分拣机对分拣信号进行判断并分拣的一种分拣方式，常见的分拣机类型如下：斜带式分拣机、平带式分拣机、U 形带式分拣机、带式分拣机、链式分拣机、托盘式分拣机等。自动分拣机基本的作业步骤如下：

（1）在分拣作业开始前，首先要处理拣货信息，快递分拣作业应当依据订单处理系统输出的分拣单形成拣货资料，然后进行分拣作业。

（2）将有关货物及分类信息通过自动分类机的信息输入装置，输入自动控制系统。

（3）自动分拣系统利用计算机控制中心技术，将货物及分类信息进行自动化处理并形成数据指令传输至分拣作业机械。

（4）利用分拣机条码技术、射频识别技术等自动识别装置，对货物进行自动化分类拣取，当货物通过移载装置移至输送机上时由输送系统移至分类系统，再由分类道口排出装置按预先设置的分类要求将快递货件推出分类机，完成分拣作业。

思考：国内有哪些快递分拣中心采用了自动分拣技术？

练一练

一、选择题

1. 对包裹类快件进行分拣时，（　　）做法是正确的。
① 超大、超重快件可以上输送机传送，但是一定要注意安全。
② 快件在输送机上传送时，应注意详情单一面向上，平稳放置。
③ 取较轻快件应双手抓（托）住快件两侧。
　　A. ①②③　　　　B. ①②　　　　C. ②③　　　　D. ①③

2. 易碎品在进行分拣操作时应该距离地面最多（　　）cm。
　　A. 10　　　　B. 20　　　　C. 30　　　　D. 40

3. 以下信件类快件分拣的操作要求错误的是（　　）。
　　A. 分拣时操作人员站位距分拣格口的距离要适当，一般在 60～80 cm
　　B. 一次取件数量在 20 件左右
　　C. 分拣后的快件，保持运单一面向上并方向一致
　　D. 分拣出的其他非本分拣区域的快件应及时互相交换

4. 快件细分指对初分快件进行（　　）细分。
　　A. 首次　　　　B. 再次　　　　C. 三次　　　　D. 四次

5. 对于全自动分拣，以下说法错误的是（　　）。
　　A. 是最先进、效率最高的

B. 投资太大
C. 在国内应用也存在一些技术与经济上的问题
D. 可以精准识别廉价的条形码

二、简答题

1. 快件分拣前需要准备哪些工具？
2. 半自动化机械分拣的安全要求有哪些？
3. 分拣方式有哪些？各有什么优缺点？

任务训练页

一、接受任务

快件接受并进入分拨中心后，工作人员需要对快件进行分拣处理，小王是一名分拣中心的分拣人员，正在进行快件的分拣操作，部分快件的信息如表 11-4 所示。假如你是小王，应该如何完成分拣工作？请将分拣员的工作内容和工作步骤写下来。

表 11-4　快件信息表

序号	货物名称	数量	目的地
1	手机	2 台	柳州市鱼峰区和悦路北 1 号
2	护肤品	4 盒	合肥市蜀山区九龙路 111 号
3	服装	3 件	安阳市北关区胜利路 41 号
4	水果	2 公斤	贵阳市观山湖区北京西路 1 号
5	红酒	2 瓶	长沙市岳麓区桐梓坡路 67 号
6	奶粉	5 罐	南昌市红谷滩区红谷滩红谷中大道 99 号
7	运动鞋	1 双	西安市未央区北火车站站前广场东 1000 米
8	玩具	1 个	兰州市七里河区水磨园小区（101 省道东）
9	书籍	8 本	天津市南开区卫津路 92 号

二、制定计划

本次任务要求同学们在课堂上分小组学习、讨论，并且展示和分享活动成果。

三、任务实施

分工	姓名	主要职责
组长		组织、协调组员进行学习、讨论
组员		参与讨论，记录讨论成果

四、活动成果

（一）活动成果：分拣前相关物品准备

序号	准备内容
1	物品以及工具准备：
2	个人准备：

（二）活动成果：分拣人员地理知识以及操作要求测评

快件寄送目的地	所在省份	区号代码	人工操作要求	半机械化分拣安全注意事项
柳州市鱼峰区和悦路北1号				
合肥市蜀山区九龙路111号				
安阳市北关区胜利路41号				
贵阳市观山湖区北京西路1号				
长沙市岳麓区桐梓坡路67号				
南昌市红谷滩区红谷滩红谷中大道99号				
西安市未央区北火车站站前广场东1000米				
兰州市七里河区水磨园小区（101省道东）				
天津市南开区卫津路92号				

五、任务评价

班级		任务名称		姓名	
学号		快件分拣		组别	
评价项目	评价标准	自我评价（20%）	组长评价（30%）	教师评价（50%）	分值	得分
职业能力	1. 团队合作、分工明确				10	
	2. 有独立工作能力，完成质量好				10	
	3. 有较强的安全操作意识				10	
专业能力	1. 分拣前工作准备充分				25	
	2. 地理知识丰富				15	
	3. 明确人工分拣操作要求以及半机械化分拣操作安全事项				25	
其他能力	1.				5	
	2.					
总结与反思				成绩合计		
				指导老师综合评价		

拓展资源页

拓展训练——调研快递分拨中心

调研一家快递分拨中心，制作一份 PPT，介绍该快递分拨中心的布局、规模、员工数量、拥有的设施设备、作业流程、管理规定等。

任务十二　快件封发

任务目标

❖ 知识目标	1. 了解快件的登单操作方法； 2. 掌握总包的封装和码放要求； 3. 认知出站快件交接的操作步骤； 4. 掌握快件装载陆运车辆要求和注意事项
❖ 能力目标	1. 能够按照规定准备快件封发用具； 2. 能够依据实际情况生成封发清单； 3. 能够对总包进行正确码放、封装操作及装载车辆操作
❖ 思政目标	1. 培养良好的沟通表达能力和团队合作能力； 2. 培养严谨细致、认真负责的工作习惯，拥有强烈的责任意识； 3. 具备安全作业意识； 4. 树立快递强国自信，强化社会责任与担当

情景导航

当快件处理人员完成快件分拣工作后，封发人员需要对快件进行登单，由系统统一打印总包包牌，利用封志进行总包封装，并对封装好的总包按发运目的地进行堆码，然后根据总包所发往的目的地进行装车发运作业。请试完成这项工作。

工作认知页

快件分拣后要进入后续的快件封发工作，包括登单、总包的封装和码放以及快件的装车发运。

一、快件封发的含义

快件在中转场或分拨中心按地址分拣好后，装入总包运往目的地分拨中心或更高一级的中转场或分拨中心再次进行分拣的环节。快件封发具体又分为快件的直封、快件的中转。

1．快件的直封

快件的直封就是快件分拣中心按快件的寄达地点把快件封发给到达城市分拣中心。

2．快件的中转

快件的中转就是快件分拣中心把寄达地点的快件封发给相关的中途分拣中心经再次分拣处理后，封发给寄达城市分拣中心。

思考：为什么要进行快件的封发呢？

二、快件封发工具准备

（一）封发容器

应该根据快件的数量、种类、体积大小、重量、所寄内件性质选择封装所用包袋或者容器。以下几种包袋（容器）不得使用：

（1）企业规定外的包袋或者容器。

（2）有 2 cm 以上破洞的包袋或者容器及裂口非机器缝补或者破洞用绳捆扎等不能分清责任、保证内件安全的包袋。

（3）水湿、油污、形状改变的包装。

（4）印有其他快递企业标示的包装或者容器。

（5）印有与快件内容不符图案的包袋。

根据快件的大小准备封发袋，每袋总量一般不超过 32 kg。

（二）撑袋车（架）

方便撑开封袋包装。

（三）包牌

包牌是每件总包的身份标示，用于区别快件的所属企业、运输方式以及发运路向等，使用时，应该根据快件的寄达地准确选择国内快件包牌和国际快件包牌。封装完毕后，将包牌系挂在包袋口，信息有：发站地、到站地、包内件数和封装条码号等。

（四）扫描设备

扫描设备一般包括把枪、条码扫描器等。

（五）推车

推车的运用便于转移、归装好已经转移的总包，提高工作效率。

（六）封志

封志快件运输过程中固封在车门上的一种特殊封志，保证运输安全和责任的界定。

三、生成封发清单

总包内的散件在传递给目的地的分拣中心处理前，需要对散件进行登记并生成封发清单。清单内容包括清单号码、始发地、目的地、快件号码、寄达地、种类和总数。可通过手工登记、扫描录入或是分拣系统自动形成等方法制作，封发清单如表 12-1 所示。

表 12-1　××快递公司封发清单

清单号码		封发时间		封发日期	
车（航）次		始发地		目的地	
序号	快件号码		寄达地		备注
1					
2					
3					
4					
5					
6					
总件数：		封发人员签章：		接受人员签章：	

（一）手工登单操作

选择清单，加盖日期戳记，填写清单号、封发地等内容，按照公司编码要求进行清单号码排序，同时按照出站车的顺序在对应栏目内登记快件号码、寄送地和快件类别等内容。如采用多页清单，需检查是否每一页都已注明页数，最后一页是否已写上快件的总件数。

1．清单检查内容注意事项

（1）退回、易碎、液体快件要在备注栏内注明。
（2）对于保价、代收贷款、到付快件，应注明金额。
（3）结束登单，快件处理人员在指定位置用正楷字签名或者盖章。

2．登单后期工作注意事项

（1）对需建包、箱的快件，登单结束后制作总包包牌。
（2）包牌号应与清单的号码一致。

（二）条形码设备扫描登单操作

用条形码设备扫描快件运单，并在快件满袋后生成封发清单，操作步骤如下：
（1）操作人员启动系统，并使用专用口令进入扫描登单操作模块。
（2）根据操作要求，在指定栏目内输入快件的邮编、电话区号和专用代码等名称。
（3）对需建总包的快件，除系统自动生成总包包牌外，还应先扫描预制的总包条码牌，再扫描包内快件。
（4）逐渐扫描快件，并手工录入无法扫描的快件。

（5）扫描过程中，注意核对结果，以防发生信息错漏的信息。
（6）扫描结束后，应通过系统打印封发清单和制作电子信息清单。
（7）如实物数量与打印清单数量不符，应进行复核，并及时补充或更正。
（8）登单结束后，检查作业场地周围有无遗漏的快件。
（9）操作人员按要求退出操作系统，确保信息安全。

（三）分拣系统自动形成登单

1．分拣系统自动形成登单的原理

分拣系统自动形成登单的原理如下：
（1）设置各逻辑格口封发标准。
（2）系统扫描快件信息和读解。
（3）信息传送给导向挡板和运输带。
（4）快件被导入相应逻辑格口。
（5）格口达到封发标准，自动封锁。
（6）系统根据扫描信息，生成封发清单。

2．分拣系统自动形成的登单的检查

对于分拣系统生成清单的登单方式，操作人员应加强对操作系统和生成结果的检查，以避免发生错误。检查内容如下：
（1）检查设备操作系统有无版本升级，业务处理是否有变更要求，设备组件是否正常运转。
（2）检查格口的封锁和开启是否按照设置的标准执行。
（3）检查各格口快件规格、数量等是否与封发要求一致；是否有无法自动分拣、需手工处理的软件。
（4）检查快件生成清单的信息是否与实务数量、内容一致，对于错误清单，要及时复核更正。
（5）作业结束后，检查作业场地周围是否有遗漏的快件。

四、总包的封装和码放

（一）制作总包包牌

总包包牌是公司为了发寄快件和内部作业而粘贴或栓挂在快件总包上信息标志，可由系统生成或手工制作，制作过程要点如下：

1．操作系统自动生成包牌

（1）检查操作系统存储的快件扫描信息。
（2）对操纵系统输入打印包牌的指令。
（3）用与操作系统连接的打印设备打印出指定内容的条形码总包包牌。
（4）包牌含有包牌号码、总包发出地、寄达地、件数和重量等信息。
（5）检查是否有需手工补充的信息。

2．手工制作包牌

（1）使用汉字和阿拉伯数字规范填写包牌各栏目内容，不得涂改或书写潦草。

（2）要求使用笔头直径在 3 mm 以上的油性唛头笔填写。

（3）检查发寄联和留存联内容是否准确一致。

思考：总包包牌上一般包括哪些信息？

（二）进行总包封装

总包包装是将打印清单与快件一同装入特定容器内，并进行专业封扎、拴挂包牌的过程。针对总包封装的不同容器，采取相应的封装要求。

总包袋封装要求如下：

（1）根据快件数量和体积选择大小合适的总包袋。

（2）将已填制好的包牌贴在空袋子的中上部。

（3）将贴好包牌的总包袋正确钩挂在撑袋架上。

（4）应将信息类和包裹类快件分开封装。

（5）对保价快件、代收货款快件、到付快件等进行分类封装。

（6）保持快件运单朝上，按照由重到轻、由大到小、方下圆上的原则一次装袋。

（7）易碎快件和液体快件应单独封装或放在袋子的最上层。

（8）快件转好后放入该总包的封发清单，封发清单要求用专用封套包装。

（9）装袋时快件不宜超过袋子容积的三分之二，重量不宜超过 32 kg。

（10）将总包袋卸下并扎紧实，切勿出现"鹅颈袋"的松扎口。

（三）总包质量检查

为确保总包封装的快件能够安全、准确地传递，快件处理人员应检查总包质量，以便及时纠错，总包质量检查内容如下：

（1）检查作业系统是否按规定程序处理快件分拣、登单工作。

（2）检查所要封发的快件是否与发运计划、时间要求一致。

（3）检查封发清单与总包内的快件实物数量明细是否一致。

（4）检查总包重量、包装和包牌是否符合要求，清单是否齐全。

（5）检查作业场地周围是否有未处理或遗漏装包的快件。

（四）总包堆位和码放

规范有序地堆位和码放总包，有利于合理规划区域空间，梳理作业程序，保证快件处理时间上的合理性和有序性。总包堆位和码放的一般要求如下：

（1）同一航班或车次的总包集中堆放，便于装运。
（2）同一车次的总包应以总包中转卸货的先后顺序码放。
（3）总包应直立放置，整齐划一排列，以一层为限，切勿横铺堆叠。
（4）码放在托盘或搬运工具上的总包，应严格按照工具载重标准和操作要求执行。
（5）各堆位间应留有通道，并设置隔离标志。
（6）不得出现摔、拽、扔、拖总包的粗鲁行为，如发现包装破损或包牌脱落，应及时处理。
（7）对代收货款、到付快件和优先快件应单独码放，对于易碎快件，要按公司要求处理。
（8）根据总包装运时限的先后顺序建立堆位，以避免出现压包延误现象。

思考：总包堆码过程中可以使用哪些工具提升效率，减少野蛮作业？

五、快件装车发运

（一）汽车运输交接步骤

使用汽车运输快件是最常见的方式，采用该方式进行快件交接时，应按照如下步骤操作：

（1）引导运输车辆停靠在指定的交接站台。
（2）检查押运人员的身份是否真实。
（3）检查运输车辆是否符合公司车辆安全运行标准。
（4）与押运人员核对总包的数量与交接单内容是否一致，规格是否符合要求。
（5）监督快件搬运装车工作，确保总包堆码拼装符合运输要求。
（6）填写"出站快件交接单"，注意检查是否有遗漏栏目和不符信息。
（7）交接双方在交接单上签名盖章，并如实记录实际发车时间。

出站快件交接清单的一般内容和格式如表12-2所示。

表12-2　出站快件交接清单

××公司出站快件交接清单								
出发地：			到达地：			日期：		
序号	总包号码	袋	件	毛重/kg	封志号码	发车时间	接受人签字	
制单员：		复核员：			交发人员签章：			

(二)运输车辆封志的建立

快件和总包装入车辆后,需对车辆进行加封。对运载快件的车辆施封,是确保快件安全送达的有效手段。建立车辆封志的步骤如下:

(1)关闭车门:关闭车门前应检查快件堆码是否符合要求,作业场地周围是否有遗漏快件。

(2)加封封志:应在车门指定位置施封,加封过程应至少有两人在场。

(3)检查封志:检查 GPS 系统是否正常,封志是否牢固,条形码是否完好无损。

(4)登记封志条形码:将封志的条形码号登记在出站快件的交接单上。

(5)双方交接确认:交接双方如对施封过程无异议,则在交接单上签字确认。

练一练

一、选择题

1. 封发作业必须使用(　　)建立总包。
   A. 封装空袋、封志　　　　　　B. 封志、包牌
   C. 封装空袋、封志、包牌　　　D. 封装空袋、包牌

2. 制作总包路单时,始发站与终到站要按规定填写清晰准确,与(　　)一致。
   A. 包牌　　　　　　　　　　　B. 快件号码
   C. 总包号码　　　　　　　　　D. 寄达地区号码

3. 交接单用于登记交接总包相关内容,以下哪个不是交接单需要登记的内容(　　)。
   A. 交接单号码　　　　　　　　B. 收寄员工号
   C. 发寄地、寄达地　　　　　　D. 总包数量、重量

4. 快件封发作业是按一定要求将快件封成(　　)并交运的工作过程。
   A. 总包　　　　　　　　　　　B. 包裹
   C. 箱形快件　　　　　　　　　D. 集装快件

5. 包牌用于区别运输方式及发运路向等的(　　)。
   A. 物品流量　　　　　　　　　B. 物品属性
   C. 信息标志　　　　　　　　　D. 物品名称

6. 系统自动登单,是通过快件分拣系统的扫描装置,对快件(　　),发出指令封锁格口,自动打印出封发清单。
   A. 手动检索　　　　　　　　　B. 手动输入
   C. 自动检索　　　　　　　　　D. 手动核对

7. 汽车运输快件的交接内容不包含(　　)。
   A. 交接双方共同办理交接
   B. 交接结束双方签名盖章
   C. 先签字,后交接
   D. 核对交接的总包数是否与交接单填写数量相符

8. 快件总包应立式放置，整齐划一排列成行，高度一般以（　　）为宜。

    A. 一层　　　　　B. 二层　　　　　C. 三层　　　　　D. 四层

9. 下列不属于公路运输特点的是（　　）。

    A. 机动灵活、简捷方便

    B. 能实现"门到门"

    C. 运行中易发生交通事故以及振动较大易造成快件损坏等局限性。

    D. 运量大，费用较低

10. 在运行的设备旁操作时，不正确的是（　　）。

    A. 攀爬、跨越正在运行的传输设备

    B. 着工作服操作传输设备

    C. 将长发束起，以免卷入运行的设备中

    D. 用拖车、托盘转运快件时，不超过规定高度

二、简答题

1. 快件封发包括哪些作业内容？
2. 总包质量检查的内容有哪些？
3. 登单的方式有哪些？
4. 汽车运输交接的步骤有哪些？
5. 运输车辆封志建立的步骤有哪些？

三、综合题

1. 下列哪些属于总包质量检查的内容？（　　　　　　　　）

    A. 检查总包的袋牌、封志、袋身（笼或箱体）、重量等规格是否符合要求。

    B. 检查是否有遗留未处理完的快件。

    C. 检查总包是否根据不同航班和车次及赶发时限的先后顺序建立堆位。

    D. 检查操作系统信息处理是否符合要求。

    E. 检查代收货款、到付快件和优先快件是否单独码放。

    F. 检查总包袋牌或包签的条形码是否整洁完好。

    G. 检查对需要赶发时限的快件是否优先封发处理。

2. 某快递企业网络中转车，于2020年8月12日晚由上海处理中心发往杭州处理中心，13日凌晨到达杭州处理中心，快件进行中转处理时发现问题：编号No.10812总包无清单；编号No.10814总包内快件件数25与清单件数26不符，经查总包封志完好无损，无拆动痕迹。请针对发现的问题缮写快件差异报告（主管人员为张某某，经手人员为高某某）。

快件差异报告第 202008121 号

由	处理中心（营业网点）发至	处理中心（营业网点）
验明各种差错和不合事项如下：		
附件：		
经手人员： 主管人员： 发验部门章		年　月　日

任务训练页

一、接受任务

当快件处理人员完成快件分拣工作后，封发人员需要对快件进行登单，由系统统一打印总包包牌，利用封志进行总包封装，并对封装好的总包按发运目的地进行堆码，然后根据总包所发往的目的地进行装车发运作业，请试完成这项工作。

二、制定计划

以小组为单位，小组内部做好分工合作，完成快件的封发作业。

三、任务实施

分　工	姓　名	主要职责
组长		协调分工，组织进行快件封发作业
组员		快件扫描分拣、装袋称重、打印包牌
		捆扎总包、堆码
		进行快件的交接
		建立车辆封志

四、活动成果

（一）活动成果：扫描登单

扫描内容	所用设备	操作步骤

（二）活动成果：快件总包牌制作

总包名称	总包内容	数量	运输方式	目的地

（三）活动成果：建立总包

准 备		总包封装的要求
材料		
工具		
道具	快件（至少60件）	
其他		

备注：将所使用的材料和工具的名称填入上表，道具需要各个小组共同准备。

（四）活动成果：总包堆码

准 备		总包堆码的要求
材料		
工具		
道具	已经按照快件路向封装的总包	
原则	一般堆放一层，五五堆放	

备注：将所使用的材料和工具的名称填入上表。

（五）活动成果：汽车运输交接步骤

步骤	作业内容
1	
2	
3	
4	
5	
6	
7	

（六）活动成果：车辆封志建立步骤

步骤	作业内容
1	
2	
3	
4	
5	

（七）活动成果：交接单的填写

××公司出站快件交接清单						
出发地：		到达地：		日期：		
序号	总包号码	袋	件	毛重/kg	封志号码	发车时间	接受人签字
制单员：		复核员：		交发人员签章：	

五、任务评价

班级		任务名称		姓名		
学号		快件封发		组别		
评价项目	评价标准	自我评价（20%）	组长评价（30%）	教师评价（50%）	分值	得分
职业能力	1. 团队合作、分工明确				10	
	2. 工作认真细致，责任心强				10	
	3. 沟通、协调能力强				10	
专业能力	1. 能够准确进行快件扫描				15	
	2. 会建立总包并正确封装				15	
	3. 检查总包质量并进行正确堆码				15	
	4. 汽车接运操作正确				15	
	5. 正确进行车辆封志				5	
其他能力	1.				5	
	2.					
总结与反思				成绩合计		
				指导老师综合评价		

拓展资源页

拓展训练——分拣标示设计

中转场或分拨中心通常是按照地址编码来对快件进行分拣，长时间地面对大量的数字容易让分拣人员产生视觉疲劳进而造成分拣差错。

以小组为单位进行操作，并确定组长为主要负责人：

（1）到当地所在的快递企业中转场或分拨中心进行实地调研，了解快件的主要处理流程。

（2）请设计一种标识，能让分拣员快速地识别而不需要过多的思考，并对整个流程进行优化（提示：颜色和数字是日常生活中最常见的事物，颜色的优点是既可以显而易见被识别且某些颜色也能使人更加亢奋或者心态更平和。所以采用颜色来区分快递的送往区域是比较现实且高效的，因为各种颜色都会给人的情绪带来一定的影响，使人的心理活动发生变化）。

任务十三　问题件处理

任务目标

❖ 知识目标	1. 认知总包接受异常情况； 2. 认知总包勾核异常情况； 3. 认知开拆包异常情况； 4. 认知分拣异常情况； 5. 认知滞留件的处理
❖ 能力目标	1. 能独立处理总包接受异常情况； 2. 能独立处理总包勾核异常情况； 3. 能独立处理开拆包异常情况； 4. 能独立处理分拣异常情况； 5. 能独立处理滞留件
❖ 思政目标	1. 培养严谨细致、认真负责的工作习惯，拥有强烈的责任意识； 2. 具备安全作业意识，做一名遵规守法的快递人； 3. 培养良好的沟通能力和团队合作能力

情景导航

"时效严重延误，多次催促一直都是敷衍，7天了一直在分拨中心无人处理""寄了个吃的东西，在分拨中心给错分了，耽误了两天，东西坏了，这是谁责任？"网上类似发声不在少数。可见，快件在分拨中心处理效率的高低不仅仅直接影响了快件的送达时效，更加影响了企业的客户满意度。因此，作为快递处理中心的作业人员，在提高作业效率的同时，应该能够正确处理作业过程中出现的异常问题，保证快件准确快速地转运。假如你是某快递处理中心的新入职员工，请识别快件处理中的异常问题并作出正确的处理。

工作认知页

一、总包接受异常情况处理

常见的总包接受异常情况以及处理方式如表 13-1 所示。

表 13-1　总包接受常见异常情况及处理方式

序号	常见异常情况	处理方式
1	总包数目不符	指接卸的快件数目与路单结数不符。非车门施封的或转运部门交来的总包，交接双方会同重新复数清点，如确实数目不符，按实收数批注路单签收，待扫描勾核后将不符详情发验告知交方；车门施封的总包，由收方扫描勾核后，将不符详情发验发运方

续表

序号	常见异常情况	处理方式
2	总包规格不符	交接双方按规定当场处理。如需开拆总包验视内件的，双方应一同处理，并在路单和袋内清单上批注原因和详情。接收方应在规定时间内向责任方缮印发验单，并随附相关证物。车门施封的，向发运方发验；非车门施封的，向驾押方发验
3	总包超重	遇有本市收寄的袋内仅封1件快件的总包严重超重，应当场拒收。交接双方共同划销路单，批注拒收原因，共同加盖名章。如果超重总包袋内封有多件快件，则应查看和判断内件中是否有单件超重。如果其中某一内件严重超重，则该超重内件也应拒收。双方会同开袋取出超重快件，并将该快件从清单中划消，批注拒收原因，加盖经手人名章。取出的超重快件当场退交方。无法当场退交方的，可将超重快件附验退回收寄点
4	快件超大	遇有本市收寄的散件尺寸超过规定标准、无法装入邮袋封发且不符合"散件外走"规定的快件，应当场拒收。交接双方共同划消清单，批注拒收原因，共同加盖名章。无法当场退还交寄方的，可将超大快件附验退回收寄点

二、总包勾核异常情况处理

常见的总包勾核异常情况以及处理方式如表 13-2 所示。

表 13-2　常见的总包勾核异常情况以及处理方式

序号	常见异常情况	处理方式
1	总包条码无法识读	在扫描勾核过程中，如遇总包条码无法识读，应依据袋牌条码手工键入该总包的完整信息，执行扫描勾核
2	总包快件短少	接收的总包快件勾核完毕后，如系统下载的路单或纸质路单上仍有未勾核的总包信息，则将改总包信息做短少处理，同时，批注路单，应在规定时间内向责任局发验
3	总包快件多出	在勾核过程中，如扫描或勾核的总包快件无对应的总包信息，则在系统中将该总包信息做追加录入或批注路单，并在规定时间内向责任部门发验

三、开拆包异常情况处理

（一）下载清单作业异常情况处理

下载清单异常情况主要有袋牌条码不能识读、无网上总包信息、无网上清单信息、整批无网上清单几种，具体处理方法如表 13-3 所示。

表 13-3　下载清单作业异常情况以及处理方式

序号	常见异常情况	处理方式
1	袋牌条码不能识读	根据袋牌的条码数字信息手工键入该总包的相关信息，下载清单信息

续表

序号	常见异常情况	处理方式
2	无网上总包信息	扫描总包袋牌条码，补录该总包信息，如条码不识读则键入条码信息补录该总包信息，并据此向路单制作方发验
3	无网上清单信息	依据纸质清单核对内件数目是否相符，同时，逐件扫描内件条码补录开拆清单信息。如果分拣机采用网络化作业方式，在扫描补录散件信息的同时，还应根据快件详情单的收件人地址，逐件补录快件的寄达地邮编信息
4	整批无网上清单	如遇批量总包均无网上清单信息，应立即将情况向生产主管部门反映。如问题无法及时解决，则开拆总包逐件扫描快件条码补录开拆清单信息。如果分拣机采用网络化作业方式，则在扫描补录清单信息的同时，还应根据快件详情单上的寄达地信息逐件补录快件的邮编信息

（二）内附清单特殊情况处理

内附清单异常情况主要有没有附清单、清单规格不符、清单为手工登抄几种，具体处理方法如表13-4所示。

表13-4 内附清单异常情况以及处理方式

序号	常见异常情况	处理方式
1	未附清单	如袋内未附纸质清单，应以网上下载清单为准，逐件扫描勾核内件，将附清单和勾核情况向封发局发验；如既无纸质清单又无网上清单，则应将整袋快件放至电子秤上复称重量，并与袋牌所注重量进行核对，扫描补录开拆清单，向封发局发验，验单须注明快件复重是否与袋牌标重相符，并随验附寄打印的补录清单一份
2	清单规格不符	如纸质清单有划销、涂改、更改、未加盖经手人名章现象，应将纸质清单与网上下载的清单及快件实物进行核对，并将不符情节向封发局发验
3	清单为手工抄登	如果开拆出的纸质清单为手工抄登的，则应与系统下载的网上清单进行核对，手工清单与网上清单的快件结数相符的，按正常清单保存；两者快件结数不相符的，以网上清单为准逐件扫描勾核内件，并根据勾核结果向封发局发验。无网上清单的，则手工清单与内件核对，数目相符的，逐件扫描内件补录开拆清单信息；数目不相符的，除扫描补录开拆清单外，还应将不符情节向封发局发验，并随验附寄打印的补录清单一份

（三）快递详情单特殊情况的处理

快递详情单异常主要有详情单污损、条码污损两种情况，具体处理方法如表13-5所示。

表 13-5　内附清单异常情况以及处理方式

序号	常见异常情况	处理方式
1	详情单污损	快件详情单因脱落、破损造成残缺不全或因水湿、污染造成地址、收件人姓名、联系电话等信息模糊时，在规定时内向责任部门发验。扫描或键入该快件条码信息与系统下载的清单信息进行勾核，以调出该快件的收件人地址信息。如有收件人地址信息，则在快件贴批条注明收件人地址，交人工分拣处理；如无收件人地址信息或无网上清单信息，则向责任部门发验，并向主管人员报告，由主管人员及时与收寄点联系解决。将该快件附验妥善保管，待查明收件人地址后再分拣处理
2	条码污损	快件详情单的条码因污染、残破，导致无法扫描或键入条码信息时，在规定时间内向责任局发验。先扫描勾核该清单中条码完好的快件，然后再将剩余的未勾核散件信息与条码污损快件的详情单进行比对。主要比对实物与信息的收寄日期、快件号码、快件重量、收寄点、寄达地、收件人地址等信息项是否相符。如两者上述信息项大体相符，则将该快件信息做勾核确认，快件实物贴批条注明快件的完整号码，附验交人工分拣处理。如两者上述信息项不符，则视为信息与实物不符，将下载清单中的该快件信息修改为"少件"，并依据快件详情单残存的条码信息，手工键入快件残余号码，补录多件快件信息。快件实物贴批条注明快件号码并说明原因，附验交人工分拣处理

（四）内件异常情况的处理

内件异常主要有快件污损、快件包装破损、内件数目不符三种情况，具体处理方法如表 13-6 所示。

表 13-6　内件异常情况以及处理方式

序号	常见异常情况	处理方式
1	快件污损	如快件有水湿油污、流汁和内装物品损毁等现象，应会同主管人员复称快件重量、查看详情，批注系统中的该快件信息及纸质清单。必要时，两人以上一同开拆快件外包装，验视内装物品损失情况及包装衬垫情况，并向责任局缮发验单，告知快件污损状况和处理意见，随验附寄袋皮、封志、绳扣、袋牌等相关证物。快件重量基本相符、污损情节较轻的，两人一同代封整理后，附验交人工分拣。快件重量不符且污染、损毁情节严重的，一律不得转发。残留部分可暂为妥善保管，待转询寄件人处理意见后再做处理
2	快件包装破损	如快件的外包装有破损或拆动痕迹，应会同主管人员复称快件重量，并批注系统中的该快件信息及纸质清单。重量相符、内装物品完整的，向责任局缮发验单，随验附寄袋皮、封志、绳扣、袋牌等相关证物，快件经两人一同代封后，复验后交人工分拣转发前站。快件重量不符、内装文件或物品已严重短少或丢失的，一律不得转发，应立即向相关责任部门发验，随验附寄袋皮、封志、绳扣、袋牌等证物，验复副份抄报上级公司业务视察部门，以便进一步查明责任，残余快件应暂时妥善保管，待转询寄件人处理意见后再做处理
3	内件数目不符	如果内件数目与开拆清单和网上清单结数不符，则应依据网上清单逐件扫描勾核该开拆总包的内件，并根据勾核结果向封发部门发验。具体请参阅"内件勾核"中"特殊情况的处理"的相关内容

（五）内件扫描勾核异常情况的处理

内件扫描勾核异常主要有内件短少、多出、无邮政编码三种情况，具体处理方法如表 13-7 所示。

表 13-7　内件扫描勾核异常情况以及处理方式

序号	常见异常情况	处理方式
1	内件短少	同一总包的内件全部扫描勾核完毕后，如果系统的清单列表中仍有"未勾核"的快件信息，则开拆人员应将该快件信息的勾核标志修改为"少件"，同时批注纸质清单。并据此向封发单位缮发内件短少验单，随验附寄袋皮、封志、绳扣、袋牌等相关证物
2	内件多出	扫描内件条码后，如果系统的清单列表中无该快件信息，则做快件追加录入，同时，将该快件信息的勾核标志修改为"多件"，同时批注纸质清单。并据此向封发局发多件情况查询单
3	无邮政编码	分拣机采用网络化分拣作业方式的，如遇快通快件信息无邮政编码时，开拆人员必须根据快件详情单上的收件人地址，补录快件的寄达地邮编信息，以确保快件能够上机分拣。分拣机采用按键分拣方式的或者是由人工分拣作业的，无需做邮编信息

（六）违禁品处理

（1）对营业部交接的物品（不论是经支线网络车运输还是第三方运输），发现是违禁物品的，绝对不允许再进网络，要第一时间通知发件公司，上报内网并拍照做投诉处理。

（2）如机场安检时发现是违禁品，得到机场通知后，能取回的取回，不能取回的通知发件公司，并上报内网做投诉处理，同时通知提货公司实际到达件数，对易燃、易爆危险品拍照留存证据后，为安全起见，及时上报总公司相关处理部门认可后，可就地销毁。

资料链接 13-1

【重拳出击"安全整风"】

中航协在 2012 年重拳出击进行"安全整风"中，多家曝出问题的快递公司纷纷丢掉了二类航空货运代理资质，可谓遭遇到了史上"最严厉"处罚。所谓"二类货运代理资质"指的是经营国内航线（除香港、澳门、台湾地区航线）的所有民用航空货物运输销售代理资格。这意味着一旦被取消了"二类货运代理资质"，快递公司的货物就不能在机场直接发货，而只得通过第三方货运代理公司进行快递航空货运。

四、分拣异常情况处理

（一）扁平件分拣机分拣作业异常情况处理

扁平件分拣机分拣作业异常情况以及具体处理方法如表 13-8 所示。

表13-8　扁平件分拣机分拣作业异常情况以及具体处理方法

序号	常见异常情况	处理方式
1	快件卡塞	分拣过程中，如遇快件卡塞，不得随意断扯快件，必须在停机后方可取出快件，快件取出后，可重新上机分拣或交人工分拣处理
2	快件破损	如果已入格快件发生破损、应立即通知质检员处理。破损快件加封后，重新放入格口内，随附验单一起封发
3	隔口灯闪烁	当快件挡住格口光电时，格口红灯会闪，应及时将快件放入容器小车内
4	更换分拣方案	如需更换分拣方案，应先停机清空全部格口后，方可切换分拣方案

（二）人工分拣作业异常情况处理

1. 寄件人要求撤销

遇有寄件人要求撤销邮寄的快件，应粘贴改退批条，注明退回原因，快件分入进口分拣班组的格口，扫描快件条码生成封发清单后，快件交进口分拣人员签收处理。

2. 寄达地址有误

分拣时，如遇快件的寄达地址的省、市、县等地名有误，应交班长或质检员处理。快件详情单上有寄件人或收件人联系电话的，由班长或质检员通过电话问询，确认正确地名后，快件贴批条，批注"经问询寄件人，快件寄达地名为××"字样，加盖日期戳和经手人名章后，再分拣入格。既无用户联系电话、也无法根据分拣资料确认快件寄达地名的，快件贴改退批条，批注"地名有误，××省无××市（县）"字样，加盖日期戳和经手人名章后，分拣至进口组格口，退回收寄点。

3. 贴有改退批条

对于贴有改退批条的快件，应首先检查以下内容：

（1）快件规格是否完好

快件包装有无破损、拆动痕迹，快件实物重量与详情单标重是否相符，是否按规定使用邮政专用胶带捆扎或粘贴封口，快件详情单是否齐全、完好。

（2）批条是否符合规则要求

批条是否是印制的专用改退批条，批条填写内容是否明确、清楚，有无日期戳和经手人签章，是否符合快件处理规则要求（注：特快专递快件只能改投新址或退回原址，不得改寄新地）。

凡上述内容有一项不符合要求的，均应将不符情节向贴批条的批退部门缮发验单，以纠正对方的错误和验明责任。快件附验根据批条内容进行处理。

对上述内容符合要求的快件，根据批条内容进行相应处理，主要有两种情况：

（1）退回原址：依据快件详情单的寄件人地址，将该快件分拣至相应格口。

（2）错分改投：将快件分拣至进口分拣组格口，移交进口分拣班组处理。

(三)分拣机自动封发作业异常情况处理

分拣机自动封发作业异常情况以及具体处理方法如表 13-9 所示。

表 13-9 扁平件分拣机分拣作业异常情况以及具体处理方法

序号	常见异常情况	处理方式
1	有信息无快件	即信息已入格,而快件并未正常入格。封发人员在系统的封发界面上将正常入格快件作封发处理,打印封发清单和袋牌,未正常入格的快件信息暂不做封发,并随时查看收容格和其他格口有无该快件实物,找到后,将该快件与其他随后入格的快件一起做封发处理
2	有快件无信息	即快件落错格。封发人员将错分快件剔出,依据其寄达局信息,在系统终端的封发界面查询其应入格口有无相应的信息。如有,则放入应入格口内,满格后封发;如无,则重新作分拣扫描后,将快件放入正确格口
3	快件错分入格	快件详情单的寄达地信息不属于本格口的封发范围,即因邮编有误导致快件及信息入格错误。封发人员应在系统封发界面上删除该快件信息,由开拆人员在系统中修改该快件的寄达地邮编信息,快件重新供包分拣
4	满格快件未封完	满格快件未能在同一邮袋(集装箱)内装完,快件剩出。封发人员在系统封发界面上选择已装入邮袋的快件信息进行封发处理,打印封发清单和袋牌,其他未装入邮袋的快件信息暂作留存,待下次快件满格时一起封发

五、滞留件处理

(一)正常滞留件

滞留件主要有以下几种:

(1)主、次干线在始发时间准点的前提下,如遇堵车或天气等非人为因素造成车辆到达晚点,导致快件无法及时中转的滞留件。

(2)由于始发区域与目的地区域的干线车辆时间节点设置衔接不上,导致滞留的快件。

(3)按照网络管理制度要求,营业部将规定内的快件装载完毕,滞留部分超标货物在中心的滞留件。

(二)非正常滞留件

非滞留件有以下几种情况:

(1)干线时间节点可以衔接,但因始发分拣中心延误发车造成晚点,导致无法及时中转而滞留的快件。

(2)发车准点、到达准点,但因分拣中心中转延误,造成的滞留快件。

(3)始发中心准点发车、到达晚点(迟到),导致不能正常中转而滞留的快件。

(4)中心在规定时间内操作完成,但因营业部未能及时将快件取走而造成滞留。

（5）由于营业部运载能力不足，导致滞留的快件。

（6）异常快件处理（无头件、破损件、错发件、超重件、违禁品和超区件）因干线网络车非正常延误的滞留件。

（三）处理方式

（1）因为干线车非正常延误的滞留件，由分拨中心派车接运，费用由干线运输公司承担。

（2）因营业部车辆配置不足导致的滞留件，由分拨中心派车接运，费用由营业部承担。

练一练

一、选择题

1. 以下属于总包接受异常情况的是（   ）。
   A. 快件总包包牌所写快件数量与总包袋内的快件数量不一致
   B. 有内件受损并有渗漏、发臭、腐烂变质现象发生的快件
   C. 快件超大
   D. 总包规格不符

2. 以下属于总包规格不符处理方法的是（   ）。
   A. 交接双方按规定当场处理。
   B. 如需开拆总包验视内件的，双方应一同处理，并在路单和袋内清单上批注原因和详情。
   C. 接收方应在规定时间内向责任方缮印发验单，并随附相关证物。
   D. 车门施封的，向发运方发验；非车门施封的，向驾押方发验。

3. 以下属于总包快件短少处理方法的是（   ）。
   A. 接收的总包快件勾核完毕后，如系统下载的路单或纸质路单上仍有未勾核的总包信息，则将该总包信息做短少处理。
   B. 同时，批注路单，应在规定时间内向责任局发验。
   C. 如遇总包条码无法识读，应依据袋牌条码手工键入该总包的完整信息，执行扫描勾核。
   D. 直接退回责任站点

4. 以下属于下载清单作业异常情况的是（   ）。
   A. 无网上总包信息   B. 未附清单
   C. 整批无网上清单   D. 清单规格不符

5. 以下属于快递详情单异常情况的是（   ）。
   A. 条码污损   B. 快件污损
   C. 内件数目不符   D. 详情单污损

二、简答题

1. 总包拆解异常情况有哪些？如何正确处理？
2. 内件扫描勾核异常情况有哪些？如何正确处理？
3. 如何正确处理快递详情单出现的异常情况？
4. 如何正确处理滞留件？

任务训练页

一、接受任务

某天快递处理中心员工小李在作业过程中遇到以下这些异常情况：

情况1：总包拆解过程中，拆出的快件有水湿、油污、破损、断裂和拆动的痕迹。
情况2：总包勾核过程中，总包快件多出5件。
情况3：开拆总包过程中，总包里面没有快件清单。
情况4：开拆总包过程中，发现3件违禁品，分别是弹药、毒品、禁运刀具。
情况5：开拆总包过程中，发现2份快递详情单污损。
情况6：某快件发车准点、到达准点，但因分拣中心中转延误，造成快件滞留。

假如你是小李并遇到以上情况，说明如何进行正确的处理。

二、制定计划

本次任务要求同学们在课堂上分小组学习、讨论，并且展示分享活动成果。

三、任务实施

分工	姓名	主要职责
组长		组织、协调组员学习、讨论
组员		参与讨论，记录讨论成果

四、活动成果

情境	异常问题	处理方式
1		
2		
3		
4		
5		
6		

五、任务评价

班级		任务名称		姓名		
学号		分拣异常问题处理		组别		
评价项目	评价标准	自我评价（20%）	组长评价（30%）	教师评价（50%）	分值	得分
职业能力	1. 团队合作、分工明确				10	
	2. 有独立工作能力，完成质量好				10	
	3. 思维敏捷，做事利索				10	
专业能力	1. 能够独立处理总包接受异常				20	
	2. 能够独立处理总包勾核异常				15	
	3. 能够独立处理总包开拆异常				15	
	4. 能够独立处理滞留件				15	
其他能力	1.				5	
	2.					
总结与反思				成绩合计		
				指导老师综合评价		

学习情境四　快件派送业务操作

任务十四　快件派送准备与交接

任务目标

❖ 知识目标	1. 掌握快件派送的准备工作； 2. 掌握快件网点交接的作业步骤； 3. 理解不同快件交接的注意事项
❖ 能力目标	能够独立完成快件派送准备工作，并进行网点交接作业
❖ 思政目标	1. 培养良好的沟通表达能力和团队合作能力； 2. 培养严谨细致、认真负责的工作习惯，拥有强烈的责任意识； 3. 具备安全作业意识和自主学习的习惯

情景导航

小李是路路通快递公司某网点的派件员，某日早上他被通知有派件任务，假如您是小李，请帮他做好派件准备工作，并与仓管员进行快件的交接。

工作认知页

一、快件派送的准备工作

（一）快件派送的基本含义

快件派送是指快递服务组织通过派送员（业务员）将快件递送到收件人或其指定的地点并获得签收的过程。快件派送是体现整个快件服务质量的最为关键的一个环节，由派送员直接和客户接触，派送员能否准确、按时按照客户的要求送达客户或送达其指定的地点成为客户衡量快递企业服务质量的一个重要因素。

快件经过目的地所在区域中转场分拨，运达区域点部，在区域点部内进一步将快件分拨给负责快件运单上目的地区域的派送员，由快递员完成"最后一公里"的递送任务。

（二）快件派送前的检查及准备工作

收派前准备是指快递业务员在派送快件出发前，为保证快件派送的时限，确保派送服务水平所做的一系列准备性工作。

1．个人仪容仪表整理

派送人员的仪容仪表代表着公司的形象和风貌，因此派件人员在开展派送工作前应整理好着装，身着企业统一制服，佩戴工作牌，整理好个人仪容、仪表，调整自己的心态和情绪，保持良好的精神风貌。

思考：收派员派件时仪容仪表要达到哪些具体标准？

2．运输工具及用品用具的检查

运输工具关系到派送人员的行车安全，证件、挎包、手机和纸笔等是做好派送工作的必备品，派送人员应在出发前检查运输工具和准备相关物品。派送人员的运输工具主要有电动车、摩托车和汽车等，各类工具的检查要点见表14-1所示。

表14-1　运输工具检查要点

运输工具	检查事项
汽车的检查	（1）外观：汽车外观有无破损、擦刮痕迹、车门是否能锁紧。 （2）内部：车厢内是否清洁，有无异味。 （3）行车安全：启动车辆是否正常，有无异味、异响，机械配件有无松动、损害，内部零配件是否齐全、灵活。 （4）配套汽车修理工具是否齐全。 （5）相关行车证件是否备齐且在有效期内
摩托车的检查	（1）检查有无漏油、漏气、漏电的现象。 （2）检查汽油量是否充足，汽油箱盖、电池盖、气门嘴盖是否严实。 （3）检查灯光、喇叭、反光镜是否正常。 （4）检查车辆启动是否正常。 （5）检查相关证件是否备齐
电动车的检查	（1）电瓶：电量是否充足，电池盒是否锁好。 （2）变速车把：变速车把是否灵敏有效。 （3）车胎：车胎是否平稳且无磨损。 （4）配件：查看车链是否绞合，螺钉是否拧紧

3．相关物品用具的准备

配送快件前应准备的用品用具包括快件搬运工具、派件辅助工具和移动扫描工具三类，派件人员应备齐以上物品并做好相关检查工作。具体内容如下：

（1）快件搬运工具。

主要检查手推车扶手是否完好，承重板面有无破裂变形，脚轮是否灵活。

（2）派件辅助工具。

检查个人证件是否齐全，包括工作证、身份证、驾驶证和行车证。

派件工作用具是否完备，包括：文件挎包、通信设备、书写用笔、各式单证、零钱、介刀、电子手秤、卷尺、绑带、雨披、雨布等。

（3）移动扫描工具。

主要是检查扫描枪电量是否充足、能否正确读取信息、能否连接操作系统。

手持终端检查要点：电量是否充足、能否正常读取条码信息、按键是否灵敏、正确，显示屏是否正常显示扫描信息、通信接口、运行程序和反应速度、实时上传、历史数据的上传或删除。

（三）注意事项

（1）避免出现派件过程中业务员因物料或工具短缺而无法正常工作。如派送到到付或代收款快件，收款时需要向客户出具收款收据或发票，如果没有携带相关票据，将影响派送工作的正常进行；收取到付款或营业额时，可能需要找零，如果不提前准备零钱，也可能会因无法找零而延误快件的派送时间。

（2）检查有无快件处理的相关要求和操作变更通知，作业系统有无版本升级或操作变动。检查手持终端，核对作业班次和时间。避免因不了解情况和手持终端出现故障而影响快件派送。

（3）办好交接手续，明确责任。快递业务员与处理人员交接快件时，当面核对数量，检查快件外包装、重量等有无异常情况。如发现有异常情况，要将快件交由处理人员处理，交接双方在确认快件无误后，签字确认交接信息，明确责任。

（4）派件交接时，注意避免详情单脱落、详情单"派送存根联"缺失或粘贴不牢固的情况。发现详情单脱落、详情单"派送存根联"缺失的快件，交回处理人员处理；发现详情单粘贴不牢固的快件，用企业专用胶纸粘贴牢固后，按正常快件进行派送。

（5）派送交接时，注意详情单破损、字迹潦草、模糊、收件人名址不详的快件，此类快件需在确认收件人的详细名址后再进行派送。

（6）确保派送时限，降低派送服务成本。派送出发前合理设计派送路线，对快件进行整理排序。一方面可以节省派送时间，实现企业派送时限的服务承诺；另一方面可以减少交通工具的磨损和油耗，降低派送成本，提高企业经济效益。

资料链接 14-1

【各类送货机器人已上岗，未来快递都这么送！】

为了更高效地解决配送问题，已经有很多公司开始研发送货机器人，试验机器人无人配送服务。例如，京东公司在 2018 年 6 月 18 日就推出了送货机器人，这款机器人会按照预设线路循环配送，最高速度可以达到每小时 15 km。阿里巴巴公司也推出了一款智能送货机器人——菜鸟小 G，它可以躲避人群、障碍，自主上下电梯，自动完成包裹的配送。此外，联邦快递推出了一种自动送货机器人，来提升"最后一公里"的交付效率。这款送货机器人采用电池供电，并且具有自主性，这意味着它可以使用应用在自动驾驶汽车中的传感器，避开障碍物，穿梭于交通复杂的地方。福特汽车公司则给自家的自动送货车配备了新型双腿机器人 Digit，Digit 可以将包裹放到用户家门口，弥补了自动驾驶汽车无法覆盖的"最后几米"。

思考：送货机器人派送快件前应该有哪些准备作业？

二、普通快件交接

快件在到达派送处理网点后，快件处理人员负责对快件按照路段进行分拣，并与各个派送区域的派送员进行交接，快件交接作业流程如图 14-1 所示。

生成派件交接单 → 检查快件 → 检查快件运单 → 快件交接签字

图 14-1　快件交接作业流程

思考：派送快件交接的意义是什么？

（一）生成派件交接单

仓管员完成快件出仓、扫描枪扫描的环节后，与收派员当面点清快件并交接件数。仓管员把双方交接的数量登记在派件交接表的"出仓票数"和"出仓件数"栏，收派员检查确认并在"收派员签字"栏内签字。派件交接单的一般格式如表 14-2 和表 14-3 所示。

表 14-2　派件交接单样式（1）

序号	日期	出仓票数	出仓件数	金额	收派员签字	备注
1						
2						
3						
4						
5						
6						

表 14-3　派件交接单样式（2）

序号	运单单号	重量	运费	付款方式	数量	派送时间	接受人	快件异常说明
1								
2								
3								
4								
5								
6								

派件交接单一般分为手工抄写和电脑系统打印两种,交接单制作的基本要求为:字迹工整、信息完整、信息准确。

> **资料链接 14-2**

【派送快件交接的原则】

(1)当面交接:若发现快件有异常,派件员应将快件交回快件处理人员或在交接单上注明。

(2)签字确认:交接双方在确认快件无误后,需要在交接清单上对交接信息进行签字确认。

(二)检查快件

检查快件,检查内容包括快件数量检查、快件包装检查、液体渗漏情况检查等几个方面。

1.快件数量核对

数量核对的要领主要体现在以下几个方面:

(1)根据交接清单核对总数是否与实物数量相符合。

(2)检查实际交接的快件件数是否与运单注明件数相符合。

(3)单独清点代收货款快件、保价快件、一票多件快件件数,在派件交接单中详细注明。

(4)每个环节交接都需要签字确认。

2.快件包装检查

快件包装检查的主要内容包括:检查包装是否完好,封口胶纸是否正常、有无撕开后重新粘贴的痕迹。

> 思考:交接中发现包装轻微破损和严重破损分别应该如何处理?

3.液体渗漏情况检查

针对液体类快件,在作业过程中应该关注是否有渗漏情况,一旦出现渗漏,不能莽撞作业,应该按照快递企业相关规定慎重处理。

> **资料链接 14-3**

【广州快递漏出液体快递员被严重烧伤 双膝变黑溃烂】

樊先生任职的广州能达快递公司位于广州增城新塘镇,周日上午,他接到一张来自东莞的单子,客户是"东莞金泉水处理有限公司",货物是6个蓝色的中型塑胶桶，目的地为广州萝岗永和。到达萝岗的目的地后，樊先生要将胶桶卸下车，在此过程中，胶桶倾侧，桶底几滴液体倒出，落在他的腿上，正中一双膝盖。"火辣辣的，又热又痛。"他用刀把滴有液体的一截长裤桶割掉，发现膝盖已是一片红肿。待到下班回家后，他以为没甚大碍。谁知情况急转直下，根据当时照片可见：膝盖从红肿、到长出水泡之后，之后水泡增多扩大，逐渐溃烂，直至形如灼烧般发焦。

思考：快件里液体渗漏导致工作人员受伤，到底是谁的责任？如果遇到液体渗漏，应该如何处理？

（三）检查快件运单

检查快件运单，主要是查看运单是否脱落、湿损、破损、运单的信息是否清晰明了；检查快件收件人地址是否超出所负责的派送区域；检查收件人地址是否正确、详细，检查收件人姓名是否具体。

（四）快件交接签字

仓管员将快件交给派件员，派件员对快件进行核对、检查无误后，由交接双方在相应的派件清单上签字确认。

三、特殊快件交接

（一）自提快件的交接

自提快件的交接要点是单据交接。交接工作的注意事项主要有：自提件清单交接，检查清单明细，在交接单上签字，自提快件单号扫描录入。

（二）优先快件交接

派送交接时，对于优先快件进行单独交接，并单独存放，以保证快递业务员及时掌握优先派送快件的信息。做好优先派送的计划与准备，保证优先派送，实现对客户的优先服务承诺。同时，对于优先的快件详情单信息、收件人名址进行核实，发现错分快件应及时退回处理人员进行重新分拣，以便及时安排派送。

（三）保价快件交接

保价快件通常具有高价值、易碎、对客户重要性高的特点，在交接时需特别注意。快递企业对保价快件有单独的收派及处理流程，而且快件流转的每个环节都需交接双方签字确认。因此，保价快件派送时，一定要单独交接并逐件点验数量，查验快件外包装、保价封签及重量是否异常。查验内容主要包括：

1．检查快件外包装及保价封签

检查保价快件的外包装及保价封签是否完好，有无撕毁或重新粘贴的痕迹。检查快件外包装有无破损、开缝、挖洞、撬开、污染、水渍和沾湿等不良情况。外包装破损的快件有可能已导致内部部分或全部丢失、毁损;开缝、挖洞、撬开、保价封签撕毁或重新粘贴有可能是被盗的迹象;外包装污染可能已导致快件内部部分或全部价值损失。因此一旦发现快件外包装及保价封签有异常情况,应向处理人员及时反馈。

2．快件复称

保价快件交接时,处理人员与快递业务员会同进行称重,将重量异常的保价快件上报主管人员,必要时经主管人员同意,在监控下面,两人以上会同开拆外包装进行检查。

3．易碎保价快件检查

易碎保价快件交接时通过摇晃、触摸等方式查验快件的完好性,一旦发现异常快件(如轻微摇晃听到异常声响),立即向处理人员反馈,将快件交与处理人员跟进处理。

> 思考:保价件的交接与其他普通件交接有什么区别?

(四)到付快件、代收货款快件交接

到付快件、代收货款快件因涉及向收件人收取相应的款项,存在一定的风险。一般情况下,快递企业规定此类快件交接时进行逐票分类检查,在派送路单(或称派送清单)中注明应收取的款项和金额,或制作专用的应收账款清单。为了避免错收款项,派送交接时,业务员要注意核对派送路单所注明的应收账款金额与快件详情单或其他收款单据所写的金额是否相符。如有金额不符的快件,交由处理人员核实。

(五)详情单脱落"派送存根联"缺失快件的交接

处理人员分拣快件时,发现有详情单脱落或"派送存根联"缺失的快件时,应单独存放,与快递业务员单独交谈。首先,快递业务员协助处理人员在处理现场寻找有无脱落的详情单,如果寻到并能确认,将详情单粘贴牢固后,按正常流程进行派送;如果现场找不到脱落的详情单,应交回处理人员,处理人员通过与上一环节联系、对比等方式查询快件的详情单单号及相应的信息,填写企业专用的派送证明(见图14-2)并代替"派送存根"联,交给快递业务员按正常流程进行派送。

```
                    派送证明
详情单号:_____,自_____发往_____,收件人为_____,运费
为_____的快件以派送并签收。


特此证明

                    收件人(代收人):
                    证件名称及号码:
                    派 送 业 务 员:
                    派 送 时 间: 年 月 日 时 分
```

图14-2　派送证明

练一练

一、选择题

1. 快件派送前对自行车的检查要点不包括（　　）。
   A. 轮胎　　B. 辐条　　C. 气门　　D. 刹车
2. 快件派送前电动车检查要点不包括（　　）。
   A. 检查轮胎气压，气压不足及时充气
   B. 检查车把转向是否可靠，前后刹车是否灵敏，整车螺丝是否松动，链条、飞轮是否需要加油
   C. 检查电池盒的插座.充电器的插头是否松动，电池盒是否锁好，电量是否充足
   D. 气门
3. 快件派送前对摩托车的检查要点不包括（　　）。
   A. 检查摩托车的外观，清洁外表及蓄电池表面
   B. 检查有无漏油、漏电、漏气现象
   C. 气门
   D. 检查驾驶证、车辆牌照、行驶证等相关证照及随车工具和备件是否带齐
4. 移动扫描设备手持终端检查要点不包括（　　）。
   A. 电量是否充足，是否打开条码识别功能
   B. 是否能正常读取条码信息，按键是否灵敏、正确
   C. 显示屏是否正常显示扫描信息，采集器通信接口是否清洁是否有杂物，运行程序和速度是否正常
   D. 历史数据是否上传，可不删除历史数据
5. 快件交接数量核对要点不包括（　　）。
   A. 核对总件数
   B. 核对一票多件快件的件数
   C. 核对代收货款快件的件数
   D. 核对快件的内件品名
6. 快件件交接单制作的基本要求不包括（　　）。
   A. 信息完整　　B. 快速安全　　C. 信息准确　　D. 字迹工整

二、简答题

1. 快件派送前需要做哪些准备工作？
2. 快件交接的原则有哪些？
3. 快件交接的步骤有哪些？
4. 如何进行保价件的交接？

任务训练页

一、接受任务

小李是路路通快递公司某网点的派件员，某天早上他被通知有派件任务，假如您是小李，请帮他做好派件准备工作，并与仓管员进行快件的交接。

二、制定计划

本次任务要求同学们在课堂上分小组完成派件的准备工作和快件交接工作，并记录活动成果。

三、任务实施

分工	姓名	主要职责
组长		协调分工，组织进行派件准备与交接工作
组员		派件员形象准备、派送工具准备、专用包准备等
		填写快件交接清单
		作为仓管员完成交接工作
		作为派送员完成交接工作

四、活动成果

（一）活动成果：派件准备

形象准备	派送工具准备	专用包准备

（二）活动成果：填制快件交接清单

派件交接单样式（1）

序号	日期	出仓票数	出仓件数	金额	收派员签字	备注
1						
2						
3						
4						
5						
6						

派件交接单样式（2）

序号	运单单号	重量	运费	付款方式	数量	派送时间	接受人	快件异常说明
1								
2								
3								
4								
5								
6								

（三）活动成果：快件交接步骤

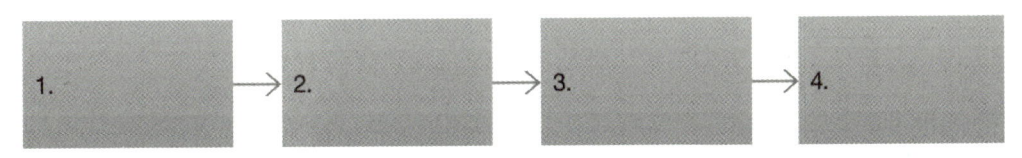

1. → 2. → 3. → 4.

（四）活动成果：特殊快件交接注意事项

自提件交接	优先快件交接	保价件交接	到付快件、代收货款快件交接	详情单脱落"派送存根联"缺失快件的交接
1. 2. 3. 4. ……	1. 2. 3. 4. ……	1. 2. 3. 4. ……	1. 2. 3. 4. ……	1. 2. 3. 4. ……

五、任务评价

班级		任务名称		姓名		
学号		派件准备与交接		组别		
评价项目	评价标准	自我评价（20%）	组长评价（30%）	教师评价（50%）	分值	得分
职业能力	1. 团队合作、分工明确				10	
	2. 有独立工作能力，完成质量好				10	
	3. 工作认真负责，应变能力强				10	

续表

评价项目	评价标准	自我评价（20%）	组长评价（30%）	教师评价（50%）	分值	得分
专业能力	1. 派件准备充分				15	
	2. 交接清单制作符合要求				15	
	3. 快件交接步骤正确				15	
	4. 掌握特殊快件交接注意事项				20	
其他能力	1.				5	
	2.					
总结与反思			成绩合计			
			指导老师综合评价			

任务十五　派件规划

任务目标

❖ 知识目标	1. 了解派送路线设计的意义； 2. 掌握派送路线设计的原则； 3. 理解派送路线设计的流程
❖ 能力目标	1. 根据所属派送区域确定合理派送路线； 2. 能合理排序不同类型的快件并且合理装载快件
❖ 思政目标	1. 培养严谨细致、认真负责的工作习惯，拥有强烈的责任意识； 2. 具备安全作业意识和创新能力； 3. 争做"能干、肯干、巧干"的接班人

情景导航

2019年7月23日下午，北京市首届邮政行业职业技能竞赛实操比赛拉开战幕，来自全市的56名快递员同场较量，比拼专业技能。本次竞赛设置了快递员和快件处理员两个竞赛职业，其中快递员实际操作竞赛包括多物品收寄、派送路线设计和智能快件箱操作；快件处理员实操竞赛包括总包接收处理、快件分拣及快件安检。假如你是参赛快递员，请完成派送路线设计的操作。

"快递员快速派送货物的小技巧"视频扫码观看

工作认知页

一、派送路线设计的意义

合理设计派送路线，一方面有利于满足快件的时效要求，实现派送承诺；另一方面节省业务员行驶和派送时间，可以减轻业务员的劳动强度，提高业务员劳动效率；同时，减少空白里程，减少车辆损耗，节省派送运输成本。因此，在派送前进行派送路线的合理设计具有重要的意义。

派送路线设计主要是整合影响派送运输的各种因素，根据现有的运输工具及道路状况，对派送路线做出选择，及时、安全、方便、经济地将快件准确送达客户手中。

收派员应当根据自己的服务区域，按照最佳投递路线将快件按序整理装车，投递前，收派员应当电话联系收件人，确认客户地址并且预约投递时间。

二、派送路线设计的原则

（一）优先派送优先快件

优先派送的快件主要包括以下三种类型：

1. 时限要求高的快件

指有限时送达要求,需要优先派送的快件。限时快递是快递企业承诺在约定时间点之前,将快件送达客户的快递服务,如限时送达生日礼物、结婚贺礼等。

2. 客户明确要求在规定时间内派送的快件

指等通知派送,需要在客户要求的时间完成派送的快件。等通知派送的快件是根据寄件客户的要求,快件到达目的地后暂不派送,待寄件客户通知后才安排派送的快件。对于等通知派送的快件,客户通知派送时,一般情况下,派送时限要求较高,必须在客户要求的时间完成派送。

3. 二次派送的快件

首次派送不成功的快件,因为快递业务员在给客户留写派送通知单或与客户电话联系时,约定了第二次派送的具体时间,所以成为时限要求较高的快件,为了保证时限要求,必须优先派送。客户要求再次派送的快件,应安排优先派送。

思考:什么是派送时效?影响派送时效的因素有哪些?

(二)优先派送保价快件

对于客户来说,保价快件一般具有价值高、重要性比较高等特点。保价快件一旦丢失,会给快递企业和客户带来巨大的损失。快递业务员携带保价快件路上行走时间越长,快件丢失或损毁可能性越大。为了降低风险,在不影响其他快件派送时,应优先派送保价快件。

(三)先重后轻,先大后小

由于重件或体积大的快件的装卸搬运劳动强度大,优先进行派送,既可减轻全程派件的作业难度,也可减少车辆的磨损和能耗。

(四)减少空包里程

空白里程是指完成当班次所有快件的派送行走路线的实际距离减去能够完成所有快件派送的有效距离。空白里程的产生不仅增加了运输服务成本和业务员的劳动时间和劳动强度,还影响快件的派送时限。为了减少空白里程,需要做好以下几个方面的工作:

(1)业务员应熟悉掌握派送段内每个路段、街道所包含的门牌号。如派送段内包括商域、学校、超市等场所,需要了解其布局,确保能以最短距离到达客户处。

(2)快件排序时,注意将同一客户的多票快件排在一起,一次派送。

(3)对于同一送段,应掌握多条派送路线,选择最短的路径进行派送。

(4)及时掌握派送段内的交通和路况信息,避免因交通管制或道路维修而绕路,增加空白里程。

三、派送路线设计流程

快件派送路线设计流程如图 15-1 所示。

划分基本派送区域 → 暂定派送先后次序 → 安排车辆 → 决定每辆车负责的客户 → 路径选择 → 确定最终派送顺序

图 15-1　快件派送路线设计流程

四、派送路线结构

派送路线主要结构形式有三种：辐射形、环形和混合型。

（一）辐射形路线

辐射形路线是指从营业网点出发，走直线或者曲折线的路线。这种路线的优点为运行简单，适于客户分散、派送路程远的情况（如图 15-2 所示）。缺点为往返程多为空车行驶，里程利用率低。

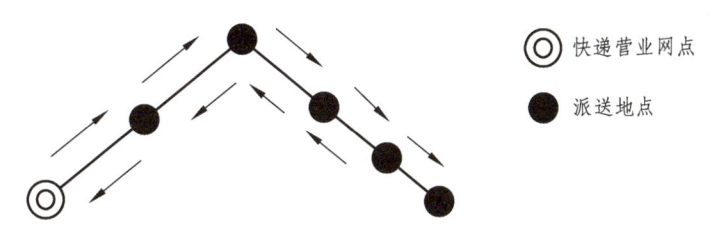

图 15-2　辐射形路线

（二）环形路线

环形路线是指业务员从营业网点出发单向行驶，绕行一周，途中经过各派件客户所处的地点，回到出发的营业网点的路线（见图 15-3）。环形路线适合于商业集中区、专业批发市场等客户较为集中派送段派送路线的设计。环形路线的优点为不走重复路线，缺点为快件送到最后几个派送点花费的时间较长。

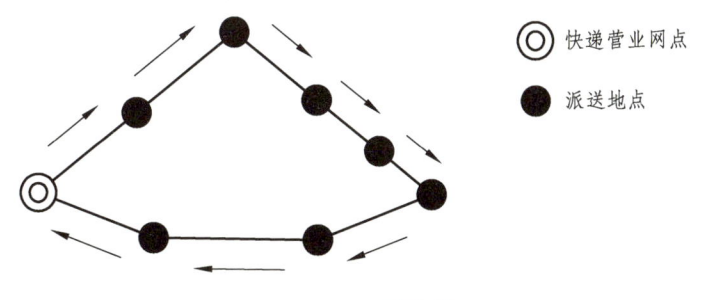

图 15-3　环形路线

（三）混合型路线

混合型路线是指包含辐射形和环形两种结构形式的路线，混合型路线适合于商住混杂区，设计时要综合考虑里程利用率和派送时效。

五、设计派送路线时要考虑的影响因素

在快件派送路线设计的过程中,影响派送效果的因素很多,主要包括以下三个方面。

(一)时限因素

时限要求较高的快件优先设计、优先派送。

(二)动态因素

动态要素主要包括天气、车流量变化、道路施工、客户更址、车辆变动等。

(三)静态因素

静态因素主要包括客户的分布区域、道路交通网络、建筑楼群布局等。

各种因素互相影响,很容易造成派送不及时、派送路径选择不当,延误客户收件时间等问题。因此,设计派送路线时要综合考虑影响派送运输的动、静态各种因素,以满足快件时效要求,实现服务承诺,同时要满足安全派送、降低成本、提高效益的派送要求。

六、派送路线设计的方法

(一)传统经验组织法

1. 单侧行走

单侧行走是指派送快件时靠路的一侧行走,主要适用于街道较宽、房屋集中,派送数量多而行人、车辆稠密的街道。

2. "之"字形行走

"之"字形行走是指派送快件时沿路的两侧穿梭行走,主要适用于街道狭窄,派件数量少,行人、车辆也稀少的街道。

3. 单侧行走与"之"字形行走相结合

这种走法适用于街道特点有明显不同的派送段。

(二)运筹选择法

运筹选择法是运用运筹学的相关原理,按规定设计派送路线,选择合理派送路线,以加快快件派送速度,从而合理节约人力。

练一练

一、选择题

1. 快件排序的方法不包括( )。
   A. 根据优先快件或按特殊业务排序   B. 根据快件时效排序

　　　　C. 根据快件包装排序　　　　　　D. 根据由近及远地址排序

2. 派送路线设计原则不包括（　　）。

　　A. 保证派送时限　　　　　　　　B. 优先派送优先快件

　　C. 先轻后重，先小后大　　　　　D. 减少空白里程

3. 影响快件派送时限的主要因素不包括（　　）。

　　A. 当班次派送件量过大

　　B. 在同一班次内，因客户不在而进行二次派送

　　C. 天气、交通堵塞、交通管制等不可控因素

　　D. 交通工具故障

4. 优先派送快件的主要类型不包括（　　）。

　　A. 时限要求高的快件，如同时有即日达、次日达需要派送，应优先派送即日达

　　B. 客户明确要求在规定时间内派送的快件，如等通知派送的快件，需要在客户要求的时间完成派送

　　C. 二次派送的快件，即首次派送不成功，客户要求再次派送的快件

　　D. 体积大的快件

5. 合理的派送路线对于派送工作的有效完成具有重要的作用，具体体现不包括（　　）。

　　A. 满足快件时效要求，实现派送承诺

　　B. 节省行驶和派送时间，减少劳动强度

　　C. 节省运输成本，减少车辆损耗

　　D. 行车安全

二、判断题

（　　）1. 派送段也称派送区域，快递企业根据业务量及业务员人数，将每个派送处理点的服务范围划分成多个派送服务段，每一个段叫作派送段。一个派送段的地域范围主要是依据派送处理点内各路段的业务量，并综合考虑业务员的工作时间来划分的，一个派送段既可以是几个路段或一定的地理范围，也可以是一栋楼，甚至是一栋楼的某几层。

（　　）2. 保价快件一般具有高价值、易碎、对客户有较高重要性等特点，随身携带的时间越长，遗失或破损的概率越大，对于客户、快递企业以及业务员而言，都存在较大的风险，因此为了降低风险，对于此部分快件可优先派送。

（　　）3. 派送路线，是指将业务员在派送快件时所经过的地点或路段，按照大小顺序连接起来所形成的路线。派送路线是业务员派件所走的轨迹，合理设计派送路线可节约派送时间，提高派送效率。

任务训练页

一、接受任务

任务1：A 点为派送处理点所在地，B 点需要派送一票重量 20 kg 的普通包裹，C 点要派送一票一小时内到达的快件，D 点需要派送一票普通文件类快件，E 点需要派送一票保价 10 000 元的包裹类快件，F 点需要派送代收货款 1 000 元重量为 3 kg 的快件。到达各点之间所需的时间（单位：min）已在下图上进行标注。请根据快件的情况，合理设计派送路线并说明选择每个派送点的理由。

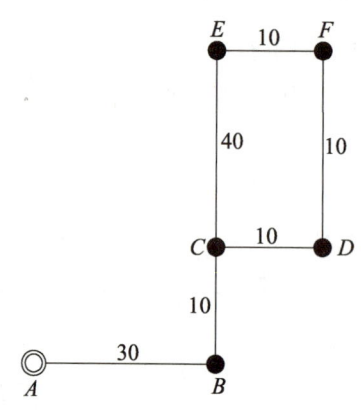

任务2：A 点为营业网点，B 点需要派送一票重量 18 kg 的普通包裹，C 点需要派送一票 1 h 内到达的快件，D 点需要派送一票普通文件类快件，E 点需要派送一票更址包裹类快件，F 点需要派送一票保价 10 000 元的包裹类快件。到达各点之间所需的时间（单位：min）已在下图上进行标注。请根据快件的情况，合理设计派送路线并说明选择每个派送点的理由。

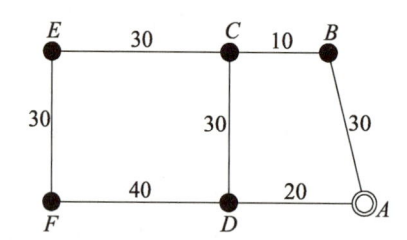

二、制定计划

本次任务要求同学们在课堂上分小组学习、讨论，并且展示分享活动成果。

三、任务实施

分工	姓名	主要职责
组长		组织、协调组员学习、讨论
组员		参与讨论，记录讨论成果

四、活动成果

任务	合理的派送路线	选择每个派送点的理由
1		
2		

五、任务评价

班级		任务名称	快件派送排序	姓名		
学号				组别		
评价项目	评价标准	自我评价（20%）	组长评价（30%）	教师评价（50%）	分值	得分
职业能力	1. 团队合作、分工明确				10	
	2. 有独立工作能力，完成质量好				10	
	3. 语言组织与表达好				10	
专业能力	1. 能够合理规划派送路线				30	
	2. 能准确表述选择的原因				35	
其他能力	1.				5	
	2.					
总结与反思				成绩合计		
				指导老师综合评价		

任务十六　快件派送

任务目标

❖ 知识目标	1. 掌握快件派送作业流程； 2. 熟悉快件派送作业中的操作规范
❖ 能力目标	1. 能快速高效完成上门派件作业。 2. 能够有效处理自提件业务
❖ 思政目标	1. 培养良好的沟通表达能力和团队合作能力； 2. 培养严谨细致、认真负责的工作习惯，拥有强烈的责任意识； 3. 具备安全作业意识和社会责任感； 4. 争做"能干、肯干、巧干"的接班人

情景导航

派件作业不规范，就会被客户投诉，某些快递公司派件员派件不规范只要被用户投诉，就有被解雇的风险。派件操作是否规范，将直接影响到客户满意度，进而决定快递企业形象是否受损。小李是某快递网点派件员，某天上午有40票快件需要派送，假如你是小李，请结合本任务所学，准确完成派件工作。

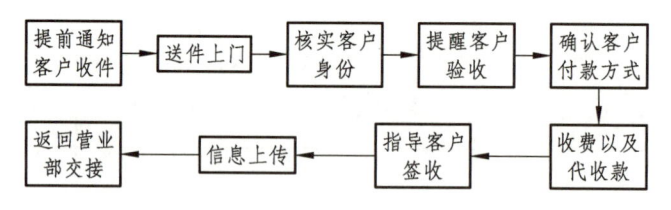

工作认知页

一、快件派送基本作业流程

快件派送基本作业流程如图16-1所示。

提前通知客户收件 → 送件上门 → 核实客户身份 → 提醒客户验收 → 确认客户付款方式 → 收费以及代收款 → 指导客户签收 → 信息上传 → 返回营业部交接

图16-1　快件派送基本作业流程

"邮政快递小哥在派送"
视频扫码观看

"中通快运网点派件操作步骤"
视频扫码观看

二、派件服务流程说明

（一）提前通知客户收件

一般情况下，在快件派送前，派件员要先识别快件信息，并且电话通知客户做好收件准备。如果收件地址为非常规企业办公场所（如宾馆、学校、私人住宅等），派件员在上门前须电话联系客户，确认客户地址并且预约派件时间。如果是到付件，还需要提醒客户准备好钱款。

（二）送件上门

将快件按照派送顺序妥善捆扎，装载在运输工具上，安全送达到收件客户所处的地点，确认收件人地址，妥善放置交通工具及其他快件。

（三）核实客户身份

派件前要认真查看客户或客户委托签收人的有效身份证件，以核实客户身份。

（四）提示客户验收快件

派件员应告知收件人当面验收快件。如果快件外包装完好，由收件人签字确认。

（五）确认付款方式

如果是到付件或代收货款件，派件员应该向客户确认到付款或代收款快件客户的具体付款方式。

（六）收取运费及代收款

派件员向客户收取到付款或代收款等应收的款项，并向客户开具收款收据或发票。

> 思考：快递资费结算的方式有哪些？

（七）指导客户签收

1. 手工签收

客户在详情单上签名，确认快件已经派送给收件客户，快递业务员在详情单上相应的位置填写姓名（工号）和派件日期及时间。

2. 电子签收

打开手持终端，进入快件签收界面，指导客户在手持终端上签署姓名。

（八）签收信息上传

客户签收后，立即使用手持终端进行签收扫描并上传到企业信息系统。采用电子签收方式时，则请客户在手持终端上签字，然后上传企业信息系统。

(九)返回营业部交接

快件派送完毕,派件员离开客户处时应该礼貌地与客户道别,并在当班次规定的派送时间内返回营业部,按照规定做好钱款、快递单、滞留件等的交接工作。

思考:规范的派件作业流程以及注意事项有哪些?

资料链接 16-1

【多次敲诈快递小哥,福州一男子被批捕】

福州男子侯某不满快递员派件不规范,将情况投诉至快递客服,得到了数百元的补偿。尝到"甜头"后,侯某发现快递员普遍存在对寄件人身份信息把关不严格的问题,如把该情况投诉到邮管局,快递公司将面临高额罚款,侯某遂心生借此敲诈快递公司的贪念。仓山区人民检察院以涉嫌敲诈勒索罪批准逮捕侯某。检方介绍,侯某在仓山万达广场看见一快递员正在派件,便心生贪念,将其准备退货的手机壳交给快递员,并以暂时不知道收货地址为由,让快递员先将快件收下。随后,侯某在微信上虚报了一个身份信息给快递员,造成快递员没有对寄件人进行实名登记。在该快递寄出时,侯某便拨打快递公司客服电话投诉。在与快递站点主管林某联系过程中,侯某以快递员未作实名登记,要将该情况举报至邮管局为由,要挟林某赔付其 500 元私了。林某心生害怕,便答应私了,向对方转账 500 元。据了解,侯某还用这种方法在福州鼓楼区敲诈快递主管陈某 800 元,在安徽合肥敲诈快递主管赵某 1 500 元。

三、快件派送时限控制

快递派送时限是快递公司对快递员的一种规定,如果没有在时效时间内送达,那快递员的这个快递包裹的派送提成会被扣除。

快件派送的时效,是快递公司服务水平和竞争市实力的体现。公司可根据网点分布和交通情况,将派送范围划分为中心区域、中心区域以外地区和偏远乡村三级派送区域,并结合到件时间、快件重量控制快件派送时限,一般快件派送时限要求如表 16-1 所示。

表 16-1 一般快件派送时限

到件时间	派送时限
上午 8 点(含)前到件	(1)中午 12 点(含)前派送完毕 (2)下午 2 点(含)前派送完毕
上午 8 点后~上午 10 点(含)前到件	(1)中午 14 点(含)前派送完 (2)下午 4 点(含)前派送完毕
上午 10 点后~下午 1 点(含)前到件	(1)当日派送完 (2)次日中午 12 点(含)前派送完毕
下午 1 点以后到件	(1)次日中午 12 点(含)前派送完毕 (2)次日下午 2 点(含)前派送完毕

四、快件派送业务操作规范

（一）快件放置工作规范

（1）信件类快件可以放在挎包或者背包里，在见到客户前拿到手中及时递交签字。

（2）清除信件或包裹快件上的灰尘和污垢。

（3）包裹类快件要用手夹在腰间或捧在手心，不要顶在头上或在地上拖拽以防损坏。

（二）快件派送业务规范

（1）严格按照派件程序派送，对有特殊注明加急的快件需给予一定的照顾与优先处理。

（2）拜见客户前，应整理着装，准备好笔和相关票据。

（3）对于客户要求验收快件要积极配合处理，并耐心等待。

（4）递上快件，将贴有运单的一面向上，若是代收一定要得到客户的许可。

（5）客户拒签时要尊重客户要求，及时反馈信息给公司客服人员。

（6）清点货款、查验签收单据无误后，礼貌跟客户道别。

（7）将正常签收快件的签收单据联交公司指定人员录入系统。

（8）非正常签收快件需注明原因，通知寄件方，安排另外派送或其他处理。

（三）派件安全操作指导

（1）派件前外场交接员应与派送员清点快件单号、件数，检查包装情况，并进行书面记录。

（2）司机单独送货的，将司机定义为派送人员，并做好清点、检查和记录。

（3）派送快件过程中须做到人和快件不得分开，尤其不得将快件包装放在自行车或摩托车上，以防被盗。

（4）收件人收件签字时，派送人员有义务提示收件人认真检查包装。

（5）快件签收是收件人本人的，在客户签收前派件人员应认真查看收件人身份证原件，并且要在运单存根上记录证件号码，并经过收件人签字确认后方可放件。

（6）快件签收为代收的，派送人员应电话联系收件人，并与其确认受托人的身份，并记录确认内容、受托人姓名、电话、证件号码，并要求代收人员签字确认后方可放件。

（7）收件人有疑问，须当场开包检查核实。

（8）收件人如有异议，须当场提出书面异议或拒收，派件人员将该快件带回，并及时通知发件公司。

（9）只要收件人签字接收快件，而没有当面提出书面异议的，则可认定快件完成正常移交。

（10）派送人员必须在送件当天将相关单据及账款送给派送部，并进行交接记录确认。

(四)快件签收注意事项

1．个人快件签收注意事项

个人签收快件时,要注意客户所签姓名与详情单书写的收件人姓名是否一致,提醒客户字迹要公正,如收件客户签字不清晰,快递业务员用正楷在签字或盖章旁边注上收件客户的全名。

2．单位快件签收注意事项

单位签收快件时,应加盖单位公章或收发专用章。公章或收发专用章的加盖要清晰和端正,每一联详情单都必须在收件人签署栏盖章,每联详情单盖章保持一致,并要求经办人签字确认。

3．他人代收快件注意事项

对非收件人本人签收的快件,签收后应在详情单签收栏内批注代收关系、有效身份证件名称、证件号码等。

客户签收快件可以采用手工签收、盖章签署、电子签收三种方式。无论采用哪种方式,一般情况下都应该在外包装检查完好的情况下签字,而不用在打开外包装后再签字。

任何时候快递业务员都不能代替客户签字或盖章。客户在详情单等有效单据的签收栏签字或盖章,证明收件人已接收快件,如果快递业务员代替客户签字,则不能明确责任。

> **资料链接 16-2**

【顺丰推出智能配送机器人】

2020年7月,顺丰旗下末端服务平台"驿收发智慧驿站"推出智能配送机器人"小优",该机器人具备"自动化派送、自主搭乘电梯、错峰服务、云呼通知、取件码快速取件"等等服务特点。据了解,驿站小哥们只需要在驿收发系统预约,系统便会自动呼叫"小优"派件,"小优"可以无障碍完成从驿站到各个楼层的派送。另外,除了送快递,"小优"还可以配送外卖。

"派件到柜"宣传
视频扫码观看

五、自提件管理和操作

(一)自提件到件通知操作方法

客服人员应在自提件到件后有序录入信息,并快速逐单通知收件人。公司通知自提件客户的常用方式如表16-2所示。

表 16-2　通知自提件客户的常用方式

客户类别	通知方式
老客户	将留在手机号码的客户全部加为好友，与客户协商好，每天到件后，用"微信"等软件通知客户，如客户当天未取，则下班前用电话通知
其他手机客户	用系统自动通知客户短信平台功能通知客户，如通知未成功则使用电话进行确认
固定电话客户	可采用电话通知的方式进行确认
其他	在有条件的情况下，可采用自动语言通话设备

所有到件通知须在班车到达后 30 min 内通知完毕，下班后到达的以次日上班时间开始计算，通知客户时，应在原通知体检服务标准结束语前加上"××先生/××小姐，由于我们的班车正在卸货，建议您××分钟后过来提取"，其他要求不变。

（二）自提快件的提取

为提高服务效率，企业一般会规范如下步骤进行自提件提取操作：

（1）客服人员应在到件后将自提运单和派送运单分类。

（2）客服人员应在将自提单号录入系统后与收件人进行快件确认，并告知提货地址和所需携带的证件。

（3）接待自提件客户时，应先验证客户身份证明是否真实有效，并核算费用、打印提货单。

（4）指导客户到收银处缴款盖章，并在提货单上抄录客户证件号码，请客户在指定位置签字。

（5）将提货单的第二联、第三联交给客户到仓库提取快件。

（6）仓库人员根据单据提货，并与客户确认货物，请客户在指定位置签名。

（三）自提件办理要点

客服人员在办理自提件提取手续时，应遵循以下要点执行，以确保提货手续规范顺畅，具体要点如下：

（1）电话联系自提件客户时应至少拨打三次，如无人接听或号码有误，应在电话号码栏旁注明具体原因和最后一次拨打时间。

（2）收件人为具体人名的，应持收件人的有效证件原件（身份证/驾驶证/护照）办理。

（3）客服人员应同时抄录代提人和收件人证件号。

（4）缴纳相关费用时刻支付现金或通过银联支付，缴纳后由财务人员开具收据。

（5）仓库人员应仔细清点货物件数，检查确认货物。

（6）仓库场外人员应协助客户搬运和装车等。

（7）签收时，提货人应用正楷字认真填写，客服人员应对签名和证件号码进行核查。

（8）代提件者必须同时提供收件人及本人的有效证件原件。

（9）收件人为公司名的，应持有公司证明和有效身份证件原件（身份证/驾驶证/护照）办理。

（四）自提件管理规定

如快件超过公司规定期限未提取，应主动联系客户，并提醒其将产生仓储费用，希望客户能够尽早来提取。自提件保管期限一般为 3 天（从快件到达派件公司的当天算起），已到保管期限但收件客户仍未前来提货时，派件公司应和发件公司货办事处取得书面（必须以传真、OA 系统公告的形式）联系，协商后予以退回或继续保管。

资料链接 16-3

【"最美快递员"汪勇：每天解决 7 500 名医护人员供餐问题】

2020 年 1 月 23 日武汉"封城"后，顺丰快递小哥汪勇"最美逆行"，自去年大年三十开始义务接送金银潭医院医护人员上下班，并协调推动网约车企业参与接送医护人员、协调落实共享单车企业在医院周边投放单车，满足医护人员短距离出行需求。

之后，他带领志愿者团队，参与建立餐食供配体系，自行募集资金为医护人员提供泡面和水，找餐馆为医护人员和滴滴司机及时供餐，争取相关部门支持落实 1.5 万份餐食的持续供应，搭建起一个应急餐食的免费配送备用网络，解决了 7 500 名医护人员及一线人员的供餐问题。

针对医护人员生活需求，汪勇组织志愿者积极采购羽绒服、护士鞋、洗漱用品等急需物品，协调购买、运送和分发口罩、鞋套、紫外线灯等医疗用品，承担眼镜、手机、电动车易耗物品等的维修服务，此外，还积极参与搭建爱心人士医疗物资捐赠通道，组织募捐和配送紧急医疗物资。

汪勇说，疫情结束后，他会继续聚合这些公益人士和公益资源，继续这份爱心传递。

"在那段日子里，我不是一个人在战斗。"汪勇说，在大灾大难面前，我们都是平凡人，但危险面前，总要有人站出来，勇敢担起责任，做一个"平凡英雄"。汪勇说"国家有难，匹夫有责"，不是一句空话，而是我们这代人在经历了更多风云变幻后的写照，"希望能将这份爱心持续推进、惠及更多人"。

练一练

一、选择题

1. 快件派送时，不正确的做法是（　　）。

A. 如果该客户是老客户，且运单上的地址属于固定的办公地址，可不经过电话联系，直接上门派送。如果客户地址是酒店、宾馆、车站、场馆等临时场所或学校、住宅区的，应在快件派送前致电客户，询问客户的具体地址和客户地址处是否有人签收快件。

B. 快件派送前，若有代收贷款业务快件，结算方式为现金结算金额较大，则需提前通知客户，告知客户应付金额，提请客户准备应付款项。

C. 业务员将快件派送到客户处，为了快件的安全，防止他人冒领，应在核实客户身份后方能派送。

D. 业务员将快件派送到客户处，如果客户不在，可将快件交给其同事。

2. 当收件人不在时，快件派送的处置方法不包括（　　）。

A. 如与收方客户取得联系，且收方客户指定其他人代签收时，需仔细查看代收人有效身份证件，待确认代收人的身份后，交由代收人签收快件，同时应告知代收人的代收责任。

B. 若收方客户不指定代收人，则与客户约定再次派送时间并在运单或快件上注明。约定时间在当班次内，按约定时间上门派送；约定时间超出当班次时间，将快件带回派送处理点交相关人员跟进。

C. 若业务员未能与收方客户取得联系，需要留下派送通知单，告知客户快件曾经派送。

D. 若业务员未能与收方客户取得联系，有时间下次再派送。

3. 到付，是指快件（　　）与（　　）达成共识，由（　　）支付快递服务费用的一种付款方式。

A. 寄件人、收件人；收件人　　　B. 寄件人、快递公司；快递公司
C. 寄件人、收件人；寄件人　　　D. 寄件人、快递公司；寄件人

4. 业务员与收件人之间结算到付款时，收件人可选择的付款方式不包括（　　）。

A. 到付现结　　　　　　　　　　B. 改寄付
C. 到付转第三方付　　　　　　　D. 到付记账

5. 代收款，是指（　　）与（　　）签订协议，寄件人通过快递企业发货时，由（　　）代寄件人收取的款项。

A. 快递企业、收件人；收件人　　B. 寄件人、收件人；收件人
C. 快递企业、寄件人；收件人　　D. 快递企业、寄件人；快递企业

6. 代收货款服务应注意的事项不包括（　　）。

A. 提前电话核实客户信息　　　　B. 可以不考虑财务风险控制
C. 核实收件人身份　　　　　　　D. 提醒收件人查验快件

7. 客户签收快件可采取的方式不包括（　　）。

A. 手工签字　　　　　　　　　　B. 签章签署
C. 打开快件包装后再签字　　　　D. 电子签收

二、判断题

（　　）1. 业务员在派送时遇到客户不在的情况，若收方客户不指定代收人，则与客户约定再次派送时间并在运单或快件上注明。约定时间在当班次内，按约定时间上门派送；约定时间超出当班次时间，将快件带回派送处理点交相关人员跟进。

（　　）2. 常用有效证件的类型包括居民身份证、香港居民身份证、户口簿、护照等。驾驶证不属于常用有效证件。

（　　）3. 到付款是寄件人寄件时与快递公司共同认可的费用，收件人完成快件外包装查验后，按照运单上注明的费用支付，但还需要再次称重计费。

（　　）4. 由于快递到付款的数额不会特别大，到付记账是最常用的到付款结算方式。

（　　）5. 所有代收贷款必须当场现付，不能采用记账或第三方支付的方式。

（　　）6. 任何时候，业务员都不得替代客户签字，也不得代替客户或者伪造电子签收。

任务训练页

一、接受任务

小李是某快递网点派件员，某日上午有40票快件需要其派送，假如你是小李，请结合本节课所学，准确完成派件工作。

二、制定计划

本次任务要求同学们在课余时间分小组准备好派件所需要的物料，分工协作，模拟上门派件作业以及处理客户自提件业务，并录制成视频，在课堂上分享活动成果。

三、任务实施

分工	姓名	主要职责
组长		组织协调，明确分工，检查所需要的物料的准备情况，同时保证整个过程的派件服务质量
组员		模拟客户
		模拟派件员上门派件
		模拟自提件业务
		记录活动成果

四、活动成果

（一）活动成果：上门派件

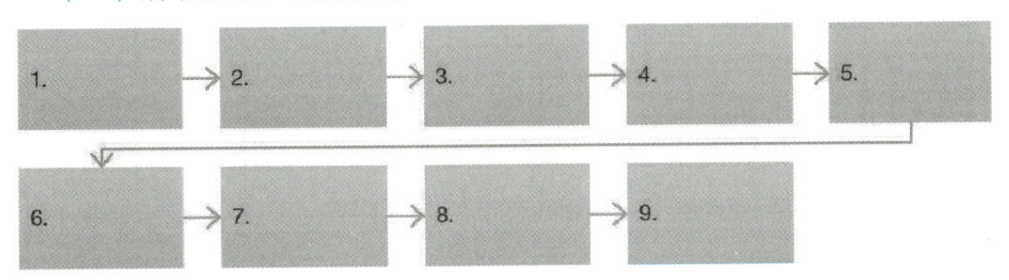

```
1. → 2. → 3. → 4. → 5.
                        ↓
6. → 7. → 8. → 9.
```

（二）活动成果：办理自提件业务

到件通知方法	提取步骤	办理要点
1. 2. 3. 4. ……	1. 2. 3. 4. ……	1. 2. 3. 4. ……

五、任务评价

班级		任务名称		姓名		
学号		快件派送		组别		
评价项目	评价标准	自我评价（20%）	组长评价（30%）	教师评价（50%）	分值	得分
职业能力	1. 团队合作、分工明确				10	
	2. 有独立工作能力，完成质量好				10	
	3. 形象好，语言表达顺畅				10	
专业能力	1. 上门派件准备充分，知礼仪				20	
	2. 上门派件操作熟练、高效				25	
	3. 能够快速规范处理自提件业务				20	

续表

评价项目	评价标准	自我评价（20%）	组长评价（30%）	教师评价（50%）	分值	得分
其他能力	1.				5	
	2.					
总结与反思				成绩合计		
				指导老师综合评价		

任务十七　派件异常情况处理

任务目标

❖ 知识目标	1. 理解并掌握异常快件处理的原则； 2. 认知派件过程中出现的各种异常问题
❖ 能力目标	能够独立并正确处理派件过程中出现的各种异常问题
❖ 思政目标	1. 培养良好的沟通表达能力和团队合作能力； 2. 培养严谨细致、认真负责的工作习惯，拥有强烈的责任意识； 3. 具备安全作业意识和社会责任感； 4. 争做"能干、肯干、巧干"的接班人

情景导航

2017年中消协（中国消费者协会）公布的快递行业暗访结果显示，和大家关系最大的快递公司快件派送环节中，得分最高的快递公司为顺丰，达到了中等水平。而除了德邦物流超过了及格线之外，其他快递公司的配送服务均在及格线以下。派件过程中会出现各种异常问题，如果处理不当，会给个人、企业甚至社会带来很多负面效应。请思考：快件派送中会出现哪些异常情况？应该如何妥善处理派件过程中这些异常情况？

工作认知页

一、异常快件处理原则

（一）及时性原则

及时性原则是异常快件处理最重要的原则，不管是现场发现的还是发生的异常情况，都应及时反馈、及时处理。及时性是异常处理的第一原则，只有及时反馈，才能为弥补异常争取时间；只有及时处理，才能将异常造成的损失和影响降到最小。

（二）详细记录原则

对于现场发现或发生的异常情况，都应对异常情况进行及时、详细的记录，特别是现场发现的快件破损、外包装破损、快件变形、快件数量短少等情况，要求记录得更详细，一般要求进行拍照或有录像留存及反馈。

（三）全力弥补原则

由于作业环节的异常情况还未造成恶劣影响，且一般尚有时间进行弥补，因此，对于有可能进行弥补抢救的异常情况，应全力弥补。这样才可能将异常情况对客户和企业的影响降到最低。

(四)分级处理原则

对于作业现场发现的异常情况,作业中心一般是没有权限处理的,只有在确认异常责任后,经受理方、责任方或客户同意且确认处理方法后才能进行处理。否则,作业中心不能越权对非本环节责任的异常进行处理。

(五)持续性原则

对于待处理的快件,应持续跟进、查询、协调处理,直至处理完毕。持续性是确保责任方及时响应并做出处理决定、确认处理方法、及时进行处理的重要原则。

二、派件异常情况以及处理方法

(一)破损件的处理方法

派件时,主要会在出仓时或者客户签收时发现破损件,主要处理方法如图 17-1 所示。

贵重物品的派送经验
扫码观看

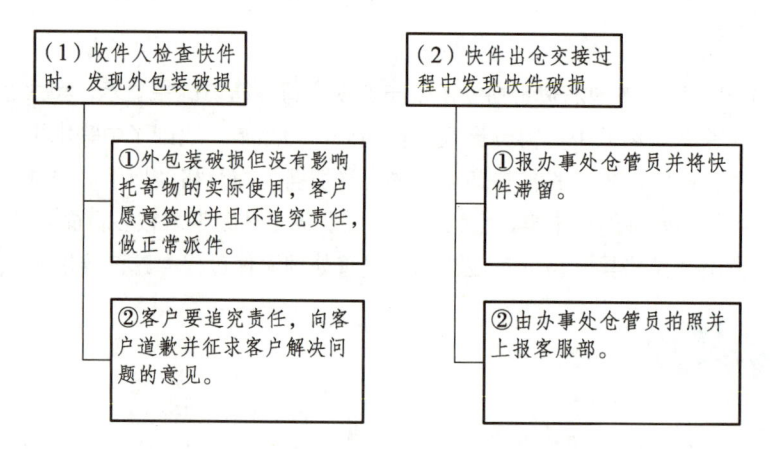

```
(1)收件人检查快件          ①外包装破损但没有影响托寄物的实际使用,客户
   时,发现外包装破损          愿意签收并且不追究责任,做正常派件。
                            ②客户要追究责任,向客户道歉并征求客户解决问
                              题的意见。

(2)快件出仓交接过          ①报办事处仓管员并将快件滞留。
   程中发现快件破损
                            ②由办事处仓管员拍照并上报客服部。
```

图 17-1　破损件处理方法

图 17-1 中,在给收件人派件过程中,如果收件人要追究责任并提出解决意见,应该按照以下程序处理:

(1)收派员上报客服部,描述快件破损的情况:外包装情况、托寄物情况、填充物、是否有易碎贴纸、快件损坏程度、数量、价值,并把客户的处理意见反馈客服部,由客服部跟进处理。

(2)客户未签收的,需将快件带回办事处进行拍照登记。

(3)客户已签收的,由办事处负责人至客户处对破损快件进行拍照登记。

(二)收件地址不详时的处理方法

(1)收派员根据运单的收件人电话在出仓派送前与收方客户取得联系,询问详细地址,约定时间上门派件。

(2)如因电话无人接、号码为传真号码、电话号码不全、电话错误等导致收派员联系不到收方客户,收派员须将快件做滞留操作,并报办事处仓管员处理。

（三）快件付款方式不明的处理办法

（1）快件出仓交接时发现快件付款方式不明，收派员将快件交仓管员核实上报，仓管员必须在当班次派件出仓前上报客服部。

（2）如出仓派送前能核实确认，须将核实后的付款方式明确标注，并按核实后的付款方式及时派送。

（3）如无法在出仓派送前核实确认，该票快件的付款方式可默认为寄付（必须经客服人员认定），按正常派送流程进行派送，可能造成的运费损失由收取该票快件的寄件方收派员承担。

（四）运费计错或重量不符的处理办法

1．快件出仓时发现

（1）重量计错的处理：收派员在快件出仓过程中，需认真复核快件重量，对于快件重量误差超过公司规定的误差范围或重量计算错误导致运费错误的快件，必须在派件出仓前第一时间向当班仓管员反馈，经现场负责人确认为寄件方计错快件重量后，仓管员在运单派件联的"备注栏"中注明更改后的重量和运费，并在"本公司派件存根"及"收件公司存根"联上加盖"更改确认章"，由仓管员按问题件处理流程上报客服部，收派员按正常流程派送快件。

（2）运费计错的处理：收派员需反馈给仓管员，须在运单"本公司派件存根"联的"备注"栏中注明更改后的正确运费并加盖"更改确认章"，由仓管员按问题件处理流程上报客服部，收派员按正常派件流程派送快件。

运费计错或者重量不符等不同情况下具体的处理方法如表17-1所示。

表17-1 运费计错或重量不符的具体情况及处理

异常情况		处理方法
重量计错	到付少计	按运单上寄件方填写的运费收取，运费差额按照公司规定执行相关流程
	到付多计	按实际应收取的运费收取，运费差额按照公司规定执行相关流程
	寄付快件	按正常派件流程派送快件
运费计错	到付少计	按运单上寄件方填写的运费收取，运费差额按照公司规定执行相关流程
	到付多计	按实际应收取的运费收取，运费差额按照公司规定执行相关流程
	寄付快件	按正常派件流程派送快件

2．派送至客户处发现

（1）致电客服部备案。

（2）如为重量计错，可安排快件及时派送，如为到付少计，按运单上寄件方填写的运费收取，少计的部分由收件员负责；如为到付多计，须按实际应收取的运费收取，在备注栏里注明实际重量与实收运费，并由客户签名确认。

（五）派送地址错误的处理办法

派送地址错误的处理方法如图 17-2 所示。

（1）收派员将信息上报客服部

（2）收派员当班次接到确认后的地址：
A. 如正确的地址在该收派员的服务区域，须按正常派送流程派送，并保证派送时效；
B. 如正确的地址不在该收派员的服务区域，须将快件带回办事处交仓管员跟进

（3）收派员当班次未接到确认后的地址，须将快件带回办事处交仓管员跟进。

图 17-2　派送地址错误的处理方法

（六）客户拒付、拒收的处理办法

收派员遇到客户拒收、拒付时，应该按照以下方法操作：
（1）收派员将信息上报客服部。
（2）将快件带回办事处交仓管员跟进。

思考：快递员和顾客发生争执的事情很常见，顾客是各种各样的，导致快递员根本无法全面顾及过来。假如某快递网点收派员在派件过程中时常与客户发生争执，被客户投诉，作为网点负责人应该如何改善这种情况？

（七）派错件的处理办法

（1）收派员将情况及时向办事处负责人汇报。
（2）收派员及时赶至错派客户处向客户致歉并说明错派的原因。

赶到客户处，如果可以取回快件，收派员应该尽快将快件派送给正确的客户；如果无法取回，则应该通知客服部，并且联系分（点）部负责人，反馈处理情况。

（八）改派处理办法

改派分为寄件人要求改派、收件人要求改派两种情况，处理方法如图 17-3 所示。

（九）客户抢件处理办法

派件中出现客户抢件，收派员应该向客服部备案并说明情况，同时致电办事处负责人通报情况，避免与客户发生冲突，如经协商快件无法取回，可致电 110 进行协调。

```
┌─────────────────┐              ┌─────────────────┐
│ (1) 寄件人要    │              │ (2) 收件人要    │
│     求改派      │              │     求改派      │
└─────────────────┘              └─────────────────┘
```

(1) 寄件人要求改派	(2) 收件人要求改派
A.收派员在原运单上注明改派地址及客服查询员工号； B.如改派地址与原地址都在该收派员的服务区域，按正常派送流程和时效派送；若不在，收派员需将快件带回办事处交仓管员跟进	A.如改派后地址仍在该收派员的服务区域，在运单上标注改派地址，并要求收件客户本人在运单上注明"要求改派至新地址"并签字确认，然后按照正常派送流程派送； B.如改派后新地址不在该收派员的服务区域，在运单上标注改派地址，并要求收件客户本人在运单上注明"要求改派至新地址"，并签字确认，然后将快件带回办事处交仓管员跟进

图 17-3　改派处理方法

（十）错分快件的处理办法

错分快件主要分为仓管员错分给收派员、收派员漏拿或错拿两种情况，主要的处理方法如图 17-4 所示。

（1）交接时发现仓管员错分	・立即与仓管员联系，确认错分快件的情况； ・将错分快件交仓管员处理，由仓管员在《派件表》签字确认。
（2）收派员漏拿快件	・仓管员清仓时发现漏拿快件，立即通知收派员； ・收派员回办事处取漏拿快件。
（3）收派员派件时发现错拿他人快件	・收派员须立即向办事处负责人反馈情况； ・收派员须配合办事处负责人对错拿快件的调度安排。

图 17-4　错分快件的处理办法

（十一）至客户处，发现客户不在时的处理办法

（1）收派员根据运单上的收件人电话与收方客户取得联系，如果客户指定代收人，由代收人签收快件；如果没有指定代收人，则应该与客户约定再派时间并在备注栏内注明。

（2）收派员未能联系到收件客户，须留下"再派通知单"，将快件带回办事处交仓管员跟进。

（十二）客户催派快件的处理办法

客户致电客服部催派快件的处理方法如图 17-5 所示。

（十三）大件或多件货物派送处理办法

遇到大件或者多件货物派送时，收派员需要清点快件件数，致电客户，约定派送时间。如果是到付现结快件，须提醒客户准备运费；将快件装车，规划线路，进行派送。

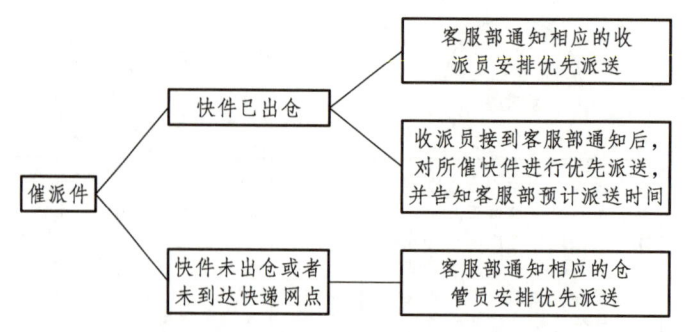

```
催派件 ─┬─ 快件已出仓 ─┬─ 客服部通知相应的收派员安排优先派送
        │              └─ 收派员接到客服部通知后，对所催快件进行优先派送，并告知客服部预计派送时间
        └─ 快件未出仓或者未到达快递网点 ── 客服部通知相应的仓管员安排优先派送
```

图 17-5　客户催派快件的处理办法

（十四）运单模糊不清、严重涂改或运单破损的处理办法

1．运单模糊不清或运单破损

收派员与仓管员交接时发现运单模糊不清或运单破损，应报仓管员协助查询并打印清晰的第一联扫描图片，同时上报客服部；如单号无法辨认，须与《派件表》核对确认单号，并由仓管员协助打印清晰的第一联单扫描图片，同时上报客服部；根据图片信息安排派送。

2．运单收件地址栏被严重涂改

收派员与仓管员交接时发现运单收件地址栏被严重涂改，应报仓管员跟进，经仓管员核实确认后，正常安排派送。

（十五）件数不符的处理办法

收派员须在仓管员交接时就确认件数有无不符现象，发现后由仓管员上报客服部跟进，按照客服部与客户协商的处理意见安排派送。

（十六）快件滞留，再次派送的处理办法

滞留件派送前须清楚上一次快件滞留的原因及处理结果，然后将滞留件视作正常派件，按正常派件的流程安排派送。

思考：快件出现延误，应该如何赔偿客户？

（十七）快件在派送途中遗失的处理办法

收派员在派送途中遗失快件的处理方法如下：

（1）对照《派件表》查找所遗失快件的单号，并立即上报办事处负责人及客服部。

（2）在不影响其他快件安全和派送时效的情况下，收派员应返回可能丢失快件的地方寻找快件。

（3）当班次内无法找回快件，须及时告知客户快件状况，并做好解释工作。

（十八）收件地址为敏感部门的处理办法

收派员须在与仓管员交接时发现收件地址为敏感部门，由仓管员上报客服部跟进，将快件做滞留操作后交仓管员处理。

（十九）派件途中遭遇政府部门查件或扣件的处理办法

派件途中遭遇政府部门查件或扣件的处理办法如图 17-6 所示。

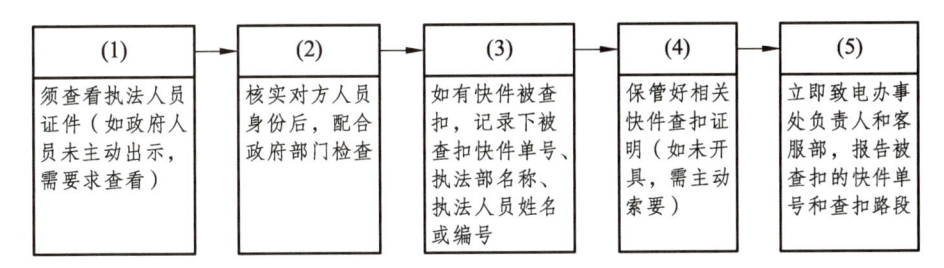

(1)	(2)	(3)	(4)	(5)
须查看执法人员证件（如政府人员未主动出示，需要求查看）	核实对方人员身份后，配合政府部门检查	如有快件被查扣，记录下被查扣快件单号、执法部名称、执法人员姓名或编号	保管好相关快件查扣证明（如未开具，需主动索要）	立即致电办事处负责人和客服部，报告被查扣的快件单号和查扣路段

图 17-6　派件途中遭遇政府部门查件或扣件的处理方法

派件途中遭遇政府部门查件或扣件的处理时，整个过程中不得与执法人员发生争执和冲突。

（二十）派件途中遭遇不可抗因素的处理办法

派件途中遭遇不可抗因素一般包括：交通管制、部分路段禁止通行、进行重大活动、台风等，遇到这些情况时，收派员立即致电办事处负责人和客服部，报告相关情况（如交通管制，部分路段禁止通行，进行重大活动等还需报告路段），如果无法通行或者需绕道则需要致电客户说明情况取得客户谅解；如情况允许则绕过此区域，尽量做到不影响对其他客户的服务时效。

练一练

一、选择题

1. 快件派送时，不正确的做法是（　　）。
    A. 如果该客户是老客户，且运单上的地址属于固定的办公地址，可不经过电话联系，直接上门派送。如果客户地址是酒店、宾馆、车站、场馆等临时场所或学校、住宅区的，应在快件派送前致电客户，询问客户的具体地址和客户地址处是否有人签收快件。
    B. 快件派送前，若有代收贷款业务快件，结算方式为现金且结算金额较大，则需提前通知客户，告知客户应付金额，提请客户准备应付款项。
    C. 业务员将快件派送到客户处，为了快件的安全，防止他人冒领，应在核实客户身份后方能派送。
    D. 业务员将快件派送到客户处，如果客户不在，可将快件交给其同事。

2. 当收件人不在时，快件派送的处置方法不包括（　　）。
   A. 如与收方客户取得联系，且收方客户指定其他人代签收时，需仔细查看代收人有效身份证件，待确认代收人的身份后，交由代收人签收快件，同时应告知代收人的代收责任。
   B. 若收方客户不指定代收人，则与客户约定再次派送时间并在运单或快件上注明。约定时间在当班次内，按约定时间上门派送；约定时间超出当班次时间，将快件带回派送处理点交相关人员跟进。
   C. 若业务员未能与收方客户取得联系，需要留下派送通知单，告知客户快件曾经派送。
   D. 若业务员未能与收方客户取得联系，有时间下次再派送。
3. 无法派送快件的移交要求不包括（　　）。
   A. 业务员应将无法派送的快件带回处理场地。
   B. 对业务员交回的无法派送的快件进行重新称重，如快件重量与运单上相符，则属于无误。
   C. 业务员在派送清单上登记每一票无法派送快件的信息，包括运单单号，单号对应的派送人员、派送时间、无法派送的原因。
   D. 处理人员直接接受业务员带回无法派送的快件。
4. 在派送过程中发现破损件时，（　　）。
   A. 收件人未签收的，需将快件带回办事处进行拍照登记。
   B. 外包装破损但没有影响托寄物的实际使用，收件人愿意签收的话，按正常件处理。
   C. 收件人已签收的，由办事处负责人至收件人处对破损快件进行拍照登记。
   D. 重新包装快件后，再投递。
5. 派送时收件人拒付或拒收，（　　）。
   A. 收派员应将信息上报客服部。
   B. 收派员应将快件带回办事处交仓管员跟进。
   C. 收派员应与收件人进行一番理论，并追讨资费。
   D. 收派员应该直接报警。

二、判断题

（　　）1. 如因电话无人接听、号码为传真号码、电话号码不全、电话错误等导致收派员联系不到收件人时，收派员须将快件做滞留件操作，并报办事处仓管员处理。

（　　）2. 收件人搬迁且能联系上收件人的，应询问收件人新的详细地址，若更改后的地址不在该收派员的收派区域内，则将快件带回办事处交仓管员并说明收件人搬迁情况。

（　　）3. 派件时发现地址错误，收派员当班次未接到确认后的地址，须将快件带回办事处交管员跟进。

(　　) 4. 收件人致电客服部催派快件，若快件未出仓或尚未到达办事处，客服部应通知相应的仓管员正常派件。

(　　) 5. 派件途中遭遇政府部门查件或扣件时，派件员应及时致电办事处负责人和客服部报告被查扣的快件单号和查扣路段。

任务训练页

一、接受任务

作为收派员，在派件的过程中会遇到各种各样的异常情况，小李在最近的派件中遇到以下情况，请帮小李描述解决的方法，并将处理方法填写在"活动成果"中。

情况1：快件出仓时发现有3件快件运费计错。

情况2：至收件人王某处，王某需要更改收件地址和收件人。

情况3：在派件途中，发现漏拿快件。

情况4：在与仓管员交接时，发现有2份运单模糊不清或运单破损。

情况5：在派送过程中，遗失了2份快件。

二、制定计划

本次任务要求同学们在课堂上分小组学习、讨论，并且展示和分享活动成果。

三、任务实施

分工	姓名	主要职责
组长		组织、协调组员学习、讨论
组员		参与讨论，记录讨论成果

四、活动成果

异常情况	处理方法
1	
2	
3	
4	
5	

五、任务评价

班级		任务名称		姓名		
学号		派件异常情况处理		组别		
评价项目	评价标准	自我评价（20%）	组长评价（30%）	教师评价（50%）	分值	得分
职业能力	1. 团队合作、分工明确				10	
	2. 具有较强的服务意识				10	
	3. 工作认真、细心				10	
专业能力	1. 能准确辨别所遇到的异常情况				25	
	2. 能准确处理所遇到的异常情况				40	
其他能力	1. 2.				5	
总结与反思				成绩合计		
				指导老师综合评价		

学习情境五　快递企业运营管理

任务十八　快递企业安全管理

任务目标

❖ 知识目标	1. 掌握快递企业安全管理的内容； 2. 明确快递企业安全管理的要求
❖ 能力目标	1. 能够做好快递企业的人员安全管理工作； 2. 能够做好快递企业的快件安全管理工作； 3. 能够做好快递企业的车辆以及场地、设备的安全管理工作
❖ 思政目标	1. 培养良好的沟通表达能力和团队合作能力； 2. 培养严谨细致、认真负责的工作习惯，拥有强烈的责任意识； 3. 具备安全作业意识和良好的职业道德； 4. 争做"能干、肯干、巧干"的接班人

情景导航

我国网购市场规模不断扩大，快递包裹已日益成为人们日常生活中的重要组成部分。快递业务量迅速增长的同时，也出现一些安全问题：违法犯罪分子寄递违禁物品；包裹递送过程中发生安全事故；公民信息安全受到严峻挑战等等。作为快递从业人员，做好安全管理事关重要。请思考：快递安全管理包括哪些方面的内容？如何做好安全管理？结合本节课所学知识谈谈你的想法。

工作认知页

一、人员安全管理

（一）人员安全教育

人员安全教育包括安全知识宣传、安全事故警示教育以及上岗安全培训等方面的内容。

"快递晨会操作规范"
视频扫码观看

1. 安全知识宣传

加强安全知识宣传，使员工牢固树立"安全第一，预防为主"的理念，让安全管理制度深入人心，指导人的行为，使员工的安全意识从"要我安全"向"我要安全"转化，最终实现"自主安全"。

资料链接 18-1

【这些快递公司因存在安全问题而停业！下一个是谁……】

案例1：2017年，党的十九大前夕，山西晋城的速尔、优速、天天快递因未严格落实收寄验视制度而被责令停业！

案例2：2018年，深圳北站快递网点因违规收寄违禁品被责令停业！

案例3：2019年，公安鄠邑分局国保大队民警对辖区物流寄递行业进行检查时，发现位于辖区铁路十字西北角的申通快递门市部和位于南关中学东边的百世快递城南分部均存在违反实名制登记制度、开箱验视制度和在未办理许可证就经营邮寄业务等情况，被责令停业！

思考：快递企业应该向员工做好哪些方面的安全知识宣传和教育？

2. 安全事故警示教育

加强员工的安全事故警示教育可以从以下几个方面着手：

（1）坚持定期对企业人员进行有针对性的安全事故警示教育，加强对新进人员及转岗人员的安全知识、规章制度、法制观念等的教育培训，使员工牢固树立"安全是天，安全无小事"的理念。

（2）坚持利用企业内部刊物、安全会议、安全标语等形式进行安全警示教育，营造积极向上的安全舆论氛围。

（3）坚持举办形式多样的安全知识竞赛、安全演讲比赛等活动，增强员工的安全意识。

（4）坚持每天作业前的班组安全警示教育，针对具体作业现场进行安全注意事项和操作规程的详细解释和说明，使员工增强自我保护能力。

资料链接 18-2

【组织快递人员参观禁毒警示教育基地，加强寄递物流安全服务】

2019年7月，成都市邮政管理局组织100余名寄递物流企业工作人员到新都区禁毒警示教育基地学习培训。

走进位于新繁镇的新都区禁毒警示教育基地，一些常用的制毒设备一字排开，供大家警醒和识别。在禁毒电教厅，新都区禁毒办警官尹波通过播放禁毒宣传片、禁毒知识讲解等形式对参训人员进行了识毒、辨毒、查毒等方面的培训，进一步增强参训人员防毒、拒毒的能力。

在禁毒警示教育厅，基地讲解员通过禁毒宣传展板、毒品样品、丰富的图片等让全体参观学习人员生动直观地了解了我国的禁毒历史、禁毒成果，以及相关法律法规，让参观人员们深切感受到党和国家对禁毒工作的重视，认识到毒品对社会、家庭、个人带来的危害，让他们更加坚定了杜绝毒品以及和毒品抗争的信念。所有参训人员还现场进行了宣誓和签名，表明了所有人"远离毒品 珍爱生命"的信心和决心！

成都市禁毒办相关负责人一行实地查看了新都区禁毒警示教育基地建设情况，听取新繁镇禁毒工作汇报，新都区禁毒警示教育基地与新繁镇禁毒工作开展情况获得认可。新都区委政法委和新繁镇有关负责人均表示，要进一步深化禁毒警示教育基地建设，营造全民禁毒的浓厚氛围。参观的一名快递员工告诉记者，因为他们工作在一线，所以今天来识别一下毒品对于他们是十分有必要的，并且希望大家珍爱生命。

思考：快递企业日常工作中可以组织哪些活动未加强工作人员的安全警示教育？

3．上岗安全培训

新员工或转岗员工一定要在上岗前通过观看安全教育片或进行实际操作等多种形式接受上岗安全培训。每天工作前安排 15~20 min 的班前会，进行当天工作的安全培训。

（二）人员安全管理办法

人员的不安全行为和心理的不安全状态是导致事故的直接原因。因此，人员安全管理主要是对人员不安全行为的控制。由于人的行为是心理活动结果的外在表现，因此，要控制人的不安全行为应从心理调节方面入手。

1．安全心理调适

安全心理调适是指采取一定的手段将容易引发事故的不良心理状态调节到有利于操作安全的心理状态。

（1）心理调适的一般方法。

① 注意每个员工的心理特征，特别要注意做好非安全型心理特征人员的转化工作。需要在培养作业人员的全过程中，通过安全教育、作业指导、作风培养做好其心理状态的转化工作。对于危险作业岗位，应尽量选配安全型心理状态人员。

② 加强员工心理调节训练。

③ 避免危险、单调作业岗位的人员过度疲劳。

（2）情绪控制与调节。

情绪对安全影响极大，所以如何发挥情绪对安全的积极作用，避免其不利影响，是人员不安全行为控制中的一个重要问题。实际安全管理中应引导员工学会控制自己的情绪，只有保持良好心理状态，才能让员工减少工作中的失误，保证安全生产。

2．行为激励法

安全行为是指员工在工作过程中表现出的保护自身和保护设备、工具等物资的一切动作。

要控制员工的不安全行为，激励是一种重要手段。通过激励措施，可引导员工把安全需要作为一种自觉的心理活动和行为准则。主要方法有物质激励法和精神激励法，其中精神激励法包括目标激励、形象激励、荣誉激励、兴趣激励、参与激励以及榜样激励。

3．强度控制法

强化作业安全政策和规定，对违规者进行制度惩处，是安全工作的重要组成部分。经常强化对安全行为方式要求和及时表彰安全工作积极员工，将十分有助于减少事故的发生。制度措施从本质上说是预防性质的，其实施的目的是提高员工遵守企业安全制度的自觉性，减少或杜绝各种安全违章行为。快递企业应要求各级负责人在安全工作方面上作出表率，加强安全制度教育，不折不扣地执行安全管理制度。

从管理的角度来看，利用安全管理制度对人员不安全行为的控制方式可分为预防控制、过程控制以及事后控制。

（1）预防控制。

预防性控制是指为了避免产生不良后果而采取的控制方法，如各项制度中的"严禁""不允许""应该"等规定。

（2）过程控制。

过程控制是指对正在进行的活动给予监督与指导，以保证工作按规定的安全操作流程或方法进行。过程控制一般在作业现场进行，因此，安全管理人员要经常深入作业现场，加强巡视，及时发现和纠正违规行为。在监督和指导过程中，应以安全管理制度为依据，要兼顾客观实际情况，克服主观偏见。

（3）事后控制。

事后控制，即人员不安全行为出现并导致事故后而采取的控制措施。它可防止不安全行为的重复出现，但是事后控制的缺陷在于事故已经发生，行为偏差已造成损害，并且无法补偿。

（三）人员安全事故的处理

1. 发生人员安全事故的应急措施

快递操作属于劳动密集型活动，保证作业人员的人身安全是首要前提。一旦发生人员受伤，应采取以下应急措施：

（1）现场的管理人员应根据受伤人员情况判定是轻度受伤还是严重受伤。

（2）如属轻度受伤的情况，应立即在现场进行包扎、止血等简单处理，或直接送到最近的医院进行就诊。

（3）如属重度受伤情况，应立即拨打120急救电话，同时联系其家人，并在救护车到达之前给予正确的救护协助，将情况向上级领导及时汇报。

2. 人员安全事故处理程序

（1）若发生轻伤事故，工伤者应填写《工伤事故登记表》，由部门负责人进行现场调查，并在工伤表格内写明事故原因和责任，提出处理意见和整改措施。

（2）若发生重伤事故，发生事故部门必须及时报告安全管理部门，安全管理部门应及时向企业主管领导汇报，并成立事故调查小组进行调查，召开事故分析会，认真查清事故原因及责任，提出处理意见及改进措施。伤者或委托者应及时、如实地填写《工伤事故登记表》。

（3）若发生死亡事故必须立即报告，由企业主管领导及安全管理部门协同政府有关部门组成事故调查组进行调查处理。事故发生部门应及时、如实地填写《工伤事故登记表》。

（4）发生重伤或死亡事故的部门要会同安全管理部门等立即组织抢救伤员和做好现场保护工作，及时拍照及记录有关数据，并绘制现场示意图，未经主管部门同意，任何人不得擅自改变或清理现场。

3. 人员安全事故防范措施

（1）及时召开事故分析会，找出事故原因。事故分析应做到事故原因没有查清不放过、事故责任者和员工没有受到教育不放过、没有防范措施不放过。对于违反规章制度及相关操作规范而造成的事故，要追究领导和当事人的责任，并根据情节轻重和损失大小分别给予罚款、赔偿经济损失或给予行政处分。

（2）制订预防事故重复发生的措施。这些预防措施涉及作业操作规范、作业环境和作业条件等诸多方面，需要有计划地实施，以消除危险因素及安全隐患。

（3）加强安全知识教育和安全意识教育，对负伤者进行复工安全教育。

（4）在管理上完善和执行各项人员安全管理规章制度，落实各个作业环节的人员安全防范措施。

二、快件安全管理

快递服务要求"安全、快捷、便利"，其中安全是前提。在快递服务中快件安全显得极其关键,快件安全出了问题,快递服务质量就无从谈起。要保证快件安全,必须建立一套科学、严密的快件安全管理制度。按照快递服务过程来分,快件安全管理可分为收派过程快件安全管理、场地处理过程快件安全管理、在库快件安全管理、在途快件安全管理,此外,还有对特殊快件的安全管理。

(一)收派过程快件安全管理

收派过程快件安全管理是指对快递业务员上门收取的快件、客户送来的快件及上门派送的快件的安全进行管理。主要做好以下两个方面的工作。

1. 严格验视

上门取件和客户送来的快件要严把验收关,查看快件是否属于禁限寄物品。如果属于禁限寄物品,应在对客户说明情况后礼貌地予以拒收;特殊情况下应扣下快件,并向有关部门报告。如果不属于禁限寄物品,查看物品与快递单上的品名、数量是否相符,包装及物品是否有损坏;如果存在以上情况,按相关规定处理。收派的快件要捆扎牢固、装好、做好防雨与防盗措施。

2. 建立和落实收派员快件安全责任制

除了在快件收派环节严格把关外,快递企业还应建立和落实收派员快件安全责任制。收派过程中快件的安全出现问题,除不可抗力因素外,由收派员负责。收派员收取的快件要与场地处理人员进行交接,办好交接手续。对于派送的快件,收派员要凭客户签收单证明快件已派送成功。

资料链接 18-3

【国外快件安全的相关做法】

在快递立法方面,一些发达国家的做法是值得我国快递业借鉴的。在快递公司员工的管理上,英国的法律明确规定,招聘快递员时必须确保无犯罪记录或无因邮政方面的事故受到过警告、解雇处分或在诚信方面有缺点。这与业界倡导的建立快递从业人员"黑名单"制度有异曲同工之意。与日本不同,而美国对快递员的管理采取了疏导的方式。在美国,快递员的医疗和社会保险都由公司承担,快递员不会为了蝇头小利而葬送自己的前程。

而在安检环节,日本规定,如果快递员发觉货物可疑,会要求物主开箱查看,如果顾客不同意开箱,就拒绝提供快递服务;在德国,如果发现可疑的邮件,就要受到安全检查方面的"特殊照顾",如 X 光扫描、拆包查验等;美国在这方面更严,快递公司接受的包裹,全部会在后台统一过扫描仪。

(二)场地处理过程快件安全管理

快件处理现场应与外界隔开,安装全方位监控系统,人员应到指定位置查货。查货过程必须进行监控系统录像,查货完毕应签字盖章,确认快件安全。快件传递过程中要轻拿轻放,管理人员应每天调取录像,发现未按规定搬运、装卸的,应严肃处理。处理完的小件快件建立总包，由两人核对快件与总包清单，检查完快件安全后，施好封条。

（三）在库快件安全管理

在库快件安全管理主要是严把"收、存、发"关，办理入库手续要清晰，应在严格检验后签字确认。快件保存时要细心，保证提供快件物品所要求的保存条件，仓库要安装 24 h 不间断监控，需要打开包装时，要求两人在监控摄像头下进行，并在相关单据上签字。快件出库时应和下一道工序的作业人员办理交接，检查快件安全。如果快件安全出现问题，由在库管理快件的相关人员负责。

（四）在途快件安全管理

在途快件安全管理要做到车辆防水，将快件总包按装车规则装车、施封，驾驶员安全驾驶，车辆安装 GPS 定位系统，车厢内安装监控系统，保证在途快件安全。

（五）特殊快件安全管理

特殊快件主要指性质特殊或价格昂贵的快件。对于特殊快件，要纳入重点操作对象，格外关注。全部操作过程须在监控摄像头下进行，实行分区分类存放。

一般快递企业都设置有特殊快件作业区，此区域和外界用铁栅栏严格隔开，贵重物品有专门的保险柜或保管箱。外包装须加封志，环环交接，哪个环节出问题，就由哪个环节负责。建立特殊快件安全管理责任制，严格按照要求进行作业，一旦出现问题，能迅速查明原因，明确责任。

三、车辆安全管理

（一）出车前的车辆安全管理

出车前，驾驶员要认真做好车辆设备检查和行车证件检查，并监督装车方安全合理装载，以确保行驶道程安全顺畅。出车前的车辆安全检查如表 18-1 所示。

表 18-1 出车前车辆安全检查

检查项目	检查内容
车况检查	检查制动系统轮胎、制动器、喇叭、前灯、后灯、转向系统、车门等是否良好，检查油表、气表、水表、电源、导航系统等是否充足或正常，不符合要求应立即修理，严禁驾驶安全设备不全、等待维修检测或机件失灵的车辆。厢式车辆还要查验车厢是否有缝隙，以避免快件淋湿；以及检查车厢内是否卫生，避免污染新装载货物
证件检查	包括驾驶员、车辆、快件的证件单据。如驾驶员的《驾驶证》《上岗证》，车辆的《行驶证》《道路运输经营许可证》，对于进出口的快件，还须携带《报检报关单据》。如果是危险品，还须悬挂或粘贴危险运输标志，持有《危险货物作业证》等，以备运输途中随时查验和使用
安全装载	车辆的装载必须符合相关规定

资料链接 18-4

【车辆的装载必须符合的规定】

（1）车辆的额定载质量应符合制造厂规定。

（2）经过改装、改造的车辆，或因其他原因需要重新标定载质量时，应经车辆所在地主管部门核定。

（3）车辆换装与制造厂规定最大负荷不相同的轮胎，其最大负荷大于原轮胎的，应保持原车额定载质量；最大负荷小于原轮胎的，必须相应地降低载质量。

（4）车辆增载必须符合交通部1988年发布的《汽车旅客运输规则》和《汽车货物运输规则》的有关规定。

（5）所有车辆的载质量，一经核定，严禁超载。

（6）车辆总重力超过桥梁承载重力或运输超长、超宽、超高货物时，应报请当地交通、公安主管部门，采取安全有效措施，经批准后方可通行。

（7）车辆运载易散落、飞扬、泄漏或污秽物品时，应封盖严密，以免污染环境。

（二）在途行驶车辆安全管理

1．在途运输中的安全操作规程

车辆在安全行驶过程中，驾驶员须爱护车辆，严格遵守驾驶操作规程。行车前做到预热启动，低速升温，低档起步；行驶中注意保持温度，及时换挡，行驶平稳，安全滑行，合理节油。在拖带挂车时，加强对主、挂车之间连接机构的检查。行车中车辆发生故障，应立即停止使用，汇报车队领导后就近进行修理。

2．在途运输中的驾驶员管理制度

驾驶员驾车一定要遵守交通规则，文明开车，严禁危险驾车（包括高速、紧跟、争道、赛车等）。晚间驾驶员要注意休息，严禁疲劳、酒后驾车。雨天、雾天、夜间应打开车灯，降低行车速度，确保安全。短途行车可一车一驾驶员，中长途行车要确保一车两驾驶员，以便换休。驾驶员不得将自己保管的车辆随便交给他人驾驶或练习驾驶，不得公车私用。因故意违章或证件不全被罚款的，费用不予报销，违章造成的后果由当事人负责。

3．加强运输途中的安全监控

智能化道路运 GPS 监控系统可对所有营运车辆的运行动态实施 24 h 监控，及时掌握车辆的运行动态，有效遏制超速违章行为，对预防因超速违章而导致的交通事故起到极其重要的作用。作为监控管理人员，在进行监控时要严格按照 GPS 监控人员岗位责任制认真负责地进行监控，在收集、整理处罚依据时要本着"尊重科学，实事求是"的原则，耐心细致地工作，不能因疏忽大意而冤枉没有违章的驾驶员，也不能因掉以轻心而遗漏违章的驾驶员。目前，GPS 技术还存在一些缺陷，如定位不及时、超速数据回传慢、偶尔有信号飘移等。因此，监控人员一旦发现软件有缺陷应及时向该软件开发公司进行反馈，使 GPS 监控系统能够更加完善，发挥更好的监控作用。

（三）停放车辆安全管理

出车在外或出车归来停放车辆，一定要注意选取停放地点和位置，不能在不准停车的路段或危险地段停车。当车辆进入停车场、停放和驶离时，应遵循以下管理方法。

（1）车辆进入停车场应一停二慢，必须服从管理员的指挥和安排，征得管理员同意后方可进入。

（2）驾驶员须向管理人员交验该车的有效证件，由管理人员发给停车证，登记停车牌号、车辆牌号、进入时间，并注意外表配件是否齐全，以备停车场查阅之需。

（3）车辆停放时必须服从管理人员指挥，注意前后左右车辆的安全，在规定位置上停放，并与周围车辆保持适当距离，不得对其他车辆的进出和其他车位的使用造成阻碍。驾驶员必须锁好车门，调整防盗系统到警备状态，车内物品及停车证必须随身带走。

（4）车辆驶离停车场前，应先观察车辆有无异常状况，如有应及时询问停车场管理员，也可调看监控录像。驶离时应注意周围车辆的安全，缓慢行驶，并在出口处向管理员交回停车证。

（5）管理员核对牌号后，收回停车证，车辆方可驶离。

（四）车辆的日常维护和定期保养

1．车辆维护与检查

车辆的维护保养是车辆自身运动的客观要求，它体现了一种追加劳动。车辆维护的目的，是避免车辆在运行过程中由于技术状态的改变而引发常见问题，改善车辆设备使用状况，确保设备的安全和正常运行，延长车辆的使用寿命。

车辆维护分为日常维护、一级维护和二级维护。各级车辆维护作业的主要内容和周期都有专门的规定，必须根据车辆结构性能、使用条件、故障规律、配件质量及经济效果情况综合考虑。另外，新车运行时，要根据车辆制造厂的有关规定进行磨合维护。

2．坚持"三检""四清"，防止"四漏"

车辆的日常维护是驾驶员必须完成的日常性工作。车辆维护作业的主要内容是：

（1）坚持"三检"，即出车前、行车中、收车后检视车辆的安全机构及各部机件连接的紧固情况。

（2）保持"四清"，即保持机油、空气、燃油滤清器和蓄电池的清洁。

（3）防止"四漏"，即防止漏水、漏油、漏气、漏电。

3．建立车辆维修制度

企业车辆的维修工作是通过车辆维修制度来实施的。车辆修理必须根据国家和交通部门发布的有关规定和修理技术标准来进行，贯彻"保养为主，视情维修"的原则，确保修理质量。

车辆修理按作业范围可分为车辆大修、总成大修、车辆小修和零件修理。

4．车辆的改造、更新与报废

车辆磨损和报废是难以避免的事实，因此车辆的改造与更新，既是科学技术迅速发展的客观要求，又是车辆磨损消耗规律所决定的必然趋势。对于性能低劣、车型老旧、耗油增加、污染增大、运作不安全且确实无法改造的车辆，应该按照规定履行车辆的报废手续。

四、场地、设备安全管理

快递企业具备良好的场地、设备是做好快递服务的基本条件，因此，场地、设备的安全管理将直接影响快件安全管理、人员安全管理。

场地、设备安全管理包括场地出入管理、场地监控管理、场地消防管理和设备安全管理。

（一）场地安全管理

1．场地出入管理

作业区域应采取封闭式管理，进、出口分开，人员凭证件或指纹出入。进出作业区域人员要将证件挂于胸前，主动接受安保人员检查。携带易燃、易爆、剧毒等危险物品者，当值安保员应礼貌拒绝其入内，并将危险物品作妥善处置。作业区域内员工携带物品或驾驶车辆离开时，当值安保人员应严格检查放行手续。如已办理有效的放行手续，应严格核查放行物品与放行条列明的物品是否相符，如不相符，只按放行条列明的物品给予放行；如未办理有效的放行手续，应要求物主进行办理。物品经核对无误放行后，当值安保人员应及时在放行条上签署姓名及当值日期、时间，便于日后查询；交接班时，应交接好放行条数目，并在交接班本上做好记录。

2．场地监控管理

场地监控管理包括监控设备的安装和有效使用。

监控设备的安装既要考虑成本，又要考虑监控区域的需要。对于重要作业区域，监控必须 24 h 覆盖。此外，确定监控的角度、位量对于监控设备的安装来说也尤为重要，要引起一定程度的重视。监控设备的有效使用则是指安排专人负责维护和使用，对于及时发现安全隐患或防范安全事故者应予以奖励。

3．场地消防管理

场地消防管理，要按照消防管理的有关法律法规，建立消防管理制度，配备专、兼职消防队伍，定期检查消防设备，保持消防通道畅通，不定期举行消防演习。

快递企业法人代表为安全消防第一责任人。企业应制订并落实安全消防责任制和防火、灭火方案，以及火灾发生时保护人员疏散等安全措施；配备安全消防器材，落实定期维护、保养措施；开展消防安全检查，改善防火条件，及时消除安全隐患；组织员工进行消防安全教育，防火、灭火训练等。此外，企业还应组织火灾自救，保护火灾现场，协助火灾原因调查。

企业在建立安全消防体系和安全消防责任制时，应层层分解、落实到位，横向到边、纵向到人。各部门都应确立责任人，并制订相应的安全消防制度的措施，还应定期或不定期地进行安全检查，并记录备案。此外，企业应加强培训和示范教育，普及安全消防知识，督促所有员工遵守消防安全守则，有条件的，可举办模拟演示。

快递企业建筑工程和内装修防火设计，必须报公安消防监督机构审核批准后组织实施，应符合国家和当地消防技术规范要求，不得私自改动。施工完成后，要向公安消防监督机构申请消防验收。

（二）设备安全管理

快递企业设备主要包括叉车、计算机、打印机、扫描设备、分拣设备、消防器材、呼吸器、保护带等。

设备管理主要包括设备的保管、检查和使用。设备应建立台账，指定专人保管维护，每天检查并进行登记，还应做好设备防盗工作，并注意维护保养。企业相关管理部门要不定期组织检查设备的维护、保养和使用情况，并做好记录，特别要保证消防器材、呼吸器、保护带等安全设备无故障，关键时刻能使用。对全体员工开展使用安全设备的教育，使每一位员工都能熟练使用安全设备，如消防栓、灭火器、呼吸器等。

场地、设备安全无小事，必须高度重视，快递企业应坚持"预防为主，防治结合"的原则，做好场地、设备的安全管理工作。

五、信息安全管理

（一）资料保密管理

资料指企业的内部资料，包括各类企划、营销方案、客户信息、会议记录、操作流程以及整理而成的档案。各类资料包含了企业内部的重要信息，关系到企业的安全和利益，是高度的商业机密。因此，快递企业应强化保密意识，规范和加强资料使用、存放的管理和监控，杜绝和防范各类资料外泄。

（二）信息网络安全管理

信息网络安全是指防止信息网络本身及其采集、加工、存储、传输的信息数据被故意或偶然的非授权泄露、更改、破坏或使信息被非法辨认、控制，即保障信息的可用性、机密性、完整性、可控性等。

（三）数据安全管理

国际标准化组织（ISO）对计算机系统安全的定义是：为数据处理系统建立和采用的技术和管理的安全保护，保护计算机硬件、软件和数据不因偶然和恶意的原因遭到破坏、更改和泄露。由此可以将计算机网络的安全理解为：通过采用各种技术和管理措施，使网络系统正常运行，从而确保网络数据的可用性、完整性和保密性。所以，建立网络安全保护措施的目的是确保经过网络传输和交换的数据不会发生增加、修改、丢失和泄露等情况。

> 资料链接 18-5

【某快递企业高危行为管理办法（部分）】

（1）严禁窃取、泄漏、外发保密信息。
（2）严禁使用公司外通信软件沟通工作或者进行工作文档的传递。
（3）严禁利用工作职权或者非法手段私自查阅、搜集非工作必须的个人信息。
（4）严禁拆装、转让售卖巴枪。
（5）严禁共用、借用工作账号。
（6）严禁在公司任何系统使用弱密码，如 123456 等。

> 练一练

一、填空题

1. 快递行业安全工作仍然面临较大压力，_____、_____、_____等事故仍然发生。分析这些事故，大多是由于_____、_____、_____造成的。

2. 安全保障制度包括_____、_____、_____、_____。

3. 对于用户交寄的信件以外的邮件、快件，邮政企业、快递企业应当_____，_____、_____或者_____，方可收寄。

4. 为确实保障收寄验视制度的落实，邮政企业、快递企业应当_____和_____，加强_____和安全防范，制定_____和应急预案。

5. 邮政企业、快递企业应建立的安全管理制度主要有_____、_____、_____、_____、_____、_____、_____等。

二、判断题

（　　）1.《快递市场管理办法》规定，快递企业应当建立并严格执行收寄验视制度。对用户交寄的信件以外的快件，快递企业应当按照国家有关规定当场验视内件，当面封装。用户拒绝验视的，也可以收寄。

（　　）2.《生产经营单位安全培训规定》中指出：生产经营单位应当进行安全培训的从业人员包括主要负责人、安全生产管理人员、特种作业人员和其他从业人员。学习《邮政安全培训读本》安全知识测试题邮政电信题库。未经安全生产培训的从业人员，不得上岗作业。

（　　）3."预防为主"是强调安全监督管理，主要不是在发生事故后去组织抢救，进行事故调查，找原因、追责任、堵漏洞，这些都是安全监管中不可缺少的重要方面，但事故预防不能仅靠亡羊补牢，必须要未雨绸缪，防患于未然，将事故消灭在萌芽状态。

（　　）4. 安全保障制度，是指企业要加强安全管理和加大安全投入，保障信息安全（国家信息、用户信息）、寄递安全（邮件、快件）、生产（经营）安全。

（　　）5. 收件安全操作首先应检查物品是否属于违禁物品，如属于禁寄物品，不予收寄，并向客户说明原因。其次检查物品重量、规格是否符合寄递的相关规定后方可收寄。

三、简答题

1. 如何做好快件安全管理？
2. 如何做好人员安全管理？
3. 如何做好设施设备安全管理？
4. 如何做好信息安全管理？

任务训练页

一、接受任务

某快递企业下属几个分拨中心出现的员工伤亡时间如下表所示。

序号	事故说明	发生时间
1	脚被卷进爬坡机和滚轮中间骨折	2015年4月
2	操作场地内追逐打闹摔倒，致使侧股骨骨折	2015年7月
3	手腕卷进流水线滚轴内，致使手腕骨折	2015年8月
4	操作时不慎从车上摔下致使腰部骨折，伤残九级	2015年9月
5	被货物砸伤造成肋骨骨折	2016年5月
6	分拣货物时疏通流水线致使手卷进流水线，断裂伤伤残八级	2016年7月
7	下班途中发生交通事故，造成植物人	2016年8月
8	手被卷进爬坡机致使骨折，花费10万余元	2017年3月
9	被货物砸伤手致使手指骨折	2018年1月
10	操作不当致使触电身亡	2018年8月
11	流水线上违规行走致使腿卷进流水线造成重度烫伤	2019年2月
12	被流水线上掉下的货物砸伤脚致使骨折	2019年3月
13	操作时被尖锐货物扎伤眼睛，造成视力下降	2019年6月
14	在维修货架时被切割机切伤手致使断裂伤	2019年10月
15	被夹在干线车与操作平台间，致使死亡	2010年1月

请结合所发生的事故，总结分析作业过程中有哪些可能引发这些事故的原因，并提出解决措施。

二、制定计划

本次任务要求同学们利用课堂时间分小组学习、讨论，在课堂上展示分享活动成果。

三、任务实施

分工	姓名	主要职责
组长		组织、协调组员完成任务，负责安排代表分享成果
组员		分析事故原因以及提出解决方案

四、活动成果

引发事故的原因	解决措施
1.	
2.	
3.	
4.	
…	

五、任务评价

班级		任务名称		姓名	
学号		快递分拨中心事故分析		组别	
评价项目	评价标准	自我评价（20%）	组长评价（30%）	教师评价（50%）	分值	得分
职业能力	1. 团队合作、分工明确				10	
	2. 具有较强的服务意识				10	
	3. 工作认真、细心				30	
专业能力	1. 能准确辨别所遇到的异常情况				45	
	2. 能准确处理所遇到的异常情况				5	
其他能力	1.					
	2.					
总结与反思				成绩合计		
				指导老师综合评价		

任务十九　快递网点标准化管理

任务目标

❖ 知识目标	1. 理解快递标准化的内容； 2. 掌握快递网点标准化管理的内容
❖ 能力目标	1. 能够结合快递网点实际情况进行标准化管理； 2. 进行快递网点的标准化管理
❖ 思政目标	1. 培养良好的沟通表达能力和团队合作能力； 2. 培养严谨细致、认真负责的工作习惯，拥有强烈的责任意识； 3. 争做"能干、肯干、巧干"的接班人

情景导航

物流快递业在运输业中有不可低估的地位，早在 1993 年，全球十大运输企业排名中，第二及第九位均为主要提供快递服务的公司，发展至今，快递业的地位更加稳固。不仅如此，为了提速快递运作效率，快递行业以及企业都积极致力于建立现代物流标准化管理系统。快递网点作为快递企业的重要构成部分，其标准化管理将有助于提升企业形象、促进行业转型。结合任务所学，谈谈如何进行快递网点的标准化管理。

工作认知页

快递企业是网点标准化建设主体，企业总部要完善基层网点建设管理制度，基层网点要注重标准、规范的落地。

"标准化让生活更美好"
视频扫码观看

"企业标准化管理体系"
视频扫码观看

一、快递标准化概述

根据物流标准化总体规范和快递业务的需要，快递的标准化主要表现在以下几个方面。

（一）快递管理的标准化

统一的品牌下设置组织机构，包括机构名称、岗位编制、职责的标准化，企业的标识、着装的统一等，还有规范的目标管理、成本管理、质量管理、人事管理、财务管理等企业制度。

（二）快递业务的标准化

包括有关快递专业物流术语、业务种类、服务内容、计量单位、客户服务合同、物流单据、标签、业务流程、行为规范等方面的标准化。

（三）快递网络的标准化

包括分拨中心、快递网点设立原则、选址、规模、设施布局、设备配置、标识的标准化，车辆尺寸、载重量、车厢标识、包装、运载容器、装卸搬运工具等的标准化。

（四）快递信息的标准化

客户编码、货品编码、容器编码、储位编码、订单编码的标准化，快递信息系统文件格式、数据接口标准化等。

> 思考：标准化的制定与实施可以给企业带来哪些好处？

二、收派标准化

收派标准化是指在收派过程中，对收派工作的实施主体（收派人员的形象及行为标准）、收派工作的对象（快件以及收派中的各个环节）实施各类标准管理，达到各环节的协调统一、高效衔接，实现收派全过程的跟踪监控以及进行有效管理和量化考核，取得最佳的收派效果、经济效益及社会效益。收派标准化主要包括收派员形象标准化和收派作业环节标准化。

（一）收派员形象标准化

收派员形象标准化主要是针对着装、发饰、立姿、行姿、语言行为等制定详细而明确的标准，并对面部、口腔、耳部、手部甚至体味等都做出了详细规定，企业也应该为员工统一配置春秋装、夏装和冬装，并制定相应处罚制度，明确营业服务台标配等内外形象要求，以树立优秀员工形象。

（二）收派环节标准化

快件收派网络需要在短时间内完成大量的快件收（派）任务，对时间的要求非常严格，为保证在时间紧的情况下能准确、及时地完成任务，快递企业针对收派各环节制订了不同的操作及管理标准，如收派响应时间标准、收派操作规范、收派各环节用时标准、异常处理标准。

1. 收派响应时间标准

规定收派人员收到取件任务后必须在规定的时间内到达客户处，这既是快递企业的服务承诺，也是对完成每个收寄任务的最长时间要求，也是收寄管理的主要质量目标。

2．收派操作规范

制订了收件的标准操作流程、开箱查验、快件封装的操作标准等。这些标准的实行，保证在收派过程中收派人员能在最短时间内完成快件的收取（派送），而且能有效保护快件的安全。

3．收派各环节用时标准

快递企业对收派的每一个操作环节都制订了严格的时间标准，要求收派人员在规定时间完成各环节的操作，如某企业制订的收派关键环节标准用时如表19-1所示。

表 19-1　某企业制订的收派关键环节标准用时表

作业环节	项目	执行人	关键点	标准
取件环节	取货	收派员	收到取件信息后与客户确认取件信息	< 5 min
			上门取件	< 1 min
			现场指导客户填单	< 2 min
			现场称重及结算、收款	< 2 min
			取货完成后的反馈	< 1 min
			取货异常反馈	< 6 min

4．异常处理标准

制订了在快件收派过程中发生的各类异常情况的标准处理方法、反馈方法以及异常分类管理方法等。

三、快件标准化

一票快件从收寄到派送到客户手里，一般要通过多次转运操作甚至还需进行航空运输、报关报检等多个环节的处理，为保证快件货物能安全、顺利地通过这些环节，及时送达客户，快递企业制订了一系列的快件标准，包括：快件的品质标准、重量标准、包装尺寸标准、随附单证要求、运单填写规范等。

制定快件标准的依据主要有以下几个方面：

（1）国家法律法规禁止快递营运的货物物品有毒品、枪支、淫秽物品等。

（2）快件进出口国的通关要求。

（3）航空运输要求。

（4）快件运输（处理）安全要求。

快件运输（处理）安全要求为保障快件经过多次转运、处理还能安全送达客户，根据运输、处理的情况制订的，包括有快件包装标准、易碎品操作标准、贵重物品操作标准等。

资料链接 19-1

【顺丰收寄标准（部分）】

（1）禁止收寄：禁止收取易燃、易爆、易腐蚀、有毒、放射性及违法物品。

（2）限制收寄。

尺寸和重量：

① 陆运快件：单件计费重量不超过 130 kg 或三边（长、宽、高）分别不超过 2.5 m、1.5 m、1.5 m。

② 航空快件：单件计费重量不超过 80 kg 或三边（长、宽、高）分别不超过 2.5 m、1 m、0.8 m。

特殊说明：顺丰时效产品需按照各时效产品的重量及尺寸要求执行。

（3）准确、快速运送快件的保障要求。

为保证快件能准确地进行分拣、转运、派送，提高快递各环节的操作速度，要求快件在收寄环节就能达到快速转运的要求。其包括运单的填写规范、快件信息录入规范、各类快件标签标识的使用规范等。快件运单是快递过程中的主要操作依据，快件运单数据的准确、规范、清晰与否直接影响了快件操作的准确性和时效性，因此制订了完善的快件运单填写规范，包括字迹清楚、按规定位置填写、按标准格式填写等。

四、网点场地标准化

场地标准化包括网点的区域布局、设施设备配备等方面遵循统一的标准和要求。

资料链接 19-2

【黄山圆通速递标准化建设】

黄山圆通公司从服务操作规范入手，强化标准化建设。按照总部"设备配置标准"要求，为收派员配置操作牌、手机、PDA、电子秤、文件封、防水袋、中性笔、大头笔、胶带、验视章、运单、介刀、背包/挎包等"十三件宝"，便于员工收派工作有序、规范。在操作场地内设置塑料分拣框、壁挂式液晶电视、建包架、平板手推车、滞留笼、灭火器等物品，确保快递物品收发安全。不仅如此，公司还对快递运输车辆进行标准化要求，对于厢式货车、金杯车、依维柯、面包车、电动三轮车的色号、厢体、logo 标识等作出明确规定，对于工作人员的安全操作技能进行统一培训和要求，便于识别、确保安全。他们投入资金近 200 万元，耗费了大量的人力、物力，但收获良多：实施标准化建设、新购操作设备、合理优化场地布局，让他们省时省力省成本；统一的车辆形象、统一的收派员形象，让客户感受到不一样的专业，从让客户放心，到被客户认可，最后客户主动要求合作；通过信息化系统运用，大大节约人员成本，让结算、分拣变得更准确更简便，"现在，我们的派件签收率、在线客服接待率直线上升，普通投诉率直线下降，顾客满意度持续上升。"

思考：你周围的快递网点在标准化建设中还存在哪些不足的地方？

练一练

一、填空题

1. 快递标准化主要包括快递管理的标准化_____、_____、快递信息的标准化几个方面。

2. _____主要是针对着装、发饰、立姿、行姿、语言行为等制定详细而明确的标准。

二、简答题

1. 快递网点标准化建设主要有哪些方面的内容？
2. 快递收派标准化管理内容有哪些？

任务训练页

一、接受任务

某快递企业为在对下属的某营业网点的调研中发现：

（1）公司业务员收派件时，有时因为客户的原因，业务员需要等待，这样就会延误下一个客户的快件派送，导致效率降低。

（2）收派件过程中出现一些异常情况，业务员无所适从，导致客户满意度下降。

请结合本节课所学，从标准化管理的角度提出并制定相应的解决方案。

二、制定计划

本次任务要求同学们分小组学习、讨论，并展示成果。

三、任务实施

分工	姓名	主要职责
组长		组织、协调组员学习、整理小组成员资料，形成分享成果
组员		搜集资料，形成作业环节标准化规定

四、活动成果

标准化环节名称	标准化内容
	1. 2. 3. …

五、任务评价

班级		任务名称		姓名	
学号		选择快递业务类型		组别	
评价项目	评价标准	自我评价（20%）	组长评价（30%）	教师评价（50%）	分值	得分
职业能力	1. 团队合作、分工明确				10	
	2. 条理清晰，排版正确				10	
专业能力	1. 标准化环节选择正确				15	
	2. 标准化内容合理、可行				60	
其他能力	1.				5	
	2.					
总结与反思			成绩合计			
			指导老师综合评价			

拓展资源页

拓展训练——快递网点调研

调研附近某个快递网点选址、内部布局、设施设备配备以及人员的岗位设置等情况，形成一份调研报告。

拓展阅读——优秀快递网点是如何炼成的：写给网点老板的管理秘籍

快递行业无疑是一个非常辛苦的行业，具体到网点，则可以说是最辛苦的一个组织之一，那么面对这样的一个组织，究竟应该如果管理呢？

一、得人心者得天下

（一）第一个原则就是"关怀"

所谓以心换心，即用老板的爱心换取员工的忠心和诚心。

首先，献出自己的关爱之心。在希望获得他人尊重之前，大家首先要做到互相尊重，快递老板应给予员工应有的尊重和爱护。王卫说："每一个快递员都是顺丰这个大家庭的孩子"。对于一个网点来讲，能够把员工当孩子一样关爱，也必将收获父亲般的回报。最重要的，用行动体现诚意。例如员工的生日庆祝会、中秋节以网点名义给员工家人寄月饼、每个月的聚餐以及双十一、双十二的各种关怀措施等等。

（二）以身作则

首先，要求别人的自己先要能做到，充满正能量的网点必有一位充满正能量的老板。最重要的，用行动去教诲。老板应该如何传递正能量，塑造网点的迷人气质呢？除了个人基本素质较强、自我比较坚定的员工，多数员工还是很容易受到周围环境、周围人尤其是老板做法的影响。另外，对企业的认同不可少。对企业的认同可以有效地提高员工的工作积极性和黏性，首先网点老板必须自身有认同感，比如哈尔滨中通的一位网点老板，有两件定制衬衫，一件写着"I Love ZTO"，一件写着"I Love 女儿的名字"，把对企业的认同明确的表达出来，让大家都可以看到。最后，迎战困难的勇气不可少。在瞬息万变的快递市场，作为末端的网点，经常会面临各种变动，也会时不时出现这样或那样的问题，甚至有些难以解决的困难。这种时刻老板面对困难和挫折的做法，决定了员工遇到类似情况时，会有怎样的表现。如果老板一味怨天尤人，那么员工也可能会把所有的问题归结到老板身上；相反，如果老板总是积极解决问题，那么员工遇到困境时，也会觉得不好意思麻烦老板，想办法自己解决。

二、一个明确的共同目标

（一）既要有目标，又要有达成目标的途径

就像每个企业都要有愿景和使命，网点虽然是相对较小的组织结构，但目标却必须有，有目标才有动力，让看似枯燥重复的工作变得更有意义。在这个过程中，个人也有望实现自主进步。

（二）目标需要被内化

目标应该是经过大家认同的。就网点而言，需要每一个个体为其做出贡献，而贡献最大化的方式就是由以追求绩效的内在自我动机取代由外部施加的恐惧（罚款等）。

三、一种自力更生的决心

（一）网点需要随同企业一起成长和发展

网点与总部更好的相处之道，是借助总部的翅膀自己学会飞翔。简单来说，总

部的政策是要贯彻的，总部的要求也是要遵守的，总部的精神更是要实践的，这并不是因为达不到要求总部会罚款，而是先有大家才有小家，只有企业的品牌打出来，网点才有持续发展的可能性。

（二）网点也需要有系统的决策

《卓有成效的管理者》中有一句话："有效的决策者绝不会就事论事寻找对策或方案，而总是把遇到的麻烦当做表面现象，相信真正的问题一定隐藏在背后。"唯有系统的决策才能帮助网点实现大变革和大进步，让老板真正运筹帷幄，而不是整天忙东忙西地"救火"。

四、一群共同奋斗的人

（一）越是艰苦的时候越需要伙伴

优秀的网点尤其是规模稍大的网点都不是一人独立支撑的，都会有一个运营团队。

（二）授之以鱼/渔

有句古话"授人以鱼不如授人以渔"，说的是比起传授给人既有的知识，不如传授给人学习知识的方法。然而在管理实践中，是给"渔"还是"鱼"，需要视具体情况而定。网点老板任何意志和方向性的传达，都必须辅以方法上和工具上的帮助，只有这样才更有可能达到预期的结果。因此，当老板布置任务时，必须"渔"和"鱼"兼而有之，方法要有，具体的指示也要有。

（三）如何留住人才

俗话说"人往高处走，水往低处流"，优秀的人才似乎总有最好的去处，那么如何将人才留住？为了留住人才，至少需要做到以下两点：

1．互利共赢

既要能共苦，也要能同甘，共担风险的前提是能够共享利益。吝啬的老板极有可能面临"人员流失、人员不稳定"的噩梦。业务人员赚的比老板多不是问题，大家各凭本事，靠贡献说话。

2．政策透明

人们对公平性的追求甚至远高于对事实本身的追求。员工认为"网点政策有猫腻，老板背着大家拿了很多"的网点，一般会缺乏凝聚力，员工把各种困难和问题归结于老板的私心，这样导致员工很难久留。不透明的政策外加不顺畅的沟通，会导致无端的猜疑，进而影响人心，这种时候越是有能力的人流失得越快。

五、一颗接纳的心

（一）对人的接纳

从网点老板的角度看，对人的接纳需要做到两点：

第一，互相尊重

对于规模稍大的网点，等级制度可以有，但是无论规模多大的网点，都必须保持老板和员工之间，员工和员工之间的互相尊重，这种尊重包括对员工个人的尊重、对其工作的自由度的尊重和对其观点的尊重。

第二，保持沟通

保持沟通包括沟通渠道的畅通和沟通效果的保证。

渠道的顺畅需要有问题可以迅速找到相关负责人进行沟通反馈，例如通过微信群、QQ 群等。除此之外，还必须保证当面沟通的顺畅性，这既包括从上到下的沟通，如集体会议、培训、单独谈心等；也包括从下到上的沟通，譬如每周设置一个时间段让员工反馈建议、网点负责人单独抽时间接待员工等。

实践证明，沟通渠道只是形式，最终的效果才是重点，没有效果的渠道只是给了老板虚假的安心。沟通之后问题有没有解决？没能解决的原因是什么？未来应该如何改善？如果单个问题解决了，那么这个问题是否具有普遍性？能否建立系统的解决机制？这些都是沟通之后需要持续跟踪关注的。

（二）对变化的接纳

快递行业是一个发展变化迅速的行业。现在有一个的热词是"未来已来"，而快递行业更像一个永远在为未来做准备的行业，在这个行业做得好需要有一颗永远年轻开放的心。

任务二十　快递分拨中心管理

任务目标

❖ 知识目标	1. 理解快件分拨批次管理的内容； 2. 理解快递分拨中心管理的方法
❖ 能力目标	1. 能够将5S管理的理念运用于分拨中心日常管理中； 2. 能够将可视化管理的方法运用于分拨中心日常管理中
❖ 思政目标	1. 培养良好的沟通表达能力和团队合作能力； 2. 培养严谨细致、认真负责的工作习惯，拥有强烈的责任意识； 3. 具备安全作业意识和良好的职业道德； 4. 争做"能干、肯干、巧干"的接班人

情景导航

快递作业中的重要的一环是将各片区（地区）快件集中到分拨中心（转运中心），以及从分拨中心（转运中心）分散到各片区（地区），快递分拨中心的管理直接影响到快递网络的运转效率。小王被调任到某快递公司一级分拨中心作为储备干部培养，需要熟悉分拨中心的运作、布局以及管理等方面的知识，试结合本节课所学讲解分拨中心管理涉及哪些方面的内容。

工作认知页

一、快件分拨批次管理

（一）分拨批次的概念

分拨是快件的集散方式，是指在固定地点和固定时间段内，将使用各种运输方式的快件集中到一起，按照目的地进行分类的过程。

分拨批次是为了保障快件及时中转和派送，作业中心每天需完成多个不同时间要求、不同目的地的分拨作业任务。每一个不同时间要求、不同目的地的分拨作业任务在实际作业中被称为分拨批次。

分拨批次的制订是为保证与运输资源有效、快速、精确地衔接，根据作业资源的情况进行统筹分析，确定每个分拨作业任务的具体时间。

（二）分拨批次设定时需要考虑的因素

分拨批次设定时需要考虑的因素主要有干线运输到达时间、时效性、快件量、分拨中心的处理能力等。

1．干线运输到达时间

对于通过干线运输到达的快件，需要有相应的干线分拨批次以及时集散。

2．时效性

即使某一时间段快件量较少，但考虑到时效，要求仍要设置相应的分拨批次，将此批快件及时分拨出去。

3．快件量

对于取件量较大的地区，为了把取到的快件及时集散，需要设定分拨批次。快件量越大，批次应越多，这样可以起到分流快件的作用。

4．分拨中心的处理能力

分拨中心在一定时间内的处理能力是有限的，当在该时间段内的到达快件量大于其处理能力时，需要考虑增设新的分拨批次。

（三）分拨批次设计原则

分拨批次设计的原则有及时集散、充分利用分拨资源、不同级别分拨批次相关性。

1．及时集散

快件在运输过程中应避免在分拨中心滞留时间过长。网点和分拨中心在时间衔接上要合理紧凑，避免因衔接不上导致快件不能按照预先设定的时间流转而积压起来。

2．充分利用分拨资源

分拨中心在一定时间处理的快件量是一定的，同一时间过来的快件数量超过了分拨中心的处理能力则需要等待，而数量太少会导致分拨作业资源闲置，所以需要合理安排各地到达时间，以使中转环节处理快件量与分拨中心的处理能力保持平衡。

3．不同级别分拨批次相关性

分拨批次一般分为：干线分拨，即对应干线运输的分拨批次；支线分拨，即对应区域集散的分拨批次；同城分拨，即城市内收派片区的分拨批次。原则上，干线分拨批次的设定时间决定了支线分拨批次的设定时间，支线分拨批次的设定时间又决定了同城分拨批次的设定时间。在增设新的干线分拨批次时，要考虑到目前存在的同城分拨的情况，若现有的二级、同城分拨与干线分拨的衔接不够紧密，则需要考虑增加或者调整目前存在的二级、同城分拨。

（四）分拨批次设计流程

在确定各方面条件都满足的前提下，需要进行分拨批次的具体设定工作，包括地点、网点的截件时间、分拨开始和结束时间、分拨快件类型以及快件派送时间等。

1．确定分拨地点

在分拨时间确定的情况下综合考虑各区情况，选择有利于快件集散的分拨地点。目前干线分拨中心一般在机场附近，以方便航空件的快速集散。

2．确定分拨业务区域

在分拨批次确定的情况下，综合考虑片区到分拨中心的距离、时效、货量等因素，确定分拨的业务片区。

3．确定分拨时间

根据集中业务量并综合考虑分拨批次的上下游环节的衔接，从而确定分拨开始和结束的时间。

4．确定分拨各区的截止时间和到达时间

根据分拨开始和结束时间，以及各网点到达分拨中心所需要的时间，来确定参加分拨各区的截件时间。

5．确定分拨的快件类别

根据分拨设定的目的以及快件所要到达的地区，确定分拨的快件类别。

6．确定下一个环节的时间或最终派送时间

对于干线分拨，要根据分拨之后的下一环节确定快件到达地区之后的分拨时间。对于支线、同城分拨，要确定快件到达地区之后的派送时间。设定分拨批次时要考虑终端派送环节，看其是否有能力将各级分拨的进港快件及时派送给客户。增加分拨批次，对于提高快件时效和业务增长有积极作用，因此在有一定快件量的条件下应当有预见性地增加和优化分拨批次。

（五）分拨批次设计的方法

1．顺向推导设置

顺向推导设置就是按照快件的流向顺序设置分拨批次，即"某时间段收件量（收件时间段）—网点发车班次—二级中转批次—一级中转批次—…—派件时间"，这种方法的特点是能够准确按照客户需求状况合理分步设置分拨批次，具体设计方法如图20-1所示。

收件时间 → 网点发车时间 → 运输时间 → 二级中转批次 → 运输时间 → 一级中转批次 → 运输时间 → 二级中转批次 → 运输时间 → 网点到件时间 → 派件时间

图20-1　顺向推倒设置设计方法

2．逆向推导设置

逆向推导设置就是按照快件的相反流向顺序（以承诺时效性或一级中转批次为标准）设置分拨批次，即"承诺时效性—…—一级中转批次—二级中转批次—网点发车班次—收件截件时间"，这种设计方法的特点是侧重于中转分拨的操作效率。

资料链接 20-1

【京东"211限时达"】

京东"211限时达"是京东物流的一项配送服务，当日上午11:00前提交的现货

订单（天津、东莞、深圳、杭州为上午 10 点前，以订单出库后完成拣货时间点开始计算），当日送达；夜里 11:00 前提交的现货订单（以订单出库后完成拣货时间点开始计算），次日 15:00 前送达。

二、快递分拨中心的 5S 管理

"整理"是指区分必需品和非必需品，现场不放置非必需品；"整顿"是指能在 30 s 内找到要找的东西，将寻找必需品的时间减少为零；"清扫"是指将岗位保持在无垃圾、无灰尘、干净整洁的状态，清扫的对象包括地板、天花板、墙壁、工具架、机器、工具、测量用具等；"清洁"是指将整理、整顿进行到底，并且制度化，管理公开化、透明化；"修养"是指对于已经规定的事，大家都要认真遵守执行。

"5S 管理介绍"
视频扫码观看

通过"整理"，可使作业现场无杂物，行道通畅，增大作业空间，提高工作效率，而且会减少碰撞，保障作业安全，提高作业质量；通过"整顿"，可以提高工作效率，将寻找时间减少为零，可以马上发现异常情况（如丢失、损坏等）；通过"清扫"，可使取出的物品完好可用（将经过整理、整顿后的必需品恢复到立等可取的状态）；通过"清洁"，可起到维持和改善的作用；通过"修养"，可形成良好的习惯。

三、快递分拨中心的可视化管理

可视化管理是利用形象直观、色彩适宜的各种视觉感知和信息来组织现场作业，达到提高作业效率目的的一种管理方式。它是以视觉信号为基本手段，以公开化为基本原则，尽可能地显现管理者的要求和意图，借以推动自主管理、自我控制。可视化管理是一种以公开化和视觉显示为特征的管理方式，通过图表、看板、颜色、放置区域划分线等目视管理工具，使工作现场发生的问题、异常、浪费等情况一目了然，以便迅速采取对策，防止错误发生。

"韵达快运分拨——操作经理的一天"视频扫码观看

可视化管理在快件作业现场管理的应用主要体现在以下几个方面。

（一）规章制度与作业标准的公开化

为了维护统一的组织和严格的纪律，保持快件作业所要求的连续、快速、准确，提高快件作业效率，实现安全操作和文明操作，凡是与现场作业人员密切相关的规章制度、作业标准等，都需要公布于众；与作业人员直接相关的，应分别展示在岗位上，如岗位责任制、作业流程图、操作规范等，并应始终保持完整、正确和洁净。

（二）操作任务与完成情况的图表化

现场是协作劳动的场所，因此，凡是需要大家共同完成的任务都应公布于众。计划指标要定期层层分解，落实到具体的班组和个人，并列表张贴在墙上，实际完成情况也要使用进度表定期公布。

（三）与布置管理相结合，实现视觉显示信息的标准化

在布置管理中，为了消除快件的混放和误置，必须有完善而准确的信息显示，

包括标志线、标志牌和标志色。信息显示符号应清晰、标准化。各种区域、通道和各种辅助工具（如工具箱、工位器具、生活柜等）均应运用标准颜色，不得任意涂抹。

（四）现场作业控制手段的形象直观化与使用的方便化

为了有效进行现场作业控制，使每个操作环节都严格按照作业标准进行，要采用与现场工作相适应的、简便实用的信息传导信号。"看板"就是一种能起到这种作用的信息传导手段。可视化管理采用可以发出视觉信号的标识牌、图表等，形象直观、简单方便，容易认读和识别。在有条件的岗位，应充分利用视觉信号显示手段，实现迅速而准确地传递信息，保证无需管理人员现场指挥即可有效地组织生产。

（五）质量和成本控制实行目视管理

在各质量管理控制点，需要采用质量控制图，可以清楚地显示质量波动情况，以便及时发现异常并处理。作业要利用板报形式，将"异常统计日报"公布于众，由有关人员进行分析，确定改进措施，防止异常再度发生。

（六）快件的码放和运送的数量标准化

快件码放和运送实行标准化，可以充分发挥可视管理的长处。各类工位器具，包括箱、盒、盘、小车等，均应按规定的标准数量盛装。这样，保证操作、搬运和检验人员点数时既方便又准确。

在现场管理中采用可视化管理方法，可以取得多方面的效果，如提高员工的问题意识和成本意识、提高管理者能力，使管理更加透明。

思考：可视化管理的工具有哪些？

四、快件搬运装卸管理

快件搬运装卸作业贯穿于快件作业的全过程，从快件到站接收、入库、查验、分拣、集装直至发运都伴随着装卸搬运作业的发生，其出现的频率大于任何一个作业环节，所耗费的时间和劳动力也比其他环节高出很多。因此，必须合理地对搬运装卸作业进行组织、管理，尽量避免不必要的装卸、提高搬运装卸效率、降低搬运装卸用时、减少因装卸而造成的快件破损等，实现安全、快速、节省的快件搬运装卸作业。

（一）搬运装卸合理化管理的原则

搬运装卸合理化管理的原则主要有：减少装卸搬运环节，降低装卸搬运作业次数；移动距离（时间）最小化原则、提高装卸搬运的灵活性原则、单元化原则、机械化原则、标准化原则、系统化原则等。

（二）实现搬运装卸合理化管理的方法

实现搬运装卸合理化管理的方法主要有制订搬运装卸标准、合理选择装卸搬运工具和方式、实现有计划、有组织的搬运装卸作业、加强现场调度指挥工作、加强和改善装卸劳动管理等。

五、快件分拣管理

分拣作业是快件操作的核心环节。所谓分拣，是根据快件的发运线路或目的地，尽可能迅速、准确地将快件进行分类拣取，并摆放在指定位置的作业过程。分拣作业在快件作业环节中不仅工作量大、难度高，而且要求作业时间短、准确度高。因此，加强对分拣作业的管理非常重要。

（一）影响分拣作业的主要因素

1．分拣难度

分拣难度取决于分拣作业的需要，包括以下几个方面的内容：

（1）需分拣区域数量。

分拣区域数量决定于快递网络的分区以及该作业中心所负责发运的线路数量。分拣区域越多，分拣人员要记的分区界定方法的内容就越多或自动分拣设备要设计的分区界定办法、参数以及分拣端口就越多，分拣的难度也就越大。

（2）分拣区域确认方式。

分拣区域的确定一般有根据邮政编码、电话区号、机场代码、分拣代码或者地址等几种方式，总体可以归纳为两种：一种是数字方式、一种是文字方式。数字方式较文字方式容易。数字方式中编码位数越少则越容易，如按机场代码确认比按邮编方式确认容易，而分拣代码方式是最容易的。文字方式中，地理范围越大则越容易，如按国家名称比按城市名称区分容易；要求辨别的地理位置越小则越难，如要细化到某一条街道或某一小区。

（3）分拣作业集成度。

分拣作业集成度是指在分拣过程作业人员要同时进行的其他操作。在很多快递企业，分拣作业并不仅仅是简单的分类拣取，往往是在分类的同时还要进行搬运、摆放、检查快件运单数据的准确性、完整性，检查快件品质，确定派件地址的类型（如香港件中需确认该地址是商业地区还是私人住宅、是否为仓库等）等。集成度越高，分拣难度就越大，所需分拣的时间就越长。

2．分拣信息

分拣信息包括信息系统中的快件记录和运单上的资料这两方面的快件信息。快件信息的准确度、完整度、清晰度以及填写的规范性是影响分拣作业质量的主要因素。如果快件信息填写完整、准确、规范、清晰，分拣人员就能够快速、准确地确定分拣区域，迅速完成分拣；而快件信息不规范、不清晰，分拣人员就要花费时间进行辨认、检查，从而影响分拣速度，甚至导致分拣错误；即使是采用自动分拣方式进行分拣的，信息错误或不规范，也会导致自动分拣机无法识别或者分拣错误。

在实际操作中，造成分拣差错的原因有 65% 是来源于快件信息问题。

3．作业方式

分拣的作业方式主要有三种：手工方式分拣、半自动机械分拣、自动分拣。

4．分拣人员

不管采用哪种分拣方式，人在分拣作业中都是最主要的因素。在手工作业方式中，分拣员对按分拣区域及界定方法的熟练度决定了分拣的速度和准确度，分拣员的态度和积极性，决定了分拣过程快件的破损率和差错率；在半自动分拣方式中，人机的配合度决定了分拣的最终效率；在自动分拣方式中，也只有作业人员规范、正确地使用、配合自动分拣设备，并对分拣异常和无法自动分拣的快件进行及时处理，才能发挥自动分拣的最大效率。

（二）分拣作业的改进措施

1．制订快件作业标准体系

快件作业标准是一切快件作业的基础，在分拣环节中其更是体现出了快件作业标准的重要性。只有制订完善的快件作业标准并在实际操作中严格地贯彻执行，才能实现快件分拣的数字化、智能化，降低分拣难度，提高分拣效率，为实现自动化分拣奠定基础。快件作业标准包括快件各环节的技术标准、快件品质标准、快件包装标准等。

2．分拣数字化

所谓分拣数字化，是指在分拣全过程中尽可能采用以数字方式确定分拣区域的方法进行分拣。相对文字方式而言，数字方式确定分拣区域有简单、易记、明确、可程序化等优点，是降低分拣难度、提高分拣效率的一种重要手段。分拣数字化是实现智能化、自动化分拣的基础，只有可数字化分拣的区域越多，自动分拣设备可处理的快件范围才越大，自动分拣作用才能充分发挥。因此，快递企业应建立完善、标准的快递区域编码体系，尽可能将编码细化到最小派送区域，并在实际操作中使用。

资料链接 20-1

【"数字化"驱动发展】

在人们的印象里，快递业是一个劳动密集型产业。事实上，随着近年来数字化浪潮来袭，各行各业都在颠覆传统的路上大步前行，快递业也不例外。面对已经到来的大量包裹常态化时代，各家快递企业纷纷加大对科技的投入，通过数字化转型和技术创新降本增效，加快从"汗水型"向"智慧型"转变。

思考：快递分拣领域有哪些智能化分拣方式？

3．信息预分拣处理

信息预分拣处理是在分拣前，对分拣快件的信息进行检查并按照分拣区域进行分类。通过预分拣处理，可得出需分拣的作业量大小、需分拣区域的个数、每个区域的快件数量，以便及时发现异常情况，提前确定每票快件的分拣区域。这虽然增加了快件作业的工作量，但对于组织分拣作业、提高分拣效率有着重要意义。

> 思考：信息预分拣处理有哪些好处？

4．改进作业方式

作业方式是影响分拣质量、分拣效率的最大因素，分拣质量、分拣效率的提高离不开作业方式的改进。虽然自动分拣设备太昂贵，对于很多快递企业来说并不实际，但手工方式的效率太低、差错率太高，又满足不了快递服务质量的发展要求。因此，实现半自动化分拣是很多快递企业一个不错的选择，而且半自动化是一个可持续改进的过程，所需投入的资金与其"自动化"程度成正比，快递企业可以量身订做，适当地选择"自动化"程度。

5．加强分拣人员的管理和培训

分拣人员是分拣作业的实施者，是决定分拣质量的重要因素。加强分拣人员的管理和培训是分拣作业质量改进的最基本措施。主要内容有：

（1）加强现场分拣人员的调度指挥，提高分拣人员的协同作业能力以及人机配合度，提高分拣作业的速度。

（2）合理配备作业人手、分配作业量，科学控制劳动强度，保障安全作业。

（3）采用科学的激励方法，充分调动分拣人员的积极性。

（4）加强分拣人员的质量意识、安全意识、时间意识教育。

（5）加强分拣人员的快递作业标准、操作规范、快递区域分区标准、区域代码以及设备使用规范等培训，提高分拣人员的作业能力，提高分拣效率。

练一练

一、名词解释

1. 5S 管理：
2. 可视化管理：
3. 分拣数字化：

二、简答题

1. 分拨中心设计分拣批次应该考虑的因素有哪些？
2. 可视化管理在快件作业现场管理的应用主要体现在哪些方面？
3. 如何改进分拣作业？

> 任务训练页

一、接受任务

搜集一家快递分拨中心的资料，结合所学内容制作PPT介绍几种管理管理方法在该分拨中心中的运用。

二、制定计划

本次任务要求同学们分小组学习、讨论，并且展示分享活动成果。

三、任务实施

分工	姓名	主要职责
组长		组织、协调组员学习、讨论，汇总各组员的成果，并做好汇报准备
组员		分拨中心批次设计的情况
		5S管理在分拨中心的运用情况
		可视化管理在分拨中心的运用情况
		分拨中心装卸搬运的设计情况
		分拣作业管理的情况

四、活动成果

管理方法	应用情况介绍
批次管理	
5S管理	
可视化管理	
快件搬运装卸管理	
快件分拣管理	

五、任务评价

班级		任务名称		姓名		
学号		快递分拣中心管理		组别		
评价项目	评价标准	自我评价（20%）	组长评价（30%）	教师评价（50%）	分值	得分
职业能力	1. 团队合作、分工明确				10	
	2. 有独立工作能力，完成质量好				10	
	3. 语言组织与表达好				10	
专业能力	1. 分拨中心管理方法应用情况说明详细、正确				40	
	2. 管理方法应用情况介绍图文并茂				25	
其他能力	1.				5	
	2.					
总结与反思				成绩合计		
				指导老师综合评价		

拓展资源页

拓展训练——可视化管理在快递分拨中心的运用

自学可视化管理的相关知识，从颜色设计标准、空间地名的标准、地面通道的标准、物品材料的标准、安全警示的标准、外围环境的标准、办公部门的标准中选择一项介绍可视化管理在分拨中心的具体运用方式。

任务二十一 快递客户开发与管理

任务目标

❖ 知识目标	1. 了解快递客户的种类； 2. 理解快递企业开发客户的基本步骤以及相关内容； 3. 掌握快递企业客户分类管理的方法
❖ 能力目标	1. 能够结合实际情况设计客户开发策划书并且实施； 2. 能够对不同客户进行分类管理
❖ 思政目标	1. 培养良好的沟通表达能力和团队合作能力； 2. 培养严谨细致、认真负责的工作习惯，拥有强烈的责任意识； 3. 具备良好的职业道德； 4. 争做"能干、肯干、巧干"的接班人

情景导航

某快递公司在快递市场调研和对比分析的基础上，推出了三款时效服务产品：当日达、次晨达、定时达，公司希望大规模开发客户。结合本节所学，设计一份《时效服务产品客户开发策划书》。

工作认知页

一、快递客户的认知

（一）快递客户

快递客户是快递企业提供产品和服务的对象。快递客户是快递企业赖以生存和发展的基础，是快递企业的利润之源。快递企业所拥有的快递客户越多，所处的竞争地位就越有利。

因此，快递竞争的焦点主要集中在快递客户身上：一是不断扩大企业所拥有的快递客户数量，使得潜在客户转变为现有客户；二是不断提升客户对企业的价值，使客户由低端向中、高端客户转变。快递企业通过积极开展有针对性的客户营销活动，提供优质的客户服务，最大限度地开发新客户、保留老客户，提高企业效益。

（二）快递客户的分类

由于快递企业面对的客户情况多种多样，为了有效地进行管理，要对客户进行合理分类，快递企业可以针对不同的客户实行个性化的管理方式，这样不仅能够提高客户管理的效率，而且能够提高客户对企业的忠诚度。对快递客户进行分类，是快递客户服务与管理的基础工作。分类越合理，快递企业对客户的服务和管理效果就越好，企业和客户双赢的机会就越大。

对快递客户进行分类，是快递客户服务与管理的基础工作。分类越合理，快递企业对客户的服务和管理效果就越好，企业和客户双赢的机会就越大。常用的分类方法有以下几种：

1. 按客户价值大小分类

按照客户价值分类，找到最有价值的客户即关键客户，才是快递企业最重要的工作，而 ABC 客户分类法就是一种比较实用的方法。从快递客户给企业带来的收益和价值来分，将快递客户分为三类：关键客户（A 类客户）、主要客户（B 类客户）、普通客户（C 类客户）。不同客户的介绍如表 21-1 所示。

表 21-1　客户 ABC 分类

客户类别	介绍
关键客户（A 类客户）	关键客户是金字塔中最上层的金牌客户，是在过去特定时间内为快递企业提供价值量最多的客户。这类客户是快递企业的优质核心客户群，由于他们业务稳定，做事规矩，信誉度好，对企业的贡献最大，因此能给企业带来长期稳定的收入，值得企业花费大量时间和精力来提高该类客户的满意度
主要客户（B 类客户）	关键客户是金字塔中最上层的金牌客户，是在过去特定时间内为快递企业提供价值量最多的客户。这类客户是快递企业的优质核心客户群，由于他们业务稳定，做事规矩，信誉度好，对企业的贡献最大，能给企业带来长期稳定的收入，值得企业花费大量时间和精力来提高该类客户的满意度
普通客户（C 类客户）	普通客户是指除了上述两种客户外，剩下的 80% 客户。此类客户对企业完成经济指标贡献甚微，为快递企业提供业务收入占企业总收入的 20% 左右。由于他们数量众多，具有"点滴汇集成大海"的增长潜力，快递企业应控制在这方面的服务投入，按照"方便、及时"的原则，为他们提供大众化的基础性服务，或将精力重点放在发掘有潜力的"明日之星"上，使其早日升为 B 类客户甚至 A 类客户。快递企业服务人员（或客户代表）应保持与这些客户的联系，并让他们知道当他们需要帮助的时候，企业总会伸出援助之手

2. 按客户所在市场类型分类

按客户所在市场类型分类，快递客户大致可以分为三类：电商客户、企业、政府机关客户和零散客户。

（1）电商客户。

与传统购物方式相比，我国网购交易正处于一个爆发式增长的阶段，未来的发展前景极其广阔。与电子商务蓬勃发展相对应的是，我国的电子商务快递业务同样呈现出超高速增长的态势。数据显示，我国当前快递业务量的一半以上来自网购，网购已当之无愧地成为驱动快递业务快速增长的主动力。面对巨大的电子商务物流需求，我国的快递业迎来了前所未有的发展机遇。

电子商务快递市场巨大的发展潜力，为快递企业提供了广阔的发展空间。可以预见，我国电子商务快递业务在总体快递业务中的比例将会越来越高，对快递企业的影响也会越来越大。

（2）企业客户。

企业客户主要由国内大中型企业、外资企业和合资企业构成。这类客户通常追求高性能、最优质的快递服务，对价格则不太敏感。他们通常会选择知名快递企业的快递服务。

（3）零散客户。

零散客户主要由一些小型企业和普通的个人客户构成。他们非常注重快递服务的价格，并往往会在心中设置一些价格底线，诸如时效和安全率等。只要达到基本要求，价格就成了他们最为关心的关键因素。零散客户的消费能力有限，对价格敏感，使得他们对快递品牌的忠诚度低。快递企业往往还没有来得及把新开发的零散客户培育成忠诚客户，他们就转向了竞争对手，客户流失情况普遍。

3．按客户所在区域或范围分类

按客户所在区域或范围分类，快递客户大致可以分为三类：专业市场客户、商务区客户、大中院校及社区客户。

（1）专业市场客户。

快递企业的服务范围很广。按照所寄递的物品不同，可分为不同类型的专业市场客户例如：皮革市场客户、电子产品市场客户、服装市场客户等。

（2）商务区客户。

商务区高度集中了城市的经济、科技和文化力量，同时具备金融、贸易、服务、展览、咨询等多种功能，汇集了大量的办公、餐饮、服务和住宿设施，是"寸土寸金"之地。中央商务区内快节奏的工作和生活方式必然对快递服务提出了高效、快捷的要求。

（3）大中院校、社区客户。

随着电子商务的快速发展，校园、社区客户群体的快递业务量急剧增加，快件投递成了每个快递企业亟待解决的问题。快递进校园、进社区的问题单纯依靠快递企业自身的网络建设和投入已经很难解决。积极鼓励和支持快递企业同社会物业、便利店、社区综合服务平台、校园管理机构等各种社会资源开展合作，共同打造快递末端的服务平台。鼓励学校、快递企业和第三方主体因地制宜地加强合作，通过设置智能快递箱或者快递的收发室委托校园邮局等进行投递，建立共同的配送平台促进快递进校园、进社区。

4．按客户所处状态分类

按客户所处状态，快递客户可以分为忠诚客户、新增客户、潜在客户、流失客户。

（1）忠诚客户。

忠诚包括交易忠诚和情感忠诚两方面。交易忠诚一般以客户购买产品的时间、购买频率、客户所占份额和客户的生命期来度量。情感忠诚一般根据情感和关系来判定，而不是单纯地看交易记录。它包括客户愿意向企业支付额外费用、将企业视作标杆、向他人推荐企业的产品、对企业的产品提出优化建议等。

（2）新增客户。

快递企业的利益来自客户资源的保持和不断的拓展，赢得新客户是快递企业生存与发展的重要方式。新客户一般不知道快递企业的品牌形象、实际能力、发展蓝图、行业地位、产品优势，没法维持对企业的忠诚。但现在没有购买快递企业产品或服务不表示将来不买，每一个没有购买过的人都有可能成为快递企业的新增客户，快递企业的每个老客户、忠诚客户都是从新客户一步一步走过来的，赢得现在的新客户实际上就是赢得了将来的老客户、忠诚客户。

（3）潜在客户。

潜在客户是指在工作、生活中有可能购买快递产品或服务的人。首先，这类客户并不是对快递服务产品没有使用欲望，只是暂时还没有使用。其次，这类客户往往会仔细询问产品的各方面性能，属于理智型的消费者。再次，这类客户一旦认定某种产品，可能影响周围的一大群人。最后，这类客户通常对未知的事物有排斥感，很难接受一种新产品，除非推销者能够准确掌握他们的内心特质，否则很难向他们推销产品。

（4）流失客户。

由于种种原因而导致的与所提供快递服务的企业中止合作的客户，就是流失客户。例如：有一天客户决定终止合作转而投向竞争对手；业务员突然辞职，接着他负责的几个客户都相继结束了与企业的合作关系；已经合作多年的客户居然最近几个月都没有业务往来了。客户的忠诚度是一个很难用数字衡量的概念，在营销手段日益成熟的今天，每个客户都有自己的选择和利益杠杆，客户是一个很不稳定的群体。

5．按其他方式分类

（1）按客户所处地理位置的不同，可分为国外客户、国内客户。

（2）按照与客户合作领域的不同，可分为全球性客户、全国性客户、地区性客户和行业性客户。

（3）按照客户的性质不同，可分为政府机构及非营利机构客户、企业集团客户、个人客户。

（4）按照客户的来源不同，可分为传统的客户和电子商务客户。

思考：完成一份客户开发策划书，需要做哪些工作？

二、快递客户开发

"优秀快递员经验分享——在维护客户中开发客户"相关内容扫码观看

快递客户开发基本步骤如图21-1所示。

明确调查对象 → 调查、筛选客户 → 分析客户需求 → 策划客户开发方案 → 实施客户开发方案

图 21-1　快递客户开发基本步骤

（一）快递客户调查

1. 快递客户调查的主要内容

快递客户调查的主要内容如表 21-1 所示。

表 21-1　快递客户调查表

客户名称		地址		
客户类型		联系人		联系电话
客户规模概述		寄件类型		均寄件量
服务要求	快递类型	安全要求	速度要求	价格要求
	（如隔日达）			
备注				

2. 快递客户调查的途径

（1）通过快递客户所在的行业协会对这类客户进行了解。
（2）通过政府报告和新闻媒体了解各类快递客户的信息。
（3）直接咨询客户企业。
（3）通过竞争对手了解快递客户信息。

资料链接 21-1

【如何找到客户？这五大法宝分享给你】

第一，可以通过朋友介绍：在我们的身边有很多的朋友，我们可以通过朋友介绍客户。

第二，可以通过老客户介绍：我们也可以通过老客户介绍新客户，这样说服力更强。

第三，可以通过进店客户：我们也可以通过进店客户，每天都会有需求产品的客户主动去购买产品，这个时候可以发展新客户。

第四，可以通过亲戚介绍：我们可以通过亲戚介绍，我们的亲人们也有朋友，可以让亲人介绍新客户。

第五，可以通过在朋友圈发布信息：我们也可以通过在微信朋友圈发信息，让人们知道你的产品，进而发展微信好友为新客户。

第六，可以通过在外边做活动：我们也可以通过在外边做活动，吸引人们来观看，进而发展新客户。

（二）快递客户筛选

快递客户筛选要做的工作主要是明确目标客户，目标客户是指需要企业或商家的产品或服务，并且有购买能力的客户，是企业或商家提供产品、服务的对象。

1. 快递客户筛选的重要性

快递企业之所以要对自己的目标客户进行选择，主要是基于以下几方面原因进行的考虑：

（1）不是所有的目标客户都能给企业带来效益。

传统观念认为登门的都是客，认为所有的客户都重要，因而盲目扩大客户的数量，从而忽视了客户的质量。实际上并不是每个客户都能给快递企业带来同样的效益，不是每个客户都能带来真正的价值。关键客户带来大价值，普通客户带来小价值，风险客户带来负价值，甚至还可能给企业带来风险。因此选择正确的客户能增加快递企业的盈利能力。

（2）可以使快递企业拥有的自身资源得到有效利用。

无论是何种规模的快递企业，其所掌控的资源都是有限的，只有将有限的人员、资金、设备等资源进行合理有效的使用，即让有限的资源为关键客户服务，更好地提高服务质量，进而提高客户满意度，让关键客户变成快递企业的忠诚客户，从而保证企业利润的最大化。

（3）正确选择客户是快递企业成功开发客户、实现客户忠诚的前提。

快递企业如果选错了目标客户，则开发客户的难度和成本都会比较大，开发成功后维持客户关系的难度也较大，维护成本也较高，企业很难为客户提供相应适宜的快递服务。

企业经过认真分析，选对了目标客户，那么开发客户、实现客户忠诚的可能性就很大，开发和维护客户的成本也才能最低。

实践证明，客户忠诚度高的快递企业往往更关注对新客户的筛选，而不是一味追求客户数量上的增长，他们从长远合作的角度去考虑，然后有计划地去吸引他们，保留他们，从而获得长远的发展。

（4）目标客户的选择有助于快递企业进行准确地定位。

不同行业的客户群对快递的需求也各不相同。这就要求快递企业必须根据自身优势寻找适合自己的目标客户，为客户提供满意的快递服务，不断树立快递企业的品牌特色。如顺丰速运专注于商业和服务业市场，专做商业信函、文件等小件商品快递，专门服务于大客户和一些中高端小客户。

2．快递企业目标客户选择

（1）快递企业目标客户选择的标准。

快递企业选择客户时尽量选择好的关键客户，关键客户是指对企业贡献大的客户，能不断产生收入流的个人、家庭、组织或团体，其为企业带来的长期收入应超过企业长期吸引、服务和维护该客户所花费的可接受范围内的成本。关键客户一般都是高价值客户，他们通常具有普通客户所不具备的突出特点。

（2）快递客户选择的方法。

① 选择客户必须"门当户对"。

快递企业进行客户选择时也要强调"门当户对"。要衡量自身的服务能力是否和客户的要求相匹配，如果企业自身服务能力较低，就不要选择服务要求较高的客户；否则由于企业服务能力不够，高级别的客户就不容易开发。即使最终开发成功，勉强建立了业务关系，以后维系的成本和难度都较大。

② 快递企业与客户之间是双向选择。

快递企业寻找门当户对的客户，必须实现企业与客户之间的双向选择。要求结合客户的综合价值与企业对其服务的综合能力进行分析，然后找到其交叉点。

③ 依据现有忠诚客户的特征来选择目标客户。

快递企业可以运用类比的方法，通过分析现有的忠诚客户所具有的共同特征，来寻找最合适的目标的客户，就是以最忠诚的客户为标准去寻找目标客户。

（三）快递客户分析

快递客户按照主体特性分类，主要可以分为个人客户和企业客户两大类，快递客户分析主要是分析客户的购买行为。

1．企业购买行为分析

企业客户在选择快递服务时，考虑的因素相对比较多，如快递品牌、快递企业的网络覆盖范围、增值服务、批量交寄快件的价格、快递运输的安全程度、报关程度等。

（1）快递品牌。

企业客户在选择快递服务时，往往会考虑所选快递企业与客户自身的形象是否相称。如果客户是国际大公司，往往会选择一家大型且具有一定品牌影响力的快递企业作为合作伙伴。其对快递服务的安全性、快件传递速度的要求会相对较高，而对快递服务价格的考虑会相对较少。

（2）快递企业的网络覆盖范围。

产品经销范围覆盖全球的企业客户，往往会选择具有全球服务能力的快递企业作为合作伙伴；产品经销范围覆盖全国的企业客户，往往会选择具有全国服务能力的快递企业作为合作伙伴；产品经销范围为局部地域的企业客户，一般会选择具有局部地域服务能力的快递企业作为合作伙伴。

（3）增值服务。

随着购买力的增加，企业客户对快递服务的需求也会"水涨船高"，可供企业客户选择的快递服务品种也越来越多。企业客户不仅仅关注快递传递的安全和速度，还关注快递企业的售后增值服务，如打印运单、保价运输、代收货款、短信服务、网络随时查询等。为企业客户提供增值服务，已成为快递企业吸引企业客户的重要举措。

（4）决策者的影响。

决策者个人的喜好会影响该企业客户的购买行为。当企业客户决定选择一家快递企业作为合作伙伴时，决策者往往考虑的是自己熟悉或者认同的快递企业，然后再从中进行筛选。

2．个人购行为分析

影响个人购买快递服务行为的主要因素有：

（1）个人客户对快递服务的整体印象。

个人客户对快递服务的整体印象非常重要，这决定着个人客户是否愿意接受快递消费。

（2）快递服务的价格与寄递速度。

个人客户在选择快递服务时，主要考虑的是价格要经济实惠，寄递速度要能达到客户的要求，而对快递品牌的选择相对不敏感。

（3）快递服务的便利性。

快递服务是一种门对门、桌对桌的服务。只要客户给快递企业打一个电话，就会有快递业务员上门服务；或者只需在快递企业网站点击一下鼠标，就可以下单寄递物品。个体客户使用快递服务时，往往看重快递服务的便利性。

（4）客户的兴趣和爱好。

随着网上购物、电视购物的兴起，人们已经开始享受这些新的购物方式，对使用快递寄递所购物品的需求明显增加。

思考：快递市场开发人员应该具备哪些专业技能？

（四）制定开发方案并实施

1．快递客户开发计划的基本要求

快递客户开发计划要有目的性，能清晰反映客户的特性，同时明确竞争对手和自身的态势。

2．快递客户开发计划的主要内容

快递客户开发计划的主要内容如图 21-2 所示。

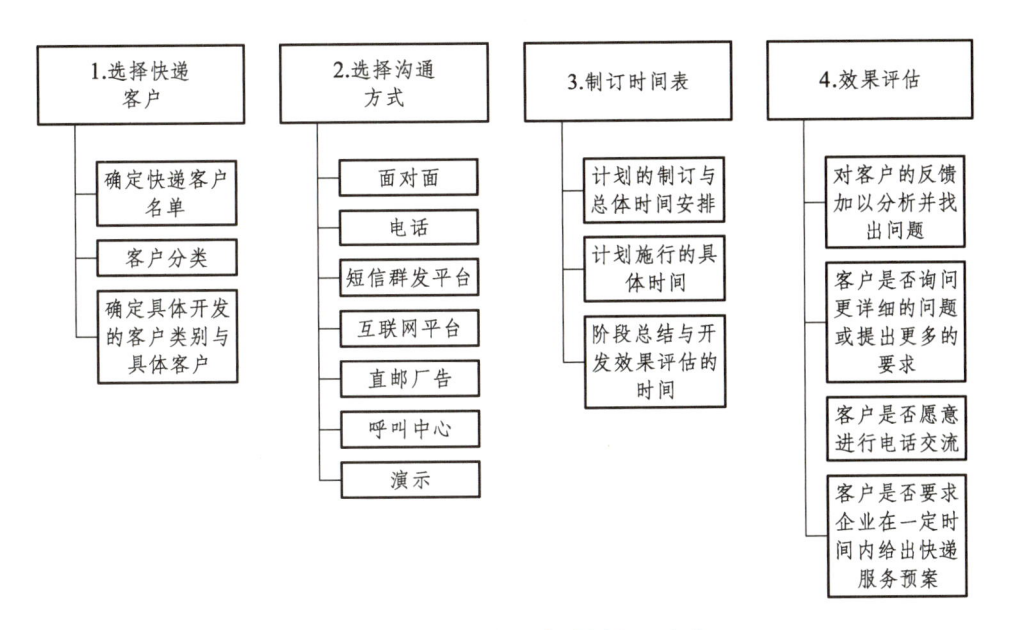

```
┌─────────────┐  ┌─────────────┐  ┌─────────────┐  ┌─────────────┐
│ 1.选择快递  │  │ 2.选择沟通  │  │ 3.制订时间表│  │ 4.效果评估  │
│    客户     │  │    方式     │  │             │  │             │
└──────┬──────┘  └──────┬──────┘  └──────┬──────┘  └──────┬──────┘
       │                │                │                │
  ┌────┴────┐      ┌────┴────┐      ┌────┴────┐      ┌────┴────┐
  │确定快递 │      │ 面对面  │      │计划的制订│      │对客户的 │
  │客户名单 │      ├─────────┤      │与总体时间│      │反馈加以 │
  ├─────────┤      │  电话   │      │  安排   │      │分析并找 │
  │客户分类 │      ├─────────┤      ├─────────┤      │ 出问题  │
  ├─────────┤      │短信群发 │      │计划施行的│      ├─────────┤
  │确定具体 │      │  平台   │      │具体时间 │      │客户是否 │
  │开发的客 │      ├─────────┤      ├─────────┤      │询问更详 │
  │户类别与 │      │互联网平台│     │阶段总结与│      │细的问题 │
  │具体客户 │      ├─────────┤      │开发效果评│      │或提出更 │
  └─────────┘      │直邮广告 │      │估的时间 │      │多的要求 │
                   ├─────────┤      └─────────┘      ├─────────┤
                   │呼叫中心 │                       │客户是否 │
                   ├─────────┤                       │愿意进行 │
                   │  演示   │                       │电话交流 │
                   └─────────┘                       ├─────────┤
                                                     │客户是否 │
                                                     │要求企业 │
                                                     │在一定时 │
                                                     │间内给出 │
                                                     │快递服务 │
                                                     │ 预案    │
                                                     └─────────┘
```

图 21-2　快递客户开发计划主要内容

三、快递客户分类管理

（一）客户分类的意义

（1）通过客户的分类，有利于根据不同客户的需求和实际情况有针对性地提供服务，满足客户的需求，提高客户的价值。

（2）从企业自身的发展来看，一个企业的资源是有限的，在首先满足大客户的基础上，使企业的潜力客户和一般客户也能得到企业力所能及的服务，从而促进客户整体价值的提高。

（二）客户分类管理

快递企业对客户进行分类主要是为了满足提高资产效益的需要。不同的客户为企业带来的利益是有区别的。通过客户分类管理，快递企业可以更有效地识别关键客户和重要客户，为企业资源的优化分配提供帮助。客户分类管理的重点包括以下几个方面的内容。

1．关键客户（A类客户）

（1）指派专门的服务人员（或客户代表）经常联络，定期走访，为他们提供最快捷、周到的服务，享受最大的实惠，甚至于企业领导要定期去拜访他们。

（2）密切注意该类客户的所处行业趋势、人事变动等其他异常动向。

（3）应优先处理该类客户的抱怨和投诉。

2．主要客户（B类客户）

（1）指派专门的服务人员（或客户代表）经常联络，定期走访，为他们提供服务的同时要给予更多的关注，主管人员也应定期去拜访他们。

（2）密切注意该类客户的快递业务量变化、资金支付能力变化、人事变动、重组等异常动向。

3．大众客户（C类客户）

由于他们数量众多，具有"点滴汇集成大海"的增长潜力，快递企业应控制在这方面的服务投入，按照"方便、及时"的原则，为他们提供大众化的基础性服务，或将精力重点放在发掘有潜力的"明日之星"上，使其早日升为B类客户甚至A类客户。快递企业服务人员（或客户代表）应保持与这些客户的联系，并让他们知道当他们需要帮助的时候，企业总会伸出援助之手。

四、快递大客户管理

（一）大客户的"满意度"管理

快递客户是否"满意"，是否"忠诚"，对快递企业来说具有重要意义。大客户能给企业带来较多的价值，所以大客户的"满意度"管理显得尤其重要。留住大客户的成本远远低于吸引新的大客户成本，因此，快递企业要想方设法留住大客户，提高大客户的"满意度"。

黑龙江邮政速递物流客户开发情景剧扫码观看

1．防止大客户不满意

快递客户服务人员与营销人员要全心全意地为大客户服务，防止大客户产生不满情绪。比如优先安排大客户业务，主动查询每票快件的转运状态，实时监控、保证快件的转运，定期反馈关键大客户业务数据给客户及营销；当发生问题或其他原因导致的业务变动，要及时与大客户做好沟通协调，尽快帮大客户解决问题。

2．让大客户满意

对与大客户相关的业务要提供优质的产品或服务，努力做到在时间、质量、成本、服务、优化等方面做到最好；对大客户提供区别于一般快递客户的更为细致、更为全面及更为周到的服务，让大客户感受"与众不同"。处理好大客户的"不满"，通过稳住大客户情绪，营造良好氛围，寻求大客户满意的解决方案，最后达成共识。通过这些步骤对大客户不满意的产品或服务，尽量按照大客户要求解决其中存在的问题。制定方案，定时拜访大客户的关键领导人，实施人文关怀。

（二）设置"大客户关怀计划"

所谓大客户关怀，是指快递客户服务中心通过对大客户实施各种"关怀计划"，对大客户的需求进行深入细致的了解，主动把握大客户需求，实施差异化服务。对大客户关怀要贯穿于快递服务的购买前、购买中、购买后的所有环节，通过亲情服务、建立大客户俱乐部、优惠政策、个性化服务等实施"客户关怀"，最终实现大客户满意度的提高，为企业带来持续的价值。

(三)大客户投诉处理

任何企业,都会遇到有客户投诉的问题。投诉是快递客户对企业服务和产品不满的表达方式,是企业有价值的信息来源。丹麦的一家咨询公司的主席 Claus.Moller 说:"我们相信客户的抱怨是珍贵的礼物。我们认为客户不厌其烦地提出抱怨、投诉,是把我们在服务或产品上的疏忽之处告诉我们。如果我们把这些意见和建议汇总成一套行动纲领,就能更好地满足客户的需求。"

(四)大客户的信用管理

快递企业一般为大客户采用月结的方式来结算,但建立在商业信用基础上的月结方式就像是一把"双刃剑",一方面企业利用商业信用使业务收入迅速扩大、拓展市场份额、降低整体运营成本、强化企业市场竞争地位和实力,进而实现规模经营;另一方面由于目前的法制还不健全,信用体系也不够完善,随着信用经济的不断发展,企业之间由于月结业务而产生的应收账款问题也日益严峻。在应收账款回收之前,都存在一定的风险性。如何运用好月结这把"双刃剑"是摆在每个企业管理者面前的问题。

1. 建立信用风险管理体系

快递企业信用体系可以由财务部门、法律部门(或法律顾问)、营销部门以及操作部门的人员组成。其主要功能是:确定客户的法律主体地位、了解客户的付款能力(即资信评估)、合同条款的审核、信用政策的制定、应收账款控制绩效的考核指标的设定、应收账款的日常监控、业务人员风险意识和收账技巧的培训等。

2. 实施信用管理的事前控制

事前控制是风险管理的关键。事前控制的主要内容包括:

(1)法律人员对客户的法律主体地位进行确认、对快递服务合同的有效性和合同的法律风险以及结算流程进行评估。

(2)掌握快递客户的资信情况,了解客户的支付能力、经营状况、经营方式、付款程序等。

(3)快递操作部门对客户的操作要求和业务合同进行评估,避免业务操作上的失误成为客户拖欠快递费用的借口。

(4)营销人员向快递客户强调企业的信用政策,让客户从一开始就重视保持良好的信用。

(5)企业建立健全客户信用档案,关注重要客户资信变动情况,采取有效措施,防范信用风险。

(6)快递企业的营销部门可根据客户的具体情况,为客户开设单独的发件窗口和账户,由客户先进行充值再发件,即通过预付预充值的方式,来降低企业的风险。

练一练

一、选择题

1. 在客户关系管理中，对于客户价值的分析与评价，常用所谓的"二八原理"（80/20 Pare To Principle），这个原理指的是（　　）。
   A. VIP 客户与普通客户通常呈 20∶80 的比例分布
   B. 企业的利润的 80% 或更高是来自 20% 的客户，80% 的客户给企业带来收益不到 20%
   C. 企业的内部客户与外部客户的分布比例为 20∶80
   D. 企业的利润的 80% 是来自 80% 的客户，20% 的客户给企业带来 20% 的收益

2. 以下对识别客户需求的描述中，正确的是（　　）
   A. 会见头等客户　　　　　　　B. 意见箱、意见卡和简短问卷
   C. 调查和客户数据库分析　　　D. 以上都对

3. 以下属于立即获得客户好感的方法是（　　）
   A. 问候　　　　　　　　　　　B. 感谢与称赞
   C. 介绍　　　　　　　　　　　D. 以上都对

4. 快递企业实施客户关系管理的最终目的是（　　）。
   A. 把握客户的消费动态
   B. 针对客户的个性化特征提供个性化服务，极大化客户的价值
   C. 做好客户服务工作
   D. 尽可能多地收集客户信息

5. 对于快递企业客户的选择的说法，正确的是（　　）。
   A. 所有的购买者都是企业的客户
   B. 所有购买者都能给企业带来利润
   C. 选择正确的客户是企业成功开发客户、实现客户忠诚的前提
   D. 没有选择客户可能造成企业定位的模糊，有利于树立企业的市场形象

6. 下列目标客户的选择方法中正确的是（　　）。
   A. 门当户对——实力相当
   B. 双向选择
   C. 依据现有忠诚客户的特征选择目标客户
   D. 以上都对

二、简答题

1. 快递企业目标客户选择的方法有哪些？
2. 快递企业如何进行有效的客户分类管理？

任务训练页

一、接受任务

某快递公司在快递市场调研和对比分析的基础上，推出了三款时效服务产品：当日达、次晨达、定时达，公司希望大规模开发客户。结合本任务所学，设计一份《时效服务产品客户开发策划书》。

二、制定计划

本次任务要求同学们分小组学习、讨论，并且提交活动成果。

三、任务实施

分工	姓名	主要职责
组长		组织、协调组员学习、讨论，汇总组员成果形成一份策划书
组员		开发目标的确定
		客户分析
		竞争对手分析
		开发计划与分工
		客户开发预算

四、活动成果

以小组为单位提交一份《时效服务产品客户开发策划书》。

五、任务评价

班级		任务名称	姓名		
学号		制定客户开发计划书	组别		
评价项目	评价标准	自我评价（20%）	组长评价（30%）	教师评价（50%）	分值	得分
职业能力	1. 团队合作、分工明确				10	
	2. 条理清晰，排版工整				20	

续表

评价项目	评价标准	自我评价（20%）	组长评价（30%）	教师评价（50%）	分值	得分
专业能力	1. 客户开发目标明确				10	
	2. 客户分析全面、正确				15	
	3. 竞争对手分析全面、正确				15	
	4. 开发计划与分工合理				15	
	5. 客户开发预算清晰、合理				10	
其他能力	1.				5	
	2.					
总结与反思				成绩合计		
				指导老师综合评价		

拓展资源页

拓展阅读——同心战"疫",不负重托

没有一个冬天不能逾越,没有一个春天不会到来。

同心战"疫",不负重托。顺丰速运专业护航,保障餐饮食品流转。在确保食品流通、严控食品安全的前提下,顺丰速运通过应急调度体系最大限度地确保各项服务的正常运转,保障餐饮企业食材调拨流转、食品企业进行商超供应店配,助力企业转型线上销售,加大产能应对生鲜电商包裹的寄递。

疫情期间,顺丰集团捐助 2 000 万人民币抗"疫",全网运输 1 亿 1 200 万件包裹至湖北,其中专注于食品运输的冷运事业部援民生物资干线运输累计超 5 000 吨,开通冷链高铁专列(上海—武汉、青岛—武汉)运输民生物资累计超 200 吨,帮助爱心企业和政府捐赠食品直抵湖北,全程不脱温确保食品防疫检疫达标。

【助力实体餐饮转型线上销售,加快复工复产】

疫情期间,线上消费习惯被培育,各生鲜电商平台业务量呈爆发式增长,不少

嗅觉敏锐的餐饮和食品企业纷纷转型线上销售，开拓成品菜、半成品菜和即食食品，自主搭建线上商城或入驻电商平台售卖。但在疫情期间，受交通管制、防疫隔离、延迟复工影响，造成了企业物流不畅、人员不足、包材紧缺等问题出现，同时电商平台对于发货时效的严格要求，使企业面临超时罚款的压力，顺丰速运深耕食品供应链运输多年，多方协调资源，成立紧急预案小组，为客户量身定制综合解决方案，协调人员上门打包产品，优化客户发货流程，区域调拨解决客户包材紧缺，以全流程全环节的优化应对激增的单量，保障客户的订单全部按时发出，快速解决客户发运需求，帮助企业转型线上销售，助力业务回升，减轻因疫情带来的资金流困境。

【助力连锁企业城市配送，保障食材供应】

疫情防控期间，地方采取了严格封路、限制人员流动的措施，蔬菜、水果等"菜篮子"产品出现供需阶段性和区域性失衡的状况，连锁超市、社区生鲜店业务激增却面临店配资源紧缺的问题。顺丰速运根据客户在各城市门店的分布，通过智能排线&调度系统，结合实时道路管制动态，用物联网和大数据规划配送路线，智能调度冷藏车资源，将客户的生鲜肉菜等餐饮食材全程冷链配送至各大门店，提升店配时效和成本，保障业务的正常进行和民生物资的正常供应。

【助力捐赠食品直抵疫区，为爱守护】

突如其来的病毒让全国进入全民"抗疫"状态，无数个"逆行者"毅然决然，无数个企业捐款捐资，餐饮和食品企业除了捐款外，更是心系一线医护人员和病患，捐赠食品以解决疫区食材短缺问题，如即食鸡肉、牛排、乳制品等；同时各地政府如广东、云南，也纷纷向疫区捐赠果蔬。但捐赠食品如何在复杂多变的交通管制、隔离条例的重重限制下安全地抵达湖北一线？特殊时期如何保证冷藏食品检疫安全、满足其对温度和时效的严苛要求？顺丰速运为爱守护，不负重托，成立专项小组，通过应急调度体系紧急调拨车辆，在严格做好食品安全的前提下，第一时间将货物从各地发往湖北；根据时刻变化的交通限行条例制定最优营运线路；运输途中，智慧冷链物流系统时刻监控车辆位置、车厢食品温度，确保全程可追溯、冷链不脱温；经过重重检疫关口，安全、准时地将所有爱心政府和企业的抗疫食品送达疫区。

参考文献

[1] 杨清，覃伟斌. 快递管理实务[M]. 北京：冶金工业出版社，2017.
[2] 花永剑. 快递公司运营实务[M]. 北京：清华大学出版社，2017.
[3] 邓金蕾. 快递实务[M]. 武汉：武汉大学出版社，2016.